湖北省教育厅“荆楚卓越人才协同育人计划”（汉语言文学）项目资助出版
黄冈师范学院“地方院校‘优师计划’中文类师范生创新培养模式的探索与实践”项目资助出版

语文教育研究 2022

主编　汤天勇

WUHAN UNIVERSITY PRESS
武汉大学出版社

图书在版编目(CIP)数据

语文教育研究.2022/汤天勇主编.—武汉：武汉大学出版社，2022.7
ISBN 978-7-307-23100-9

Ⅰ.语…　Ⅱ.汤…　Ⅲ.语文课—教学改革—研究—中小学
Ⅳ.G633.302

中国版本图书馆 CIP 数据核字(2022)第 088697 号

责任编辑:龚英姿　　责任校对:李孟潇　　版式设计:马　佳

出版发行：**武汉大学出版社**　(430072　武昌　珞珈山)
(电子邮箱:cbs22@ whu.edu.cn　网址：www.wdp. com.cn)
印刷:武汉邮科印务有限公司
开本:720×1000　1/16　印张:15　字数:242 千字　插页:1
版次:2022 年 7 月第 1 版　2022 年 7 月第 1 次印刷
ISBN 978-7-307-23100-9　定价:49.00 元

前　　言

囿于汉民族诗性思维传统或者习以为常之弊，国人对语文教育的本体性阐解往往莫衷一是。尽管人尽皆知语文教育实践活动应与人类产生同步，但始终未能形成体系性的理论总结。即便“语文”的命名，也是在进入近代的1949年，才由叶圣陶先生命名之。其言，所谓语文，即为“口头为语、书面为文”。口头的表达为说话，书面的表达为文字的合集，二者的载体皆是语言，以至于学界有人粗略地认为“语文即语言”。现在看来，这种看法不仅粗糙，也缺乏严密的逻辑性，其与“语文即文章”在本质上并无二致。

但是更多时候，我们心知肚明“语文”实践具有的古今的历时性与共时性的统一，尽管从时间阈限上可以区分古代语文、近代语文、现代语文与当代语文；从空间阈限上可以区分本国语文与外国语文或者大陆语文与海外语文。叶圣陶先生命名至今，“语文”已具有普遍性共识，其是对一种现象、事实和动态性过程的概括，同时也是对现象的驳杂、事实的繁复与过程的丰富予以简单化。于是，语文内涵变得丰富与充盈，其作为个人经验传导与情感表达、人际交往媒介与工具、中华传统文化传承与创新的桥梁的丰盈也因此被束之高阁，甚至被视作常识而理所当然。正是源于语文从理论到实践的认知多是体系性的建构，语文与语言、语文与文学、语文与文章、语文与生命、语文与身体、语文与审美、语文与道统等的瓜葛得不到明晰的厘清，以至于语文教育的本体性认知也就悬搁起来。

我们暂且不予理会语文的含混，语文教育似乎也就可以简单地认为是凭借语文进行影响人之身心变化发展的社会实践活动。显然，这里已经将语文与数学、音乐、美术等视为学科化的产物了。“教育目的既不能从宇宙原则推断出来，也不是柏拉图理想国里一堆永恒的绝对价值……如果有人试图从哲学理论中引申出教育目的，那是不会产生一套真正有生命的、有关联的原则的”，[1] 但其本质却是与人相攸关，语文教育就是行使着人化、文化、德化、美化之功能，具体到教育过程中，“从国家意志来看，它保证主流价值观得以弘扬；从社会要求来看，它保障必要的语言规范得以遵循；从文化建设来看，它致力于培育优秀文化、高雅文化的创造者、欣赏者、消费者；从学生发展来看，它促进心灵语言丰富、交际语言灵活、工具语言熟练以满足‘生命’‘生活’‘生涯’的和谐发展。”[2]

语文教育之功能，需要附载于语文教育之实践，是凭借教育活动推动并实践其功能的前行与完成。这个语文教育的实践过程，经过有心者积累、思考、认识与提炼，语文教育经验得以总结，语文教育的本质与规律得以发现并概括。正如马克思所言，“理论的概念，也是要由大规模积累的实际经验来完成。”[3] 那么，对经验进行过滤、提炼和凝聚的过程，对语文价值归总和对语文本质的发掘，用语文理论与规律指导语文教育实践，这些皆可谓语文教育研究。正是双向性的互动，语文教育才显现出蓬勃发展的生命旺力。

语文教育研究来自理论与实践相互作用，自然附带实用性色彩，但“教育研究是一种需要投入个体相关经验的研究，在我看来，这正是教育研究所蕴含的最深沉的人文精神”。[4] 这与语文自身工具性与人文性统一的属性息息相关。身处教育一线的广大语文教育工作者，可以自下而上通过将教学经验和教学规律总结与提升，实现“然”都“所以然”的贯通；而身处教育思想高端的语文教育专家，有意识地用理论指导语文教育实践，也可以实现“所以然”与“如何然”的混融。这两个实现过程，无不浸润着实用主义色泽，但更闪耀着人文精神的光芒。此可谓语文教育研究的魅力。

或许正是语文教育旺盛的生命力和实用性光泽，使得其在中国现代化进程中能够迅速脱离封建教育母体，解构封建语文教育迂阔德育功能，散发出“人的解放”的魅力。随之而来的学科分类，使语文教育自然归依到学校教育之麾下，冠之于“现代性”价值定位，“作为学校教育的重要内容，语文教育现代性可以从两个层面加以认识：在教育层面，启蒙的现代性和学生的主体性构成了现代性的

---

① 斯特林·M. 麦克默里：《教育的革新与目的》，载《学会生存——教育世界的今天和明天》，教育科学出版社 1996 年版，第 183 页。

② 夏敏：《语文教育的本原问题探问》，载《教育理论与实践》2012 年第 20 期。

③ 马克思：《资本论》（第 1 卷），人民教育出版社 1975 年版，第 458 页。

④ 叶澜：《教育研究方法初探》，上海教育出版社 2014 年版，第 330 页。

核心价值；在学科层面，审美的现代性和科学价值则是主导一个多世纪语文教育变革与发展的最主要力量。"① 现代性的价值追寻，实则是语文教育的一种建魅，只不过被放置于社会现代化进程之中，其对语文教育的主客体而言，世界化与本土化很难给予准确的比例调和，致使中西的体用之辩不绝如缕。一方面，语文教育研究者坚持认为"必须而且应当谋求语文教育中国化的方向"，要回归"本色语文"、崇尚"简约语文"、构建"和谐语文"、追求"诗意语文"、呼唤"生态语文"。② 另一方面，我们语文教育改革的诸多概念、理念与做法又多是"拿来主义"结果，其结果用于实践中，导致语文教育者多患有"食洋不化"之疾。两方面相互制约，不仅阻碍了语文教育研究前行，弱化了语文教育之功能，也混乱了语文教育实践。

语文教育历经几千年，从传统走向现代，学界习惯以 1904 年 1 月清政府批准并颁行张百熙、荣庆、张之洞拟制的《奏定学堂章程》为标志。在近 120 年的现代语文教育发展历程中，语文教育的本体尚未得到科学、理性的阐述，这与现代学术机制的建立是不相称的。一方面语文教育强调恢弘高蹈，另一方面学术研究相左相斥、相互攻讦，貌似学术争鸣、百花齐放，实则是繁花似锦下的泡沫满地。要维系教育学术发展与繁荣，要实现语文教育研究与实践健康与良性，需学界对语文教育本身进行深入而系统的研究，达成共识。一是需要学界对语文教育本原性问题进行研究，廓清与"语文"攸关的概念、范畴、质素、价值、架构与规律，此为语文教育理论体系建构的基石，不弄个明白透彻，语文教育的大厦始终处于漂移状态；二是关注语文教育改革实践，实践能够出真知，基于语文教育实际发现规律，凝练思想与理论；三是借助他者"理论武器"研究语文教育，激活研究思路，开阔研究视野，形成研究成果。

《语文教育研究》不趾高气扬故作姿态，惟愿能够匍匐前行，既仰语文教育研究的高屋建瓴，也慕来自基层的土得掉渣。毕竟，语文教育改革向来不缺乏云中呐喊振臂高呼者，缺的是潜行于语文教育研究的地火。

汤天勇

---

① 刘正伟：《现代性：语文教育的百年价值诉求》，载《教育研究》2008 年第 1 期。

② 杨道麟：《试论语文教育中国化的方向》，载《山东师范大学学报》（人文社会科学版）2009 年第 1 期。

目　录

教材研究

教学探索

课程设计

阅读指要

文本细读

中语视点

教材研究

美学视野下语文教育客体的教材内蕴探讨

杨道麟①

美学视野下语文教育客体的教材内蕴在语文教育研究中，一直面临着被忽视的境地。语文教育客体的“教材”，尽管我们经常谈论或大量使用，但是对它的内涵的认识或者使用的意义并非统一。学界周知，有什么样的语文课程就应该有什么样的语文教材，然而长期以来由于诸多因素的“作用”，我国的基础教育阶段的语文课程只有必修课教材，缺乏选修课教材与活动课教材；只有基础型教材，而无拓展型教材与研究型教材；只有按国家课程编制的统一教材，而没有适应地方课程和学校课程的不同层次的教材，这就自然造成语文教材品种单一、模式固定的局面。要改变这一落后格局，必须加强语文教材的基础理论建设，扩大它的研究范围和研究力度，根据不同的语文课程要求设计不同的语文教材。语文教育要在语文（语言、文章、文学）② 中塑造“求真”“向善”“崇美”③ 的创

---

① 作者简介：杨道麟（1959— ），男，湖北潜江人，博士，华中师范大学教授，班颂德皇家师范大学外聘教授，博士生导师，主要从事语文教育哲学和语文教育伦理学及语文教育美学的研究。

基金项目：国家社会科学基金教育学重点课题“中小学语文教育改革研究”（编号 AHA120009）子课题“语文教育观研究”；国家社会科学基金一般课题“母语非汉语藏族中小学生汉语语用失误研究”（编号 17BMZ073）；中央高校基本科研业务费专项资金课题“经典文章教育的美学观照”（编号 CCNU15A06030）。

② 曾祥芹：《“一语双文”时代渐行渐近》，载《语文教育学研究》，高等教育出版社 2010 年版，第 530~538 页。

③ 杨道麟：《语文教育目标的真善美》，载《山东师范大学学报》2011 年第 5 期。

造性的人才和“健全的人格”①，并有效进入“人的发展和完整性建构”② 的全新境域，就必须而且应当注重美学视野下语文教育客体的教材内蕴的研究。

一、美学视野下语文教育客体的教材概念

美学视野下语文教育客体的教材这一概念是普通教育学中极为常见的基本用语，它是“语文课程纲要”的进一步具体化，是为了方便施教者“传道”“授业”“解惑”并最终有效促进受教者的智能、精神、美感的发展而遵循规律组织起来的具有教育意义的信息载体。但是学界对这一概念的阐述却众说纷纭、似是而非，至今仍然难以达成共识，已成为施教者与受教者对话与交流的障碍，严重地阻碍了有效教学的深入开展，因而厘清其概念就显得十分迫切。

1. 语文教育客体的教材的概念重要性

语文教育客体的教材这一概念是个非常重要的术语。它在语文教育理论与实践中占有举足轻重的地位，是施教者的“教”和受教者的“学”的首要凭借，其重要性是不容忽视的。这里侧重从教材在教学内部活动中的功能予以解析：一是教材对教学目标的作用。教学目标在语文（语言、文章、文学）中既要体现受教者养成探索品质，又要体现受教者觉醒道德良知，还要体现受教者建构自由心灵，因而其达成就需要一定的教材来实现。二是教材对课程的作用。课程主要体现社会及学科知识和教学的要求，逐步落实教学目标，而教材则是课程得以实施的具体保证，是课程的“物化形态”，没有教材做保证的课程只能是空中楼阁。三是教材对施教者的作用。教材是施教者工作的“剧本”，它可以减轻工作量，缩短讲述时间，为其采用创造性教学提供有利条件，便于统一规范其教学，进而提高教学质量。四是教材对受教者的作用。教材打破了施教者对教学内容的垄断，并使受教者减轻了笔记抄写和记忆的负担，成为系统、高效地获取知识、培养能力和开发智力的重要途径，同时为立德、审美提供了便利条件。五是教材

① 中华人民共和国教育部：《语文课程标准（实验稿）》，北京师范大学出版社 2001 年版，第 2 页。

② 曹明海：《让语文点亮生命》，载《中学语文教学参考》2007 年第 9 期。

对教学评价的作用。教材是教学评价的重心，是课程评价的具体内涵，因此教材的结构优化、设计与运用成效应作为检查教学质量的标准和内容。六是教材对教学观念的作用。教材与教学观念形成紧密的联系，一方面，教学观念指导教材的编制与设计；另一方面，教材具体反映一定的教学思想并使之得到详尽呈现。七是教材对教学环境的作用。教学环境从表面上看处于教学活动的外围，表现为相对静止，但实际上它却以特有的影响力干预教学活动的过程，影响教材的展示，影响教学活动的效果。教材的这种多功能性要求我们不能只从学校教育角度看待其作用，而需从广泛的社会意义上认识其功能。

2. 语文教育客体的教材的概念歧义

语文教育客体的教材这一概念是个含义多歧的术语。它在不同的语境内有不同的理解，并表达着诸多不同的概念，或作为泛指性的概念，或作为特指性的概念，或作为专指性的概念。就其作为泛指性的概念而言，语文教育的凭借物——教材指的是施教者对受教者的语文（语言、文章、文学）素养产生影响的一切书面的和非书面的材料。比如夏丏尊在 20 世纪 30 年代就曾经说过：“国文科是语言文字的学科，除了文法修辞等部分以外，并无固定的内容的。只要是白纸上写有黑字的东西，当作文字来阅读玩味的时候，什么都是国文科的材料。”① 又如叶圣陶所言：“担当这件大事的不仅是学校里的语文教师，作报告的，发表演说的，广播员，戏剧演员，电影演员，写稿子登在报上的，写稿子登在杂志上的，写各种各样的书稿出版的，翻译各种各样的书籍出版的，全部担当着语文教育的责任，就影响范围看，语文教师的影响限于学校里，其他人的影响普遍到整个社会。”② 就其作为特指性的概念而言，教材指的是根据语文课程纲要编写的、供施教者与受教者在语文课堂使用的材料的汇总，它包括必修教科书、选修教科书、教学挂图、音像资料、教学软件、习题集、练习册等，以及经全国中小学教材审定委员会审定或审查的专门让施教者使用的教学指导书、教学参考书。就其作为专指性的概念而言，教材指的是语文教科书，即语文课本，它是通过全国中

① 夏丏尊、叶绍钧：《阅读与写作》，开明书店 1939 年版，第 48 页。

② 中央教育科学研究所：《叶圣陶语文教育论集》，教育科学出版社 1980 年版，第 641 页。

小学教材审定委员会审定或审查的供施教者在课堂上指导受教者学习和掌握母语的文本材料，一般是对语文学科现有知识与成果予以综合归纳和系统阐述。上述歧义的形成，主要是对语文教育中的教材概念的理解缺乏美学视野予以观照，因而难以让受教者达到“求真”“向善”“崇美”的创造性人才和“健全的人格”的理想目标与进入“人的发展和完整性建构”的全新境域。

3. 语文教育客体的教材的概念探微

语文教育客体的教材这一概念是个值得探究的术语。基于这个词语在不同的语境中的多种理解，所以美学视野下的语文教育必须且应当切实加强对它的研究与探讨。它是为了实现一定的教学目标，在教学活动中供施教者和受教者使用时选择与处理的并蕴蓄着真善美信息的一切语言的、非语言的材料。不但包括以课程纲要、教科书为主的图书教材，而且包括辅导教材、教具教材、音像教材等为次的教学参考教材。因此，它既要研究与探讨语文课程纲要，即领会语文课程纲要的基本特征（语文课程纲要的本质特征和语文课程纲要的一般特征等）、揣摩语文课程纲要的精神实质（语文课程纲要的指导思想和语文课程纲要的教学目的等）、解剖语文课程纲要的编排方法（语文课程纲要的知识体系和语文课程纲要的能力结构等），以此明确语文教育培养人才的规格要求。它又要研究与探讨语文教科书，即疏通语文教科书（语文教科书的类型和语文教科书的结构等）、分析语文教科书（语文教科书的特点和语文教科书的内容等）、处理语文教科书（语文教科书的轻重和语文教科书的难易等），以此明白语文教育的实施教学的主要依据。它还要研究与探讨语文教学参考教材，即巧用语文教学辅导教材（语文教学的指导教材和语文教学的练习教材等）、活用语文教学教具教材（语文教学平面型的教具教材和语文教学立体型的教具教材等）、慎用语文教学音像教材（语文教学视觉型的音像教材和语文教学听觉型的音像材料教材等），以此明了语文教育的不可或缺的重要资源。一句话，它要研究与探讨语文教育客体的教材必须让施教者在语文（语言、文章、文学）中引导受教者以达到既能“求真”又能“向善”还能“崇美”的创造性的人才和“健全的人格”的理想目标与进入“人的发展和完整性建构”的全新境域为宗旨。

二、美学视野下语文教育客体的教材演变

美学视野下语文教育客体的教材是语文课程实施的载体。语文课程的理念、目标、设计、评价等，凭借语文教材进入课堂，成为可操作的教学行为。俗话说：课本，课本，教学之本。施教者对语文教材的关注远甚于比较抽象的语文课程。从语文教育客体的教材演变来看，虽关涉到语言教材与文学教材，但文章教材始终是教材的主流，只要稍微懂得一点语文教材发展历史的学者，都会自觉地接受这一不可颠覆的事实。它既不是以少数人的意志为转移的必然规律，也不是一份“语文课程纲要”就能随意改变的客观存在。

（一）语文教育客体的教材的文选传统

我国古代的文史哲不分家的语文教育，无论是“言文”期还是“古文”期，虽涉及了语言教材与文学教材，但是以文章教材为主流。首先就古代蒙学教材而言，则有西汉元帝时史游所作的《急就篇》，这是知识面宽的文章教材，它具有集中识字、整齐押韵、讲究实用、注重教育、读写结合等特点。还有南朝梁武帝时周兴嗣撰写的《千字文》，这是内容丰富的文章教材，它以识字为主，兼容了许多天文、地理、历史、人事、动植物名称、农业耕作等知识，还吸收了不少民间流行的成语、谚语，简明扼要，通俗易懂，便于记诵，切合实用。其后有南宋王应麟所编的《三字经》，它是涵盖面广的文章教材，先讲述学习和教育的重要性，再介绍道德伦理、名物常识、经史诸子、朝代更迭、帝王兴衰，最后鼓励孩童勤勉向学，概括性强，文字简练，段落分明，结构严谨。其次就古代基础教材而言，则有汉代在蒙学之后学习的《论语》《孝经》，这是典型的文章教材，前者记录了孔子及其弟子的言行，集中体现了孔子的政治主张、伦理思想、道德观念及教育原则等；后者是专论“孝道”的书，以“孝”为中心，将“孝”作为所有德行的根本，集中阐述了宇宙人生的真相。唐代科举经常举行的是明经、进士两科，这就决定了《诗经》《尚书》《易经》《礼经》《春秋》“五经”应作为文章教材。宋代尊孔崇儒，提倡佛道，崇尚理学，推行儒、释、道融合，于是把朱熹的《大学章句》《中庸章句》《论语集注》《孟子集注》“四书章句集注”列

为法定的文章教材。此后的元明清各代，朱熹的“四书章句集注”也成为历代读书人通用的文章教材。再次就古代高级教材而言，则有汉代由中央兴办的太学，设立六经博士，教授诸子之学，因而“六经”成为文章教材的主体。南北朝时期，研究儒经的“儒学”、研究佛老的“玄学”、研究历史的“史学”、研究词章的“文学”四科并立，其内容显然以文章教材为重心。唐代孔颖达等撰定了《五经正义》（《周易正义》《尚书正义》《毛诗正义》《礼记正义》《春秋左传正义》），该书便成为钦定的文章教材。北宋王安石专用他的《三经新义》（《周官新义》《诗经新义》《书经新义》）取士，曾一度取代“五经”而变成统一的文章教材。南宋书院制度达到鼎盛，施教者常把所讲的“喻义”“乾坤二卦”等内容整理为“讲义”，而受教者也认真记录并将其编辑为“语录”，这些成为后来使用的文章教材。

（二）语文教育客体的教材的文章系统

我国近代的语文教育，无论是独立设科期还是国语国文期，虽涉及了语言教材与文学教材，但仍以文章教材为主流。1903 年至辛亥革命前后，苏民编的《中学文粹》、林纾编的《中学国文读本》、吴曾祺编的《中学国文教科书》、蔡国璜和缪文功编的《中学国文示范》、刘法曾和姚汉章编的《中华中学国文教科书》、许国英编的《共和国教科书国文读本》、谢无量编的《新制国文教本评注》等全选文言文作课文，大多为文章教材。五四运动以后，白话文合法地进入语文教材，1920 年洪北平和何仲英编的《中等学校用白话文范》所选文章大多是当时报纸杂志发表的白话文；1922 年孙俍工和沈仲九编的《初级中学国语文读本》，也是白话文作为课文，许多为文章教材；接着朱毓魁编的《国语文类选》分文学、思潮、妇女、哲理、伦理、社会、教育、政法、经济、科学 10 类，大多是按文章类别编排的白话文，文学只占 1/10。1923 年叶圣陶和顾颉刚编的《初中国语教科书》共 360 篇，是按文章类别进行“文白混编”的，白话文占篇目总数的不小比例。1924 年沈星一编的《初级古文读本》和《初级国语读本》以及 1925 年穆济波编的《高级古文读本》和《高级国语读本》，均是按文章类别进行“文白分编”的，白话文占的比例较大。1929 年孙俍工编的《国文教科书》选了许多白话文，是以“文章作法”作为线索来建构教材体系的。1933 年傅东华编的《复兴初高中国文》以及其后宋文瀚编的《新编初高中国文》，选了不少白话文，是以“单元组合”的方法来编选文章的。1935 年夏丏尊和叶圣陶合编的《国文百八课》大量选入白话文，每册 18 课，六册共计 108 课，每课为一单元，内含文话、文选、文法或修辞、习问四项，其编排体系、课文选取、教学指导等方面是以文章学理论作为统摄。1945 年胡乔木编的《中等国文》全书六册，打破国文教材向来偏重文艺或偏重政治的传统，一方面对于常见的各种体裁兼容并包，使受教者了解凡应用语文（包括一切说、写、读）的地方都是学习国文的地方；另一方面将应用语文的若干重要规律的说明也列为正式课文，使受教者知道语文学科也是一门科学，除选读成文外，也可能和需要用一般科学的方法来学习。这套教材在教文、选文、衡文、编文、练文等方面表现了一种新的文章思想，对于中华人民共和国成立后的语文教材编写也产生了重要影响。

（三）语文教育客体的教材的曲折发展

我国现代的语文教育，无论是定名期还是波折期，虽涉及了语言教材与文学教材，但也是以文章教材为主流的。中华人民共和国成立以后，语文教育因受“政治”“思想”“革命”的影响过甚，所以语文教材也常常偏向一端。比如 1950 年的语文教材，由于缺乏系统的语言知识，加之片面强调思想性，所以造成语文教育一味敷贴“政治标签”，于是导致受教者在语文（语言、文章、文学）的学习中的读写听说训练无法得到有效落实；1956 年的语文教材，由于汉语知识偏于繁琐，加之片面强调文学性，所以造成语文教育演化为“艺术的空壳”，于是导致受教者在语文（语言、文章、文学）的学习中的一般读写听说能力被严重忽视；1958 年的语文教材，由于成了“报章杂志集锦”，加之片面强调政治性，所以导致受教者在语文（语言、文章、文学）的学习中轻视系统的语言知识成为极端；1963 年的语文教材，由于偏重知识和能力，加之片面强调基础性，所以造成语文教育漠视正确思想对读写听说训练的重要作用，于是导致受教者在语文（语言、文章、文学）的学习中就只能局限在字、词、句上“兜圈子”；1966—1976 年的语文教材，由于受到特殊环境的影响，造成语文教育偏离正常轨道，终致受教者在语文（语言、文章、文学）的学习中陷入严重忽视

“双基”训练的窘境。需要特别说明的是，这一阶段的语文教材，只有1961—1963年的较有学科特色。如课文选材的范围就广泛涉及了古今中外的优秀作品，既包括社会科学、自然科学、思维科学等方面的内容，也包括记叙、说明、议论、抒情等表达的方式。所选课文涵盖了书信、报告、总结、故事、寓言、通讯、特写、游记、记叙文、说明文、议论文、人物传记、科普文、杂文等文种，所列举的多为狭义文章，基本上统摄了普通文章（记叙文、说明文、议论文等）和专业文章（新闻文、应用文、学术文等）以及变体文章（纪传文、科普文、杂感文等）。同时，所选课文还包含了不少的诗歌、散文、小说、戏剧等文学作品。由于编辑意图明确，强调了循序渐进，因而有了很多的发展。据笔者统计，这一时期语文教材的广义记叙文占40%、广义说明文占5%、广义议论文占24%，三类合计为69%；广义诗歌占14%、广义小说占17%，二类合计为31%，但其中的小说是纳入记叙文而施教的。

（四）语文教育客体的教材的杂彩纷呈

我国当代的语文教育，无论是探索期还是革新期，虽涉及了语言教材与文学教材，但还是以文章教材为主流。1977年人民教育出版社编的初中语文教材六册，据笔者统计，选文152课，其中记叙文占44.8%，说明文占5.92%，议论文占16.45%，应用文占1.47%，文言文占21.05%，文学作品和文言诗歌共占10.53%。高中语文教材四册选文105课，记叙文占34.29%，说明文占5.71%，议论文占20%，文言文占25.71%，文学作品和文言诗歌共占13.33%。以后人民教育出版社编写的语文教材，初、高中都是以记叙文、说明文、议论文为训练序列，有些文学作品如《骆驼祥子》的节选也被当作记叙文而施教。进入21世纪，教育部制订的《语文课程标准》（实验稿）和《语文课程标准》（实验）为了加强人文教育与文学教育，除了在课程目标中特意要求受教者对“诗歌、散文、小说、戏剧等文学样式”了解外，还在附录中分别为他们列出了优秀诗文的背诵篇目和课外阅读的中外名著。值得庆幸的是，语文教材的编写者保持着清醒的头脑。如曹文轩曾说过，这两年又走向了一个极端——各种各样的语文教材都偏向了“人文”与“文学”方面，不怎么讲语言应用、文章作法等问题，这是一个非常大的误区。陆俭明也说：“目前的主要问题是在语文课上过于强调人文性和文学素养的教育。"① 历史的经验和现实的考察都反复证明，文学教材与文章教材应该相辅相成。值得提及的是，1986 年的《义务教育法》颁布后，国家教育部门首次提出教材建设指导方针："九年制义务教育的教材，必须在统一基本要求、统一审定的前提下，逐步实现教材的多样化，以适应各类地区、各类学校的需要。"与这一方针相应，语文教材建立了以编审分开为标志的审定制，一套语文教材统一天下的局面逐渐被打破，随之一些省市开始组织力量编写语文教材，如四川省教委编的"内地版"、广东省教委编的"沿海版"、上海市教委编的"H 版"和"S 版"、浙江省教委编的"浙江本"。有大学教授领衔编的，如北京师范大学编的"北师大本"，广西教育学院编的"广西本"，也有优秀教师领衔的，如四川西昌一中颜振遥编的"自学辅导本"，江苏泰州中学洪宗礼编的"单元合成本"，辽宁鞍山十五中欧阳黛娜编的"辽宁本"，华东师大一附中陆继椿编的"双分本"，北京月坛中学高原、刘朏朏编的"三级训练本"等。自 2001 年《语文课程标准》（实验稿）公布以来，从同年秋季开始，全国教材审定委员会推荐了人民教育出版社、江苏教育出版社、语文出版社的三套初中语文实验教材，同时还推荐了人民教育出版社、江苏教育出版社和北京师范大学出版社的三套小学语文实验教材。到 2006 年秋季，陆续通过审查的小学语文教材（1—6 年级）又有语文出版社 S 版、中华书局版、教育科学版、长春版等 9 种，合计 12 种，初中语文教材（7—9 年级）又有北京师大版、中华书局版等 5 种，合计 8 种。至此，语文教材实际上形成了"多种多样"的局面。②

三、美学视野下语文教育客体的教材美质

美学视野下语文教育客体的教材是语文学科之本，也是培养人才之本，更是国家的教育水准在语文学科之本。它是语文教育系统的信息源，是施教者完成语文教育任务、实现语文教育目标的凭借，是受教者完成学习任务，即掌握知识技能、增强智力因素、获得人文教育、受到审美熏陶的凭借。研究它，必须从美学

① 陆俭明：《语文教学的定位问题》，载《中学语文》2006 年第 2 期。

② 甘其勋：《从一枝独秀到百花争春——九年义务教育初中语文教材述评》，载《中学语文教学》1993 年第 11 期。

视野予以观照，将语言学研究的语言美、文章学研究的文章美、文艺学研究的文学美视为语文教育客体的教材美质的“三足”重点工程。

（一）语文教育客体的教材的语言美

语文教育客体的教材的语言美是指课文即文字作品（文章作品、文学作品）中的以写实为主的普通文章、专业文章、变体文章的语言和以写虚为主的诗歌、散文、小说、戏剧的语言所体现的美。这是课文传达信息的媒介物以及美的魅力之所在。它是通过词语的音响、色彩，句式的长短、对偶，语调的铿锵、抑扬，语气的连贯、强弱等造成的一种美感，一般由准确、鲜明、生动构成，并表现在不同的语言结构上，如语音美、语词美、语句美、语段美等。下面仅从课文语言的简练美与繁复美、对称美与错综美、旋律美与气韵美等不同风格的角度予以考察。一是简练美与繁复美。简练美是指教材的语言辞切而理当、语约而旨深所呈现的一种美。繁复美指教材的语言描摹物态而求其穷形尽相、刻画心理而能细致入微所呈现的一种美。二是对称美与错综美。对称美是指教材的语言在数量上相等或相当、在内涵上相近或相对所呈现的一种美。错综美是指教材的语言参差错落、跌宕起伏所呈现的一种美。三是旋律美与气韵美。旋律美即指教材语言的高低、升降的规律性变化，以及相同、相近语音成分的反复所呈现的一种美。气韵美即指教材的语言所熔铸在审美对象中的意气、情绪、意图，甚至是渗透内在生命力的律动的一种美。

（二）语文教育客体的教材的文章美

语文教育客体的教材的文章美是指课文即文字作品之一的以写实为主的记叙文、说明文、议论文等普通文章与新闻文、应用文、学术文等专业文章及纪传文、科普文、杂感文等变体文章所体现的美。具体呈现为：一是正确、深刻、鲜明的意旨美。意旨美就是文章作者对客观事物的感受、理解和认识后所表现出来的并贯穿在文章作品中的一种美的主导意向。它是控制文章作品脉络、决定文章作品成败的胶合剂，是文章作品的境界美的灵魂，这与文学作品通过虚构的故事、想象的情节等来含蓄地表达意蕴有所不同，因而更能激起接受者审美情感的波澜。二是真实、典型、新颖的事料美。事料美就是文章作者为着明确的目的从生活中广泛搜集、大量摄取并精心选入文章作品中的一种美的特定信息。它是形成文章作品、构成文章作品的激活素，是文章作品的境界美的血肉，这与以虚构为主并带有更多主观色彩的文学作品相比也是不同的，因而更贴近接受者的生活，更容易为接受者所采纳。三是健康、尚质、适量的情感美。情感美就是文章作者的生活经历、人生体验、独特感悟等所体现出来的并熔铸在文章作品中的一种美的“个人”意识。它是组织文章作品、凝聚文章作品的胶合剂，是文章作品的境界美的精髓，这与擅长表达诗意性和形象性及自我性情感的文学作品更是不同的，因而更接近接受者的感情，也更能打动接受者的心扉。①

（三）语文教育客体的教材的文学美

语文教育客体的教材的文学美是指课文即文字作品之一的以虚构为主的诗歌、散文、小说、戏剧等所体现的美。它具体表现为：一是单纯而丰富的意象美。这种美是沟通文学作者主观世界和外部世界的桥梁，是人类主体思考和概括宇宙人生的普遍规律的具象显现。它是文学作品中被意念化、感觉化、幻觉化了的象征性审美物象符号，是一种经过文学作者主观变形了的超现实物象，这种在体貌形象上不甚明晰、不太确定的朦胧特质，与文章作者无论是对“善”的褒扬、倡导，还是对“恶”的鞭挞、拒斥，都应直截了当、痛快淋漓是大有不同的。二是熟悉而陌生的典型美。这种美以鲜明独特的个性，充分地概括了某种范围的共性，反映了社会生活的某些本质方面并具有真善美价值的艺术形象，它与文章作品的“典型美”有所区别。后者是文章作者根据实际存在的事物提炼出来的最有代表性、最能感动人们的那一真相，其加工原则是“去粗取精、去伪存真、由此及彼、由表及里”，② 也就是说，文章作品的“典型美”是从真实的事实中筛选、撷取的结果。三是悠远而深邃的意境美。这种美或以情感为经纬来写情画意，与文章作品的境界“以事料为核心”所彰显的务实性情感、结构性情感、他我性情感是有区别的；或以意蕴为旨归而把不尽的意味曲折地予以包藏，与文章作品的境界“以篇章为对象”所强调的明确性意蕴、单义性意蕴、显豁

---

① 杨道麟：《文章作品的境界三美略论》，载《焦作大学学报》2011 年第 4 期。

② 毛泽东：《实践论》，载《毛泽东选集》（第 1 卷），人民出版社 1966 年版，第 268 页。

性意蕴也是有区别的；或以自失为玄机而获得一种美的愉悦、恬静的快感，与文章作品的境界“以自主为统领”所重视的“我”作为主宰而存在是不会丢失或迷幻的更是有明显的区别的。①

笔者以上仅从美学视野下语文教育客体的教材概念、教材演变、教材美质三个方面分别对语文教育客体的教材内蕴进行了论述，足以表明我们对美学视野下语文教育客体的教材内蕴的研究长期以来是非常薄弱的。语文（语言、文章、文学）是我们的母语学科，为什么要放在西方的语文教育体系下去编制语文教材？古往今来在我国的本土上涌现那么多著名的语言学家、文章学家、文艺学家，有几个是在西方的语文教育体系下进行的？因此，美学视野下语文教育客体的教材内蕴的研究要求施教者必须在语文学科本体的关怀下建构，要立足于智育的“真”、德育的“善”、美育的“美”；必须在受教者本位的关注下建构，要致力于从“立言”到“立意”再到“立人”的良性循环。果能如此，则笔者于愿足矣。

① 杨道麟：《语文教育美学研究》，中国出版集团现代教育出版社 2011 年版，第 212～215 页。

试论语文教育客体的教材美质

杨道麟①

语文教育要在语文（语言、文章、文学）② 中塑造"求真""向善""崇美"③ 的创造性人才和"健全的人格"④，以期达到"人的发展和完整性建构"⑤ 的全新境域，就必须而且应当注重语文教育客体的教材美质的研究。语文教育客体的教材是语文学科之本，也是培养人才之本，更是国家的教育水准在语文学科之本。它是语文教育系统的信息源，是施教者完成语文教育任务、实现语文教育目标的凭借，是受教者完成学习任务，即掌握知识技能、增强智力因素、获得人文教育、受到审美熏陶的凭借。对于它的研究，必须从美学的视野予以观照，将语言学研究的语言美、文章学研究的文章美、文艺学研究的文学美视为语文教育客体的教材美质的"三足"重点工程。

---

① 作者简介：杨道麟（1959— ），男，湖北潜江人，博士，华中师范大学教授，班颂德皇家师范大学外聘教授，博士生导师，主要从事语文教育哲学和语文教育伦理学及语文教育美学的研究。

基金项目：国家社会科学基金教育学重点课题"中小学语文教育改革研究"（编号AHA120009）子课题"语文教育观研究"；国家社会科学基金一般课题"母语非汉语藏族中小学生汉语语用失误研究"（编号 17BMZ073）；中央高校基本科研业务费专项资金课题"经典文章教育的美学观照"（编号 CCNU15A06030）。

② 曾祥芹：《"一语双文"时代渐行渐近——全球化语境下语文内容结构改革的必然趋势》，载《语文建设》2009 年第 11 期。

③ 杨道麟：《语文教育目标的真善美》，载《山东师范大学学报》2011 年第 5 期。

④ 中华人民共和国教育部：《语文课程标准（实验稿）》，北京师范大学出版社 2001 年版，第 2 页。

⑤ 曹明海：《让语文点亮生命》，载《中学语文教学参考》2007 年第 9 期。

一、语文教育客体的教材的语言美

语言美是指教材中的课文即文字作品（文章作品、文学作品）的以写实为主的普通文章、专业文章、变体文章的语言和以写虚为主的诗歌、散文、小说、戏剧的语言所体现的美。它是通过词语的音响、色彩，句式的长短、对偶，语调的铿锵、抑扬，语气的连贯、强弱等造成的一种美感，一般由准确、鲜明、生动构成，并表现在不同的语言结构上，如语音美、语词美、语句美、语段美等。以下仅从教材中的课文即文字作品（文章作品、文学作品）语言的简练美与繁复美、对称美与错综美、旋律美与气韵美等不同风格的角度依次考察。

1. 简练美与繁复美

简练美是指教材中的课文即文字作品（文章作品、文学作品）的语言辞切而理当、语约而旨深所呈现的一种美。例如叶圣陶的《黄山三天》中有这样一段："云谷寺没有寺了，只留寺基。台阶前有一棵异萝松，说是树上长着两种不同形状的叶子。我们仔细察看，只见一枝上长着长圆形的小叶子，跟绝大部分的叶子不同。就绝大部分的叶子形状和翠绿色看来，那该是柏树，不知道为什么叫它松。年纪总有几百岁了。"这段文字的五个句子一环套一环串起来，采用汉语一般陈述句的主谓句式，结构完整；句式没有多大变化，也没有使用修辞手段。作者一词一句如信手拈来，平淡无奇，只是把句子说通顺了，把内容表达出来了。就像我们平时说话一样，没有字斟句酌，也没有语言的调整，但是耐人寻味，简洁中别有思致，浅易中另有情趣。又如鲁迅的《为了忘却的记念》中写到五位烈士牺牲的时间、地点和惨状后，作者戛然而止："原来如此！……"一个代词，一声感叹，一串省略，蕴含着无穷的意味，隐藏着无数的"潜台词"，能诱导接受者去填补这个空白。还如翦伯赞的《内蒙访古》开头有一段引言，不到150字就交代了访问时间、同行者、访问缘由、历时、行程、收获，并点题，可谓言简意赅，充分地显示出作者锤炼文字的功力。再如《战国策·齐策》中的《邹忌讽齐王纳谏》，只用了300多字，就从家事说到国事。"于是入朝见威王……"几个字就交代了朝见过程，齐王听了谏辞后，只用了一个"善"字就表达出自己纳谏的决心。后来进谏时，只用概括叙述，记叙“令初下”“数月之后”“期年之后”三个时期的不同情况，说明齐国纳谏后的巨大变化，用笔简约、辞微意丰。繁复美是指教材中的课文即文字作品（文章作品、文学作品）的语言描摹物态而求其穷形尽相、刻画心理而能细致入微所呈现的一种美。例如施耐庵的《鲁提辖拳打镇关西》（《水浒传》节选）写鲁智深三拳打死“镇关西”的情形即是运用繁笔的精品。鼻上一拳，“打得鲜血迸流，鼻子歪在半边，却便似开了个油酱铺：咸的、酸的、辣的，一发都滚出来”。眼眶际眉梢又一拳，“打得眼棱缝裂，乌珠迸出，也似开了个彩帛铺的：红的、黑的、绛的，都滚将出来”。第三拳，打在太阳上正着，“却似做了一个全堂水陆的道场：磬儿、钹儿、铙儿，一齐响”。这就把鲁智深伸张正义、惩罚恶人的情状描绘得痛快淋漓。

2. 对称美与错综美

对称美是指教材中的课文即文字作品（文章作品、文学作品）的语言在数量上相等或相当、在内涵上相近或相对所呈现的一种美。如杜牧的《阿房宫赋》笔墨虽不多，却把阿房宫的形象、规模、气魄等通过具体描写表现了出来。请看作者的描写是如何的壮丽：“覆压三百余里，隔离天日。骊山北构而西折，直走咸阳。二川溶溶，流入宫墙。”这是概括全貌的写法，接受者会从这六句中，想象到这座宫殿的高度和它幅员之广大。作者在这一基础之上，展开了具体的描写，用十个参差错落、长短夹杂的句子，写出了阿房宫里楼阁之胜：“五步一楼，十步一阁；廊腰缦回，檐牙高啄；各抱地势，钩心斗角。盘盘焉，囷囷焉，蜂房水涡，矗不知其几千万落。”接下去，作者凭借如椽的大笔，丰富的想象力，优美的文字，极尽描绘之能事，用短小的四字句，两句连接，一连写了六句。六句排列巧妙，比喻新颖，音调铿锵，就像流着的泉水一样淙淙作响。在这里，作者分别用两句话状写一个景，而写法又都是第一句写实，但其中也有比喻，第二句就光用比喻来写，以加强第一句的印象。最后两句还以感叹抒情的意味对前四句作了一个小结。再往下看到“歌台暖响，春光融融；舞殿冷袖，风雨凄凄。一日之内，一宫之间，而气候不齐”等句子的时候，诗情画意，音乐之美，一齐涌来，令接受者心胸开阔，神情爽快，忍不住要为它拍手叫好。作者的艺术概括力就从文中大量的对称美的语言中表现了出来。

错综美是指教材中的课文即文字作品（文章作品、文学作品）的语言参差错落、跌宕起伏所呈现的一种美。例如鲁迅的《从百草园到三味书屋》："不必说碧绿的菜畦，光滑的石井栏，高大的皂荚树，紫红的桑椹；也不必说鸣蝉在树叶里长吟，肥胖的黄蜂伏在菜花上，轻捷的叫天子（云雀）忽然从草间直窜向云霄里去了。"这段文字急徐相间，跌宕有致，整齐中求变化，变化中求整齐，既使内容表达得清楚明白，又增强了语言的活泼气势，能让接受者感到畅快自然。如果分析一下，全段是两个结构相同的句子，都用"不必说"领起，这是整齐。然而两个句子本身的结构又不尽相同，前一句含四个定名短语，后一句含三个主谓短语，而且字数由少到多，这是变化。又如夏衍的《包身工》："工作，工作，衰弱到不能走路还是工作，手脚像芦柴棒一般的瘦，身体像弓一般的弯，面色像死人一般的惨，咳着，喘着，淌着冷汗，还是被压迫着做工。"这段文字既有整句的对称、整齐之美，也有散句的参差、高下之妙，非常注意整散相间。整齐而不呆板，匀称又富于变化，抑扬顿挫，更富音乐美感。这样整齐中有变化，打破了单一的沉闷感，造成了一种纷杂错综的美。

3. 旋律美与气韵美

旋律美指教材中的课文即文字作品（文章作品、文学作品）的语言在语音高低、升降上的规律性变化所呈现的一种美。如毛泽东在《改造我们的学习》一文中这样写道："或作讲演，则甲乙丙丁、一二三四的一大串，或作文章，则夸夸其谈的一大篇。无实事求是之意，有哗众取宠之心。华而不实，脆而不坚。自以为是，老子天下第一，'钦差大臣'满天飞。这就是我们队伍中若干同志的作风。"在这段文字中，作者运用了或峭拔的笔调，或舒缓的节奏，使该文的语言疏密相间，徐急有致，情文并茂，音义兼美，读起来如行云流水，听起来明白如话，乐律更加悠扬。旋律美之所以能给接受者以愉悦是因为文中的语言的张弛开阖、虚实疏密、起伏变化的节律能使其获得精神上的美感。

气韵美即指教材中的课文即文字作品（文章作品、文学作品）的语言所熔铸在审美对象中的意气、情绪、意图，甚至是渗透内在生命力的律动的一种美。鲁迅的《白莽作〈孩儿塔〉序》中有这样一段文字："这《孩儿塔》的出世并非要和现在一般的诗人争一日之长，是有别一种意义在。这是东方的微光，是林中的响箭，是冬末的萌芽，是进军的第一步，是对于前驱者的爱的大纛，也是对于摧残者的憎的丰碑。一切所谓圆熟简练，静穆幽远之作，都无须来作比方，因为这诗属于别一世界。”这里的语言不但简练潇洒，而且节奏明快，如金石掷地、珠落玉盘，有立体感，有音乐美，不管谁都会为作者激昂强烈的感情而振奋。又如王勃的《滕王阁序》中有“落霞与孤鹜齐飞，秋水共长天一色”的名句，是作者对于世态人事的洞察以及由此所引起的心灵颤动，其语言不仅上下句相对，而且在一句中自成对偶，气势贯通，流畅和谐，联系全文来看，这一句可以说是气韵美的顶峰。面对如诗如画的灵动美景，无论谁都会领略到秋天的生机与清爽。另外，教材中的课文即文字作品（文章作品、文学作品）语言的气韵美质，既是作者生命意志的亢奋与冲动的展现，又是作者对生活和人生的深层感悟。它或是大气磅礴，一泻千里，像张承志在《离别西海固》中说的“让强劲的大海旷野的风吹拂，让两条腿疲惫不堪，让痛苦和快乐反复锤打，让心里永远满满盛着感动”那样，叫你一接触就深受感染；或是流转自然，恣肆风流，如宗璞的《霞落燕园》《紫藤萝瀑布》之类，使你情感鲜烈而心驰神聚；或是内力充盈，气度不凡，如余秋雨的《道士塔》《阳关雪》等，让你陡增豪气而产生巨大的震撼……无论呈现出何种气韵风采，都有各自特殊的艺术魅力。气韵美之所以能给接受者以愉悦是因为作者的主体活力与客观外物天然遇合而产生的特质能让其获得“言有尽而意无穷”的美感。①

二、语文教育客体的教材的文章美

文章美是指教材中的课文即文字作品之一的以写实为主的记叙文、说明文、议论文等普通文章与新闻文、应用文、学术文等专业文章及纪传文、科普文、杂感文等变体文章所体现的美。它要求文章作者必须运用适当的形式将正确、深刻、鲜明的意旨美和真实、典型、新颖的事料美及健康、尚质、适量的情感美等融合在有机的表达系列中，并能使接受者充分调动各种心理因素的协同参与，以期“求真”而促使其探索品质的养成、“向善”而促使其道德意识的觉醒、“崇

① 杨道麟：《文章作品的声韵美略论》，载《湖南师范大学社会科学学报》2012 年第 2 期。

美”而促使其自由心灵的建构。①

1. 正确、深刻、鲜明的意旨美

意旨美就是文章作者对客观事物的感受、理解和认识后所表现出来的并贯穿在文章作品中的一种美的主导意向。它是控制文章作品脉络、决定文章作品成败的胶合剂，是文章作品的灵魂，“正确、深刻、鲜明”是其重要美质。文章作品的意旨美要求文章作者无论是对理性美的揭示，还是对事理美的阐明，都应直截了当，痛快淋漓。这与文学作品通过虚构的故事、想象的情节等来含蓄地表达意蕴是有所不同的，因而更能激起接受者审美情感的波澜。文章作品的意旨美主要表现在两个方面：第一，揭示理性美。文章作品的理性美是文章作者理性思维活动的具体显现，因而必须做到真善美的和谐统一，才真正算得上是美的理性。例如，苏步青在《语文和数学》一文中论述二者的关系时说：“语文是学习工具、是基础，就像盖房子需要打地基一样。数学是学习自然科学的基础，而语文则是这个基础的基础。”这就把语文、数学、其他自然学科之间的关系摆得很清楚，也很科学；道理讲得很明白，且要言不烦；尤其是其中所揭示的学习规律，就充分显示了文章作品的理性美。又如，顾颉刚在《怀疑与学问》一文中论述二者之间的关系时，有两段议论就很精辟，一段是正面的：“只有常常怀疑、常常发问的脑筋才有问题，有问题才想求解答。在不断的发问和求解中，一切学问才会起来”；另一段是反面的：“若使后之学者都墨守前人的旧说，那就没有新问题，没有新发现，一切学术也就停滞，人类的文化也就不会进步了。”这是文章作者在文化学习、科学研究中摸索到的规律，都是经验之谈，说得十分中肯，因而使文章作品具有深刻的理性美。学界周知，参与人际间的社会活动，开展相互协作或对立斗争，是人类的第二实践活动。人类在这一活动中，有时可能会成功，有时可能会失败，总是在不断地总结着经验和教训。人类的第二实践活动最为复杂，所以揭示这方面内容的文章作品也多，涉及的面也相当广：例如，叶圣陶的《华队公会的供状》、闻一多的《最后一次讲演》、鲁迅的《论“费厄泼赖”应该缓行》、王蒙的《论“费厄泼赖”应该实行》等文，揭示了敌我矛盾和人民内部

① 杨道麟：《语文教育应探求“真善美融合”的新理念》，载《贵州师范大学学报》2007 年第 6 期。

矛盾怎样进行斗争的问题；又如，刘少奇的《个人和集体》、章炳元的《鸟飞鱼跃的联想》、叶圣陶的《两种习惯养成不得》等文，阐述了如何处理好个人和集体、个人和组织关系的道理；再如，毛泽东的《批评和自我批评》、陶铸的《太阳的光辉》、臧克家的《纳谏与止谤》等文，阐述了正确对待错误和批评的道理；还有，毛泽东的《人的正确思想是从哪里来的》、吴桐的《“旁观者”未必清》等文，阐述了理论联系实际，敢想要敢干的道理……这些文章大多显示了人类在参与社会活动中所探索到的社会矛盾斗争的丰富经验，因而无不闪烁着理性美的光辉。第二，阐明事理美。文章作品的事理美是事物运动的规律，是事物内部或事物之间的关系，重在阐明这一事物与其他事物相区别的本质特征，因而其对象主要是“物”与“事”两类。首先，以“物”为对象的文章作品，必须通过细致的观察并准确生动地予以描述，它一般分为两种：其一是以未经过人类加工改造的“天然物”为对象的文章作品，常常从其外部形态入手，而以阐明其客观规律、揭示其本质为意旨。例如沈括的《雁荡山》、朱泳燚的《看云识天气》、罗会明的《海光》等文，阐释了对象世界的规律性而蕴含着各自的事理美；又如郑文光的《宇宙里有些什么》、张申培的《宇宙生命之谜》、卡尔·萨根的《宇宙的边疆》等文，阐明了宇宙的广袤而和谐与所存在的各种天体及弥漫物质的事理美；再如刘兵的《死海不死》一文，言说的对象为死海的浮力及其形成的原因，这是一个抽象的事理，主要阐明死海这一事物的本质、事物内部或事物之间的内在联系等意旨。其二是以经过人类加工改造的“人工物”为对象的文章作品，大多是人类认识自然、顺应自然的经验结晶。例如朱毅麟的《洲际导弹自述》、王德发的《石油的用途》、艾萨克·阿西莫夫的《机器人》等文，阐明了人类劳动有益探索的事理，都有赞扬人类智慧的意旨美在；又如贾谊的《论积贮疏》、司马迁的《货殖列传》、叶圣陶的《景泰蓝的制作》等文，阐明了人类生产实践活动的事理，也都有赞扬人类力量的意旨美在。其次，以“事”为对象的文章作品，应当将事物是“怎样的”作为阐明重点而进行具体介绍，例如竺可桢的《沙漠里的奇怪现象》、朱相远的《食物从何处来》、贾祖璋的《花儿为什么这样红》等文，都揭示了某种“事”中之理，蕴含着“客观世界是可知的”的意旨美；又如王人浚的《春蚕到死丝方尽》、周建人的《蜘蛛》等文都是对生物习性的解说，前者着力于展示蚕宝宝的生长过程，后者则从多方面抓住蜘蛛的特征，二者都以阐明事理为目的；再如贾祖璋的《南州六月荔枝丹》一文从荔枝的内部构造、外形特点、果肉味道、栽培历史、文化内涵等方面阐发其特征，而张佐香的《稻子》一文则从它的种类、生产过程和特殊性能，总结了我国劳动人民种植水稻的丰富经验，既客观如实又恰如其分，也是以阐明事理为目的的。总之，正确、深刻、鲜明的意旨美是文章作品的灵魂。当接受者读到这些文章作品时，就会随着文章作者进入一个崭新的天地，感到它语愈淡味愈浓，经得起思考和玩味；接受者如能领悟出它的深蕴时，就能弥补自己认识上的不足，从而使心胸为之坦荡，眼界为之开阔，并产生积极向上的力量。

2. 真实、典型、新颖的事料美

事料美就是文章作者为着明确的目的从生活中广泛搜集、大量摄取并精心选入文章作品中的一种美的特定信息。它是形成文章作品、构成文章作品的激活素，是文章作品的血肉，“真实、典型、新颖”是其重要美质。文章作品的事料美要求文章作者无论是表明客观实际，还是反映真人真事，都应不加伪饰，不搞臆断。这与以虚构为主并带有更多主观色彩的文学作品相比也是不同的，因而更贴近接受者的生活，更容易为他们所采纳。文章作品的事料美主要表现在两个方面：第一，彰显事件美。文章作品中的美的事件是对一个在时间和空间上占据一定位置的有意义的工作的规格说明，它主要表现为三类：一是社会斗争的美。社会发展史上的重大事件及其经验教训，常常记载和总结在文章作品之中，突出地表现在三个方面：一方面是人民群众在反抗反动统治的斗争中，表现出非凡的刚强美和超人的智慧美，如陈涉起义（司马迁的《陈涉世家》中的事件），戊戌变法（梁启超的《谭嗣同》中的事件），广州起义（孙中山的《〈黄花岗七十二烈士事略〉序》中的事件）等。另一方面是被压迫民族在阻止侵略、反抗压迫的斗争中，表现出可贵的爱国精神和可敬的民族气节，如抵制倭寇（王樾的《民族英雄戚继光》中的事件），虎门销烟（吕宕的《林则徐禁鸦片》中的事件），三元里抗英（徐珂的《冯婉贞胜英人于谢庄》中的事件）等。还有一方面是无产阶级在革命斗争中，表现出最坚定、最伟大的壮烈美，如二万五千里长征（陆定一的《老山界》中的事件、刘耀华的《红军鞋》中的事件），抗日战争（周立波的《娘子关前》中的事件、周而复的《冀中的地道战》中的事件），解放战争

（罗广斌的《挺进报》中的事件、毛泽东的《人民解放军百万大军横渡长江》中的事件），抗美援朝（李元兴的《我的战友邱少云》中的事件、魏巍的《依依惜别的深情》中的事件）……这些文章作品所展示的事件用以启迪来者，告诫后世，都能给接受者以崇高的美感。二是生产劳动的美。生产劳动是人类生存、发展的实践形式，是推动社会前进的最基本的原动力，突出地表现在两个方面：一方面是劳动产品的美，如巧妙绝伦而“长虹卧波”的桥梁（茅以升的《中国石拱桥》中的事件），“苏绣广绣般美丽”的田野（秦牧的《土地》中的事件），规模宏大而气势壮观的建筑（黄传惕的《故宫博物院》中的事件）等。另一方面是生产过程的美，如延安军民“种菜如绣花”“是极有乐趣的事情”（吴伯箫的《菜园小记》中的事件），制作景泰蓝中的“掐丝”这道工序，“简直是在刺绣”（叶圣陶的《景泰蓝的制作》中的事件），纺线的动作像“白鹤晾翅”，似舞蹈般优美（吴伯箫的《记一辆纺车》中的事件）……在这些文章作者的笔下，劳动“本身成了生活的第一需要”，能给接受者极富诗意的美。三是科学创造的美。科学创造是贯穿于科学发现和发明过程中的创新活动，它是人的本质力量的对象化，突出地表现在两个方面：一方面是设计新的观察、实验和建立新的科学模型，如候风地动仪的设计（范晔的《张衡传》中的事件），数学原理的应用（华罗庚的《统筹方法》中的事件），活字印刷术的发明（沈括的《活板》中的事件）等。另一方面是提出新的概念、假说和研制新的产品，如天体物理学理论和宇宙大爆炸学说（史蒂芬·霍金的《宇宙的未来》中的事件），热力学第二定律的建立（美杰里米·里夫金的《熵：一种新的世界观》中的事件），最新生物工程技术带来的生命伦理学问题（谈家桢的《奇妙的克隆》中的事件）……这些文章作品都展示了人类科学创造的智慧美，能给接受者强烈的享受。第二，描述人物美。文章作品中的美的人物是在生产劳动、社会斗争、科学研究等方面具有某种特点或突出才能的主体，其中最突出的有三类：一是人物的智慧美。具有智慧美的人物能迅速、灵活、正确地对事物进行理解和处理，如政治家诸葛亮（陈寿的《隆中对》中的人物），军事家曹刿（左丘明的《曹刿论战》中的人物），外交家唐雎（刘向的《唐雎不辱使命》中的人物），科学家祖冲之（萧子显的《祖冲之传》中的人物），还有集政治远见、文章才华和科学思维于一身的张衡（范晔的《张衡传》中的人物）……他们的聪明才智，将鼓舞接受者在美化自然和改造社会中不断创造奇迹。二是人物的道德美。具有道德美的人物往往代表着社会的正面价值取向，如爱国正直而刚正不阿的屈原（郭沫若的《雷电颂》中的人物），深沉刚毅而勇于牺牲的荆轲（刘向的《荆轲刺秦王》中的人物），忠义不屈而视死如归的史可法（全祖望的《梅花岭记》中的人物），克己奉公而为民请命的海瑞（张廷玉的《海瑞传》中的人物），“把有限的生命投入到无限的为人民服务之中去”的雷锋（陈广生的《人民的勤务员》中的人物）……他们为正义和真理而英勇献身的精神，将给接受者以悲剧美的效应。三是人物的意志美。具有意志美的人物能有意识、有目的、有计划地调节和支配自己的行为，如被匈奴扣留19年而杖节北海牧羊的苏武（班固的《苏武传》中的人物），九死一生而正气凛然的文天祥（文天祥的《〈指南录〉后序》中的人物），为完成周总理嘱托而拼搏的吴吉昌（穆青的《为了周总理的嘱托》中的人物），靠理想作生命支撑而不忘进取的张海迪（郭梅尼的《生命的支柱》中的人物）……他们所显示的钢铁般的坚韧意志，将激励接受者去战胜千难万险。总之，真实、典型、新颖的事料美是文章作品的血肉。当接受者读到这些文章作品时，就会透过文章作者对自然、社会、思维的感情的折光，窥见时代的影子，感觉到一条简明而具体的生活脉搏，领略到生活本质的光彩，从而体味到真善美的浓烈气味，并在更高的层次上获得强烈的美感效应。

3. 健康、尚质、适量的情感美

情感美就是文章作者的生活经历、人生体验、独特感悟等所体现出来的并熔铸在文章作品中的一种美的“个人”意识。它是组织文章作品、凝聚文章作品的胶合剂，是文章作品的精髓，“健康、尚质、适量”是其重要美质。文章作品的情感美要求文章作者无论是忧国忧民，还是乐山乐水，都应发自肺腑，诉诸真情。这与擅长表达诗意性和形象性及自我性情感的文学作品更是不同的，因而更接近接受者的感情，也更能打动他们的心扉。文章作品的情感美主要表现在两个方面：第一，弘扬真善美。文章作品中对真善美的弘扬成了文章作者的情感美的基本指向。社会生活中的种种人物、事件，使文章作者有所感，有所悟，才发之于笔端。所以文章作品必然要表明文章作者对社会生活中的人物、事件的观点和态度，并对人物、事件作出评价。如师生之谊（鲁迅的《藤野先生》、魏巍的

《我的老师》等），亲子之爱（朱自清的《背影》、朱德的《回忆我的母亲》等），爱国者的襟怀（范仲淹的《岳阳楼记》、林觉民的《与妻书》等），劳动者的奉献（魏钢焰的《忆铁人》、杨朔的《荔枝蜜》等），领导人的自律（李庄的《任弼时同志二三事》、刘宗明的《一件珍贵的衬衫》等），科学家的追求（顾迈南的《“两弹元勋”邓稼先》、刘登锐的《钱学森——中国人的骄傲》等）……或感人肺腑，或催人泪下。文章作者对这些美好风范的褒扬、倡导，就构成了文章作品的情感美。还有，许多文章作品大多从正面弘扬真善美，显示了文章作者洞察事物的智慧。如肖三的《毛泽东的少年时代》、陶铸的《崇高的理想》、陈群的《理想的阶梯》、王通讯的《为中华腾飞立志成才》等文阐释了美的志向，邓小平的《讲讲实事求是》、周而复的《截肢和输血》、敢峰的《见小而忘大》、韩少华的《温馨的风》等文崇尚了美的操守，司马光的《训俭示康》、吴晗的《说谦虚》、周汉晖的《谈诚实》、马铁丁的《俭以养德》等文赞颂了美的品质，荀况的《劝学》、韩愈的《师说》、彭端淑的《为学》、刘开的《问说》等文支持了美的行为。文章作者对这些良好精神的揭示、阐发，就呈现了文章作品的情感美。就像评议类的文章作品，也是情感和思想的化合物，不但彰显了美的存在，而且阐述了美的内容，从而帮助接受者用美的尺度规范自己的实际活动。例如吴晗的《谈骨气》一文中借孟子的“富贵不能淫，贫贱不能移，威武不能屈，此之谓大丈夫”作论据，并列举了一系列为多数人的利益而献身的历史人物的事迹加以佐证，表达了“我们中国人是有骨气的”民族自豪感，阐发了无产阶级和全国人民的英雄气概的意旨美。该文虽仅1000余字，却让接受者认识到只要自觉地效法这些古人，在各自的岗位上做无私的奉献，也同样是具有远大理想的人，这就把人们带到了一个崇高的精神境界。即使是礼仪类的文章作品，也常寄寓着文章作者的某种情感。如“保护益鸟”的倡议书，蕴含着热爱自然的浓烈情感。甚或是广告类的文章作品，也越来越带有情感色彩。如“只要你拥有春兰空调，春天就永远陪伴着你”！可以说，诚挚深厚的情感美是文章作品的共同美质，这些都有待于接受者认真而深入地去开掘。第二，憎恨假恶丑。文章作品中对假恶丑的鞭挞一直是文章大国遵奉着的一条准则。学界熟知，真善美总是在与假恶丑的斗争中显现的，因而文章作品在对真善美赞扬的同时，必然会对假恶丑进行抨击。如司马迁的《屈原列传》一文中对昏聩暴君的谴责，张溥的《五人墓碑记》一文中对奸邪佞臣的指斥，梁启超的《谭嗣同》一文中对阴险政客的憎恶，鲁迅的《记念刘和珍君》一文中对凶残军阀的愤激等文章作品无情地揭露他们的反动本质，并指出他们必然灭亡的下场，正是从对假恶丑的否定中来赞扬真善美的。至于毛泽东的《反对自由主义》一文、鲁迅的《拿来主义》一文、顾颉刚的《怀疑与学问》一文、林默涵的《拿来与送来》一文、臧克家的《纳谏与止谤》一文、叶圣陶的《华队公会的供状》一文等文章作品或辨丑识美或以丑衬美或揭丑护美或抑丑扬美……写得更是痛快淋漓、文情并茂，常常给接受者以鞭策，以鼓舞，以信心，这已是人所共知的了。即使是书信类的文章作品，也常常根据日常生活中发生的各种事件发表议论，从而达到明辨是非、激浊扬清、鞭挞假恶丑的目的。如鲁迅的《致许广平》中曾经有这么一段："走'人生'的长途，最易遇到的有两大难关。其一是'歧路'，倘是墨翟先生，相传是恸哭而返的。但我不哭也不返，先在歧路头坐下，歇一会，或者睡一觉，于是选一条似乎可走的路再走，倘遇见老实人，也许夺他食物来充饥，但是不问路，因为我料定他并不知道的。如果遇见老虎，我就爬上树去，等它饿得走去了再下来，倘它竟不走，我就自己饿死在树上，而且先用带子缚住，连死尸也决不给它吃。但倘若没有树呢？那么，没有法子，只好请它吃了，但也不妨也咬它一口。其二便是'穷途'了，听说阮籍先生也大哭而回，我却也像在歧路上的办法一样，还是跨进去，在刺丛里姑且走走。但我也并未遇到全是荆棘毫无可走的地方过，不知道是否世上本无所谓穷途，还是我幸而没有遇着。"这是一封谈论人应该持什么样的处世哲学问题的信件，其情感蕴于反讽式的叙述当中，而且随着语气的加强，越往后越将其情感推向炽烈：开初那样一种长者式的平静心态逐步转化成一种对人事的洞察，对强敌的愤慨，倾注了文章作者痛恨假恶丑的情感智慧。总之，健康、尚质、适量的情感美是文章作品的精髓。当接受者读到这些文章作品时，就会紧跟着文章作者所传达的情感流程或心旷神怡，或惊心动魄，或回味深思，或潸然泪下，或怒发冲冠……从而在文章作者所建造的情感世界中自然而然地得到熏陶、感染，并获得巨大的审美享受。

三、语文教育客体的教材的文学美

文学美是指教材中的课文即文字作品之一的以虚构为主的诗歌、散文、小说、戏剧等所体现的美。它不是绘画和雕塑，却可用文字展示人间、地狱和天堂；不是音乐和舞蹈，却可用文字捕捉心底的欢愉、愤慨和忧伤；不是哲学和美学，却可用文字揭示生活的哲理、规律和必然。因而文学作者必须运用适当的形式将单纯而丰富的意象美、熟悉而陌生的典型美、悠远而深邃的意境美等融合在有机的表达系列中，并能使接受者调动诸多心理因素，以期“求真”而提高智能水平、“向善”而弘扬人文精神、“崇美”而追求审美境界。以下仅从三个方面依次进行分析。

1. 单纯而丰富的意象美

意象美就是教材中的课文即文字作品之一的文学作品的寓“意”之“象”，也就是文学作者用来寄托主观情思的客观物象中所呈现出来的一种美。这种美是沟通文学作者主观世界和外部世界的桥梁，是人类主体思考和概括宇宙人生的普遍规律的具象显现。它是文学作品中被意念化、感觉化、幻觉化了的象征性符号，是一种经过文学作者主观变形了的超现实物象。这种在体貌形象上不甚明晰、不太确定的朦胧特质，与文章作者无论是对“善”的褒扬、倡导，还是对“恶”的鞭挞、拒斥，都应直截了当、痛快淋漓等是有很大的不同的。在文学创作中，意象的使用是相当普遍的。不仅诗歌作品中创造了大量风韵各异的意象，即或是许多小说作品和戏剧作品中也都不乏这方面的成就，如《红楼梦》《聊斋志异》《西厢记》《牡丹亭》等。而在《红楼梦》中，更是意象迭出，简单列举就有“茫茫大士”“渺渺真人”“空空道人”“警幻仙姑”以及“贾雨村”“甄士隐”等，还有那些更朦胧些的如“离恨天”“绛珠草”“秘情果”“灌愁水”之类。这里仅以余光中的《乡愁》一诗为例。学界熟知，游子思乡的情感早已在千年的汉语历程中被诗文大家抒写得详尽备至，而余光中的《乡愁》能够在众多“乡愁”题材的作品中脱颖而出，凭借的就是它那浓得化不开的情感以及独特的单纯而丰富的意象美。在诗作中，他选择了人生历程中四个短小而又饱含感情的画面：“小时候”“长大后”“后来”“现在”。剥去历史的尘埃，余光中从中选取了四个独具代表性的意象：“邮票”“船票”“坟墓”“海峡”。这四个意象确实是既单纯而又丰富，让人们看到了一个漂泊多年的游子的四个人生阶段：少年求学时，对母亲的思念融入了“小小的邮票”，邮票虽小却承载了“我”对母亲浓浓的思念；青年求生时，对妻子的思念又全部融入了“窄窄的船票”，船票虽窄却代表了“我”对妻子不尽的绵绵思念；中年后，对故乡的思念因为母亲的去世而变成了“矮矮的坟墓”，坟墓虽矮却让“我”与母亲阴阳两隔；现在，面对一湾“浅浅的海峡”，可是“我”却因台湾与大陆的两相隔离而难以与同胞相聚。这四个意象的选择并非偶然而为，我们可以看到它们分别代表了人生四个不同阶段的感情：少年时代的骨肉亲情、青年时代的夫妻爱情、中年时代的生死离情以及现在的故国深情。四个意象代表了四种感情，它们层层递进，由弱而强，绵绵不断，随着诗人的成熟和时代的变迁不断变化：少年、青年、中年的乡愁是生离死别，生命规律使然；而现在的乡愁却是一湾“浅浅的”本可以逾越的海峡造成的，陡然赋予了诗作时代感，使“乡愁”这个主题由对个人家庭的思念上升到了渴望整个中华民族、海峡两岸统一的更加深广的内涵。它宛如一曲由弱而强、由缓而疾的以重音结尾的交响乐，奏出了时代的最强音，使人们心灵震撼，热血沸腾！如果我们仔细阅读余光中的《乡愁》，从头至尾虽无一华丽的诗句，但诗行之间却充溢着某种荡气回肠的浓浓的愁绪。由此可见《乡愁》的意象单纯而不单薄，它所选取的“邮票”“船票”“坟墓”“海峡”这四样东西蕴蓄非常深厚、内涵相当丰富，将诗人与台湾同胞心中郁积已久的思乡思国之情抒发了出来，这种绵远悠长的思乡之情、爱国之心在诗人笔下鲜活地再生，唱响了炎黄子孙脚踏的每一寸土地！

2. 熟悉而陌生的典型美

典型美就是教材中的课文即文字作品之一的文学作品以鲜明独特的个性，充分地概括了某种范围的共性，反映了社会生活的某些本质方面并具有真善美价值的艺术形象的一种美。这种美与文章作品的“典型美”是有所区别的。文章作品的“典型美”是文章作者根据实际存在的事物提炼出来的最有代表性、最能感动人们的那一真相。也就是说，文章作品的“典型美”是从真实的事实中筛选、撷取的结果，其加工原则是“去粗取精、去伪存真、由此及彼、由表及里的改造制作工夫”。① 如鲁迅的杂感文是“砭痼弊常取类型”，透过“一鼻，一

① 毛泽东：《实践论》，载《毛泽东选集》（第1卷），人民出版社1966年版，第268页。

嘴，一毛”① 的生活中的真实，加以富有主观爱憎的情感的提取，从而造成一种心灵一点神似的类型形象，如写陈西滢、梁实秋之流。这种从生活中提取的类型形象同样具有概括意义，又是独特心灵的个性代表。一句话，文章作品的“典型美”是从现实生活中“提炼”出来的。学界周知，“典型”一词在我国古典文献中，意为“型”之“典”，即模型标准。段玉裁说：“以木为之曰模，以竹曰范，以土曰型，引申之谓典型。”② 在西方，“典型”一词源于希腊，原义为铸造用的“模子”，与我国所用之意近似。“典型”一词出现于文艺理论中，最早见于柏拉图的《理想国》，而作为一种定型的文学艺术概念，则流行于18、19世纪的欧洲。作为文学艺术概念，“典型”一词由我国从西方引进而来。文学作品中的“典型”概念，在其发展的过程中，大致经历了“类型化的典型”“定型化的典型”和“个性化的典型”这样三个主要的阶段。我们今天所说的“典型”，是指“个性化的典型”。而文学作品中的“典型”一般指典型环境中的鲜活的人物。第一次明确提出典型环境并同典型人物直接联系起来的是恩格斯：“据我看来，现实主义的意思是，除细节的真实外，还要真实地再现典型环境中的典型人物。”③ 这就明确地指出了在一部小说中，不仅应该有典型人物，而且应该有典型环境，典型人物应该产生于典型环境之中。那么，什么是典型环境呢？恩格斯虽然没有明确说明，但是后来的一些文艺学学者根据恩格斯的这封信的意思进行了各式各样的发挥，一时众说纷纭，莫衷一是，以至于如今仍然没有一个定论。大家知晓的鲁迅的《阿Q正传》中的阿Q作为一个显示出特征的并富于美感的成功的文学典型，在这“熟悉”和“陌生”的典型中蕴藏着说不完道不尽的东西。文学作者以白描的方式，寥寥几笔便勾勒出了阿Q的性格特征。他从阿Q“赤着膊，懒洋洋，瘦伶仃的”，到“癞疮疤”“黄辫子”“厚嘴唇”，和在吵架时常是弱者又时常失败，挨了赵太爷的打，便说“现在世界太不像话，儿子打老子……”；发怒时，头上的癞疮疤变得“块块通红”；上城回来得意时，“穿的是新夹袄，看去腰间还挂着一个大褡裢”。这一切真实地表现了阿Q要求革命和愚

① 鲁迅：《准风月谈》，载《鲁迅全集》（第5卷），人民文学出版社1981年版，第382页。

② 段玉裁：《说文解字注》，上海古籍出版社1981年版，第688页。

③ 恩格斯：《致玛·哈克奈斯》，载《马克思恩格斯全集》（第4卷），人民文学出版社1974年版，第162页。

昧麻木之间的矛盾。阿 Q 的外在特征充分地揭示了他内在的心理性格。在阿 Q 的充满喜剧性的悲剧人生之中，在阿 Q 的那质朴愚昧而又圆滑无赖、自尊自大而又自轻自贱、敏感禁忌而又麻木健忘的复杂性格背后，都真切地透射出历史的折光。既能让人们经常品尝而不觉得乏味，又能使人们久久地沉浸在它的艺术魅力之中，并深深地感到生活中“阿 Q 相”的丑陋，而文学作品中的阿 Q 却是十分完美。①

3. 悠远而深邃的意境美

意境美是教材中的课文即文字作品之一的文学作品中所呈现的那种情景交融、虚实相生的形象系统及其诱发和开拓的审美想象空间的一种美。这种美同典型美一样，也是文学形象的高级形态之一。学界认为，意境美的生成与意象美密切相连，它具体表现为：一是意境美以情感为经纬。意境美虽然也注重对景物的描写，但仍是以此来抒发独特的情志为目的的；即便是纯粹的景物描写，也是以情感为经纬来写情画意的。在这一类意境美的创造中，作家藏情于景，一切都通过逼真的画面来表达，虽不言情，但情藏于景中，往往更显得情深意浓。如李白的《黄鹤楼送孟浩然之广陵》：“故人西辞黄鹤楼，烟花三月下扬州。孤帆远影碧空尽，唯见长江天际流。”这首诗全是对客观景物的具体描写，字面上一点也没有透露出对友人的态度，但从那烟花三月、黄鹤楼头的美好景色中，已透露出对友人的祝福；诗作中也没有直抒对友人依依不舍的眷恋，而是通过孤帆消失、江水悠悠和久伫江边、若有所失的诗人形象，表达出一种独特的深情挚意。表面上这首诗句句都是写景，实际上却句句都在抒情。在文学作品中，以情感为经纬而网织景物的篇什很多，如朱自清的《荷塘月色》、鲁迅的《秋夜》等名篇就是诗意性情感、形象性情感、自我性情感的熔铸。这与文章作品的境界“以事料为核心”所彰显的务实性情感、结构性情感、他我性情感是有区别的。二是意境美以意蕴为旨归。意境美最为强调的是意蕴，或称话语蕴藉，即对文学活动的特殊意义或状况的概括，它所揭示的是作为社会性话语活动蕴含着丰富的意义生成的可能性。刘勰在《文心雕龙·隐秀》中就论述了“文外之重旨”和“以复意为工”的现象，其“重旨”与“复意”意思相近，都指文学作品往往在直接意义

① 孟抗美：《文学艺术教育》，人民出版社 2002 年版，第 84 页。

之外蕴含或隐含着其他重要意义，话里有话，或话中藏话。他甚至强调“深文隐蔚，余味曲包”①，意义深刻的文学作品总是显得文采丰盛，而把不尽的意味曲折地包藏其中。在现代西方，波德莱尔的“象征”、贝尔的“有意味的形式”、俄国形式主义的“陌生化”、新批评的“含混”、英加登的“空白点”、接受美学的“隐含的读者”与“填空”等，更是显示了探索话语蕴藉的不同途径。如此等等，都与文章作品的境界“以篇章为对象”所强调的明确性意蕴、单义性意蕴、显豁性意蕴也是有区别的。三是意境美以自失为玄机。在文学作品中，包括人物在内的一切情感，都是文学作者的自我情感，但在意境美的范畴，随着文学作者对它的逐渐加强，则是以其“自失”为代价的。叔本华认为，在进行文学创作之时，艺术家或欣赏者的主体都沉浸于艺术对象之中，这种独特的审美境界为“自失”。在这种观审的情形下，主体已经放弃了意志欲求活动，从痛苦的人生活动得到解脱，而沉浸于无意识活动的纯粹直观之中，获得一种美的愉悦、恬静的快感。② 文学作品在“自失”的情形下，其意境美才能够生成。当然，“自失”并非完全无我，也不是指文学作者不在意境画面中出现，而是指那种情感比较含蓄，不动声色的意境画面。王国维认为，陶渊明的《饮酒》中的“采菊东篱下，悠然见南山”就是“无我之境”，文学作者自己虽出现在画面中，但他的情感却藏而不露，一切让人们自己从画面中去体会。杜甫《绝句》“两个黄鹂鸣翠柳，一行白鹭上青天。窗含西岭千秋雪，门泊东吴万里船”，也是“无我之境”。文学作者描写景色，但未评价景色，无一字臧否，也是于不动声色之中见意境。但人们却可以从画面开拓的意境美里，间接地领略到诗人欢欣的情绪和开朗的胸怀。这与文章作品的境界“以自主为统领”所重视的“我”作为主宰而存在是不会丢失或迷幻的更是有明显的区别的。

笔者以上仅从简练美与繁复美、对称美与错综美、旋律美与气韵美等语文教育客体的语言美和正确、深刻、鲜明的意旨美和真实、典型、新颖的事料美及健康、尚质、适量的情感美等语文教育客体的文章美以及单纯而丰富的意象美、熟悉而陌生的典型美、悠远而深邃的意境美等语文教育客体的文学美三个方面分别

① 刘勰：《文心雕龙·隐秀》，载赵仲邑《文心雕龙译注》，漓江出版社1982年版，第334~335页。

② 叔本华：《作为意志和表象的世界》，石冲白译，商务印书馆1982年版，第431页。

对语文教育客体的教材美质进行了论述，说明三者既是和谐一体的，又是并驾齐驱的，还是争奇斗艳的。它们共同支撑着语文教育客体的大厦，如果三者缺一就不可能达到语文教育塑造“求真”“向善”“崇美”的创造性人才和“健全的人格”的理想目标与“人的发展和完整性建构”的全新境域，并进而彰显出语文教育客体的丰富的整体内涵和独特的审美价值以及永久的艺术魅力。①

① 杨道麟：《语文教育美学研究》，中国出版集团现代教育出版社 2011 年版，第 204~216 页。

文化认同视域下部编本与台湾三民书局高中语文教科书古代散文选编分析

汪茜雅　方　正①

大陆和台湾同文同种，文化上血脉相连。古代散文是中华优秀传统文化的重要载体，是两岸高中语文教材的主导文类。大陆部编本高中语文教材是当前编写质量最高、使用最广、最具权威性的普通高中语文教材。台湾三民版高中“国文”教材是为了适应台湾新一轮语文课程改革的需要而编写的，注重对中华优秀传统文化的学习，在整个台湾语文教育中占有重要的地位。由于大陆部编本高中语文教材刚刚在全国推行，语文届对大陆部编版高中语文教材与台湾三民版高中语文教材的整合分析不多，对两版教材的古代散文选编分析更是阙如。通过对两版教材古代散文选编分析，不仅有利于两岸教材建设，而且有利于增进两岸青年一代中华优秀文化认同感和自豪感。

一、古代散文选文数量多，教材编写高度重视中华优秀传统文化

编入教材的文言选文文体主要有小说、诗歌和散文，其中散文是主导文类。通过统计部编版和三民版教材古代散文数量以及古代散文占比（见表 1），可以

---

① 作者简介：汪茜雅，黄冈师范学院文学院（苏东坡书院）2020 级学科教学（语文）硕士研究生；方正，黄冈师范学院文学院（苏东坡书院）教授、博士、硕士生导师，研究方向为语文课程与教学论。

基金项目：黄冈师范学院研究生工作站课题“文化认同视域下大陆台湾中学语文教材选编比较研究（5032021010）”。

发现两版教材都十分重视古代散文的学习，重视学生对中华优秀传统文化的传承和认同。台湾《普通高级中学必修科目“国文”课程纲要》（以下简称《课程纲要》）提出“文化经典的研读要增进对中华文化基本价值的了解，尊重多元精神，启发文化反思能力”。① 正是共同文化传承和熏陶所带来的共同民族心理和精神家园，才可能超越地域、政治、阶层等限制，把分布在世界各地的中华儿女凝结成一个精神共同体。

部编版教材所选古代散文共计30篇，呈单元集中式分布，教材以“人文主题”和“学习任务群”两条线索组织单元 。“人文主题”的设计充分考虑新时代高中生人格和精神成长的需要。“学习任务群”下每个单元有若干指向“语文核心素养”的学习任务，保证语文工具性的落实。② 如必修上册第六单元所属任务群是“思辨性阅读与表达学习”，人文主题是“学习之道”，其中所选的两篇古代散文《劝学》《师说》是我国古代探讨学习问题的名篇。单元任务要求学生准确把握作者的观点，学习他们思考问题的角度以及有针对性的表达，以期训练思辨能力。选择性必修上册第二单元的5篇古代散文《〈论语〉十二章》《大学之道》《人皆有不忍之心》《〈老子〉四章》《五石之瓠》和《兼爱》皆为先秦诸子的经典论说，该单元要求学生在梳理立身处世之道的同时感受先秦诸子的论说风格。选文注重经典性，这也是教材实现学生学习优秀的中华传统文化的基本保证。

三民版教材共99篇课文，其中古代散文有40篇，占所有课文的40.40%，接近台湾《课程纲要》中“文言范文所占比率为百分之四十五至百分之六十五”③ 的要求。其中《师说》《醉翁亭记》《郁离子选》等26篇古代散文均选自台湾《课程纲要》附件一的“文言三十篇”。其余14篇中有10篇选自《课程纲要》指向的文化经典教材，另外4篇《与陈伯之书》《黄州快哉亭记》《训俭示康》《过秦》的选入也体现了编者对优秀古代散文的仔细考量。三民版教材古代

① 中国台湾教育主管部门：《普通高级中学必修科目“国文”课程纲要》，https：//www.k12ea.gov.tw/files/common_unit/a7285432-45bf-4371-b514-3eb12aff9871/doc/101。

② 温儒敏：《统编高中语文教材的特色与使用建议》，载《北京教育（普教版）》2019年第11期。

③ 中国台湾教育主管部门：《普通高级中学必修科目“国文”课程纲要》，https：//www.k12ea.gov.tw/files/common_unit/a7285432-45bf-4371-b514-3eb12aff9871/doc/101。

散文的分布比较分散，如《“国文”》四中古代散文的作品数量最多，涉及10篇课文；《“国文”》六中古代散文作品仅有5篇。它不像部编版教材按照“人文主题”和“学习任务群”组织编排，而是和现代文选交替编排，目的是让学生在古典文化和现代文化之间来回穿梭。三民版教材编者积极落实“认识固有文化，培养伦理道德观念”① 的编辑目标，重视学生在高中阶段学习和传承中国古代优秀文化。

表1　　两版教材古代散文选文数量占比

版本	古代散文数量（篇）	课文数量（篇）	所占比例
部编版	30	117	25.64%
三民版	40	99	40.40%

二、古代散文选文时空分布广，有利于增强学生对中华优秀传统文化认识的全面性

在中国数千年的历史长河中，相继出现不计其数的多种类型、样式的文学作品，呈现出错综嬗变、多姿多彩的文学发展变化的历史风貌。王国维说：“凡一代有一代之文学：楚之骚，汉之赋，六代之骈语，唐之诗，宋之词，元之曲。”②通过统计两版教材古代散文的时代分布，可见两版教材古代散文的选文覆盖了我国古代文学发展史上的多个顶峰期。从春秋战国时期的诸子散文、历史散文到两汉、魏晋文学，再到唐宋古文运动时期、明清文学，以上各个时期都选录了代表作家作品，有助于学生更加全面认识中华优秀传统文化，找寻共同的文化记忆。笔者分析数据发现部编版和三民版教材都十分重视先秦散文，选入教材的先秦散文比率高达40%和31.42%，既有春秋战国时代的诸子散文，也有富于文采、讲究辞令艺术的历史散文。其中《子路、曾晳、冉有、公西华侍坐》《烛之武退秦

① 王基伦等：《普通高级中学“国文”（1—6册）》，台湾三民书局2016年版，第2页。

② 王国维：《宋元戏曲史·自序》，中华书局2010年版，第1页。

师》《劝学》和《谏逐客书》4篇先秦古代散文同时被两版教材选录。先秦散文具有极高的思想和艺术成就，对学生树立正确的伦理道德观，提升思辨能力具有十分重要的意义。三民版高中“国文”教材古代散文选篇时代分布范围广泛且均匀，上至先秦，下至明清。选录的作品不仅照顾到古代散文发展的各个时代还兼顾了台湾“本土素材”，如明初师法秦汉，设喻巧妙的寓言集《郁离子选》，晚明兴盛的小品文《晚游六桥待月记》，遗民学者诗人顾炎武的《廉耻》，清代台湾本土作家郁永河的古典游记散文《北投硫穴记》，还有简述台湾300年历史发展的《台湾通史序》等。

三、两版教材古代散文文字助读有利于增强学生对中华优秀传统文化认识的深刻性

两版教材编排助读材料的位置有所不同，相同要素所阐述的内容也各有侧重，但都注重跟学生讲清中华优秀传统文化的同时，实现对学生家国情怀、个人品格和科学世界观的塑造。

部编版教材以“人文主题”和“学习任务群”组织单元，力求创新单元内部组织，设计出由单元导语、注释、学习提示等若干栏目组成的助读组织架构。单元导语一般由三段组成，第一段是单元学习情境；第二段是对选文主题、情感、思想等人文层面的介绍；第三段是对选文文体、手法、风格等工具层面的介绍。① 学习提示主要是帮助学生阅读文本，提示文本内容、结构、写法、语言等方面的重点和难点，引导学生深入阅读思考并且提供阅读方法、学习路径等，让学生有章可循，获得阅读的真实体验。如部编版必修下册第一单元导语提到：“本单元选取了《论语》《孟子》《庄子》中的经典篇章，以及《左传》《史记》的精彩片段。阅读这些文章，有助于我们了解中华文化的一些重要理念，领会其中包含的人文精神，深化对传统文化的认识，增强文化自信。”该单元导语引导学生加深对传统文化的认识，增强文化自信。通过初步了解儒家、道家思想的特征，体会不同的价值观念相聚交融，相反互证，进而认识中华文化内涵丰富的价

① 徐志伟：《高中统编教材必修上册任务学习教学设计略谈》，载《语文建设》2019年第19期。

值系统，在深入学习后，认识其文化价值，思考其现代意义。

三民版教材助读内容详细且具针对性，每课均以范文为核心，依次分列各项教学助读要目：题解、作者、注释、课文赏析，有助于拓宽学生的知识视野，加深对中华优秀传统文化的学习和思考。在“题解”部分，阐释题意，说明文章性质、出处与大旨，如《赤壁赋》的题解共有两段，不仅说明了赤壁是指黄州境内的赤壁矶，还对这篇文章的出处、文体、写作时间、主旨以及“赋”这种文体的嬗变过程都做了清晰的介绍。① 在“作者”部分，三民版《赤壁赋》不仅介绍了作者生平，还对苏轼的仕途经历、文学成就及作品风格都作了概括。注释采用当面注的方式，方便课文与注释对照，提高学生阅读古文的效率。课文赏析更是三民版教材的一大特色，它附在每册后面，不受篇幅限制，能帮助学生更好地分析、鉴赏范文。

四、两版教材古代散文插图助读有利于增强学生对中华优秀传统文化认识的形象性

两版教材精心设计插图，注重从细节上对学生进行中华优秀传统文化的熏陶。部编版教材采用大量有传统中国气韵的书法和水墨画，在艺术风格上体现中国审美，彰显文化自信。如《赤壁赋》中的武元直所作的水墨画“赤壁图”尽显长江浩荡，烟波渺茫，两岸峭壁陡立，山势险峻延绵，江中一舟顺流而下，苏轼与友人对坐舱中饮酒，形象地再现了苏轼携友乘舟夜游赤壁（黄州赤壁矶）的情景。三民版教材的插图也非常丰富形象，40 篇古代散文共有 115 张插图，图文并茂的排版设计，加之书页色彩柔和，有助于学生更加直观地感受中华优秀传统文化。插图主要包括作者照片或画像、书影，以及与课文有关的历史遗迹、文化实物、风景名胜等图片，拓宽了学生认识中华优秀传统文化的视野。例如三民版《鸿门宴》中配有 4 张插图，其中第 3 张是鸿门宴座次安排示意图，图片虽然简单，但是将文本中“项王、项伯东向坐；亚父南向坐；沛公北向坐；张良西向侍”直观形象地展示给学生，进而能引发学生思考《鸿门宴》中的座次安排与

① 陈娟：《台湾三民版高中〈“国文”〉教科书研究》，扬州大学 2011 年硕士学位论文，第 24 页。

“君臣相对，君面南，臣面北；宾主相对，宾面东，主面西”的古代礼仪之间的矛盾。通过插图的助读，学生能更好地梳理故事情节，想象故事场景，加深对文化知识的认识。

通过比较分析，发现部编版和三民版两版教材在古代散文的选编上的共同特点是：选文数量多，时代分布广，助读文字内容深刻，插图形象。古代散文是中华优秀传统文化的典型代表，两版教材古代散文所蕴含的中华优秀传统文化资源有利于对青年一代开展中华优秀传统文化认同教育，增强两岸学生中华优秀传统文化认识的全面性和深刻性。教材是形塑时代新人最重要、最直接、影响最深远的载体，两岸教育工作者要充分发挥教材的育人功能，构筑中华民族命运共同体。

教学探索

统编版初中语文鲁迅作品教学策略研究

刘旨意　丰建霞①

鲁迅作为中国现代文学奠基者、思想解放的先驱，其“立人为本”思想，强调独立思考，体现出的批判精神和文化观念的创新都为认知鲁迅、理解鲁迅奠定了思想基础。现如今，教材成为学生初步接触鲁迅作品的主要渠道，并且鲁迅作品在统编版初中语文教材中选编比例较大。但是在进行鲁迅作教学时暴露了许多问题，教学陷入各种困境，甚至很多教师和学生对于鲁迅作品的了解竟然止步于教材和课堂。笔者从实际问题出发，探讨鲁迅作品“怎么教”的问题，寻求更适合的途径，为初中鲁迅作品教学提供一定的借鉴和参考。

一、初中语文鲁迅作品在教材中的选编概况

鲁迅作品篇目数量在初中语文教材中，与任何一位作者作品相比，占比一直居于最大，即使近年来在语文课本中屡屡被删，甚至学术界就“鲁迅作品是否应该退出语文教材”这个话题展开激烈讨论，但不容置疑的是，鲁迅作品在初中语文教材中占有不可替代的地位。对鲁迅作品选编概况进行对比分析，探求其教学价值，寻求相宜的教学策略十分重要。

（一）统编版与人教版初中语文教材鲁迅作品选编对比

“统编版初中语文教材对于课文的选编，更强调四个标准：经典性、文质兼

① 作者简介：刘旨意，女，黄冈师范学院文学院 2017 级学生；丰建霞，女，黄冈师范学院文学院教授，硕士生导师。

美、适宜教学、适当兼顾时代性。”① 作为“双线组织单元结构”的教材，和以往“主题单元结构”的各版本语文教材总体比较而言，既有人文主题内容，又不完全以人文主题来布置单元，兼顾文体、教学重点等，将知识与能力多方面结合起来。笔者以人教版初中语文教材（2008 年版）与统编版初中语文教材（2017 年版）作对比，以此探析依据选编特征和编排顺序研究鲁迅作品教学策略的重要性。统编版初中语文教材收录鲁迅作品 7 篇，人教版收录鲁迅作品 9 篇，具体篇目和单元主题如表 1、表 2 所示。

表 1　　**统编版 7—9 年级初中语文教材中的鲁迅作品编排情况**

年级	单元	篇目	单元主题
七年级上册	第三单元	《从百草园到三味书屋》	学习生活
七年级下册	第三单元	《阿长与〈山海经〉》	凡人小事
八年级上册	第二单元	《藤野先生》	生活的记忆
八年级下册	第一单元	《社戏》	民风民俗
九年级上册	第四单元	《故乡》	青春年少
九年级上册	第五单元	《中国人失掉自信力了吗》	理想信念
九年级下册	第二单元	《孔乙己》	人物画廊

表 2　　**人教版 7—9 年级初中语文教材中的鲁迅作品编排情况**

年级	单元	篇目	写作 · 口语交际
七年级上册	第五单元	《风筝》	我爱我家
七年级下册	第一单元	《从百草园到三味书屋》	成长的烦恼
七年级下册	第四单元	《社戏》	戏曲大舞台
八年级上册	第二单元	《阿长与〈山海经〉》	让世界充满爱
八年级下册	第一单元	《藤野先生》	献给母亲的歌
八年级下册	第二单元	《雪》	寻觅春天的踪迹

① 温儒敏：《“部编本”语文教材的编写理念、特色与使用建议》，载《课程 · 教材 · 教法》2016 年第 11 期。

续表

年级	单元	篇目	写作·口语交际
九年级上册	第三单元	《故乡》	青春随想
九年级上册	第四单元	《中国人失掉自信力了吗》	好读书 读好书
九年级下册	第二单元	《孔乙己》	走进小说天地

与人教版选文相比，统编版的最大区别主要在于：其一统编版教材收录古诗词的课文篇目由2008年人教版教材的164篇减少至135篇，其中鲁迅作品由9篇减至7篇，删减了《风筝》《雪》（选自《野草》），删减后鲁迅作品在教材中占比依旧为5%左右，虽删减了部分篇目，占比却没有减少，可见鲁迅作品在当代语文教学中的重要性；其二对于鲁迅作品选文的顺序做出了调整，除了单元顺序的调整，还包括不同年级选文顺序的调整，如：《社戏》由七下第四单元调整到八下第一单元、《藤野先生》由八下第一单元调整到八上第二单元等。

纵观统编版收录的7篇鲁迅作品，我们能发现，总体来看统编版的编排排序更加合理，特征也更为鲜明。就助读系统而言，每个单元主题引言都由人文性和工具性两个方面构成，在学习前抓住作品主题，不仅能从中获得情感的体悟，还能对语言能力进行系统性教学，如《从百草园到三味书屋》以儿童视角出发，从无忧无虑玩耍的童年到读书时期，学生仿佛和作者一同成长，在生动有趣的文字中感受情感，理解主题，达到与作品之间的共鸣。而在每篇作品前，都有预习部分，不仅有方法的点拨，还有阅读期待视野的氛围的营造，同样对作品助读起着较大帮助，如《阿长与山海经》预习部分中的问题提到，鲁迅小时候看的《山海经》与你小时候相比是否有很大不同，这样的预习问题不仅能够激发学生对阅读的期待，激发兴趣，还能引发学生的思考，联系自身实际，将学生思维从固有的鲁迅作品中脱离出来，做到发散，以学生为主体进行教学。

对比下来，统编版初中语文教材对鲁迅作品的编排更多的是以螺旋式结构展现的，文体按照“散文—小说—杂文—小说”的顺序，而在知识和艺术形式层面，难度也是逐层递增。反观人教版，按照“散文—小说—散文—杂文—小说”的顺序编排，从教材整体上而言，小说的教学难度和学生学习难度高于散文，难度递增趋势不如统编版教材。因此，抓住统编版初中语文教材对鲁迅作品的编排特点，对于研究符合语文核心素养的教学策略，是最为重要的支点。

（二）统编版初中语文鲁迅作品教学价值分析

鲁迅作品作为时代的经典，其中蕴含丰富的文学艺术价值和人文价值，也为教学策略研究提供了必要条件，应在教学中挖掘鲁迅作品的深层含义，抓住语文教学的感染熏陶作用，与文学大家进行对话，感受其中的文学韵味、民族意识和社会责任。

1. 文学价值

文学是语言的艺术，语文核心素养强调“语言的建构和运用”，鲁迅作品作为我们教学时学习的语言范本，在教学中，其语言特点可以简单概括为语言简练精确、风格多样诙谐、词句搭配新颖等多个方面，其行文构思独特巧妙，立意突出。教材中3篇选自《朝花夕拾》的散文记录了鲁迅童年的生活，采用儿童的视角，语言活泼精练，生活气息浓厚，适合初中生作为经典范文阅读。

《从百草园到三味书屋》描写捕鸟片段时，运用“扫、露、支、撒、牵”等一系列动词，准确又生动地描绘出捕鸟的全过程，仿佛将孩子们捕鸟的画面活灵活现地展示给读者，通过回忆无忧无虑的童年生活，让读者从中体会出无穷乐趣；《阿长与山海经》里的长妈妈满肚子繁缛礼节、没有文化，可是她买到迅哥儿渴望已久的《山海经》时，身上的朴实与善良让人不禁触动，这种先抑后扬的人物形象构思能够塑造文字冲突，阿长的形象也因此更加饱满生动，使人印象深刻；而在《藤野先生》里，作为文章的主人公，以常理而言，文中事件应与藤野先生互相关联，但鲁迅却先花了细节篇幅刻画“速成班”的学生形象，“我”在仙台读书时的衣食住行，后文的匿名信事件，等等，这些看似是离开了文章中心的描写，实则是在将时代背景和社会人物形象给展现出来，在这样的其他事物映衬下，更彰显主人公藤野先生的高尚品德和严谨治学的态度。再如《故乡》里开篇描写的画面，“苍黄的天底下，远近横着几个萧索的荒村，没有一些活气”，这些冬日的景象将环境和人物心境相融合，也把整篇小说的氛围奠定下来，描写细腻突出；再到《孔乙己》中，孔乙己经济情况还不错时的“排出九文大钱”和后来断腿颓唐时的“从破衣袋里摸出四文大钱”，前后字的提炼和对比，很好地暗示了不同情景下主人公孔乙己的生活状态以及性格的拘谨，加上对孔乙己语言的阐述，文言白话的结合，符合人物性格，又不显突兀，也为后文人物悲惨结局埋下伏笔。鲁迅作品所呈现的文学艺术手法及经典的语言是提升学生核心素养的经典范例。

鲁迅作品可作为范本运用于教学和阅读写作中，如此巧妙的语言、独特的构思，也使作品更加具有文采；如能让学生在学习和理解中体会到作品语言和行文架构，运用于表达和写作上，并进行多角度思考，让学生将所感受和品味到的内容转化为自己的经验，不断积累、梳理、整合并落实于运用中，语文教学将更加具有文学价值。

2. 思维价值

作为伟大的思想家、文学家，鲁迅的作品思维缜密、逻辑连贯、内涵深邃，作品其中蕴含的思维训练价值点丰富多样。之于《故乡》，大部分教师教学时的教学点多着眼于对人物形象的学习上，如闰土样貌性格以及对“我”称呼的改变、杨二嫂的外貌语言描写、水生和宏儿形象对于“我”和闰土童年的映衬等。分析作品人物形象的课堂教学，确实能帮助学生对作品的人物进行一个较为全面的解读，甚至联系以往学过的鲁迅文章，将前后串联起来，进行系统全面的系统思维训练；同时从不同的视角将人物形象进行对比，也训练了学生批判性思维、创新思维，及从不同角度看问题、同一角度的多方面看问题。如果将视角着眼于《故乡》全篇之中，便可以看到“我”离开故乡后回到故乡和再离开故乡这一个过程，而且情感由希望到绝望，或者饱含更多的希望，这样的双线结构能够帮助学生锻炼整体性思维，对于课文逻辑把握更加完整，对于情感的复杂把握有自己的思维认知和理解，对作品会有较为深刻的认识，训练学生深刻的思维品质。

同样作为初中语文教材唯一一篇鲁迅的杂文《中国人失掉自信力了吗》，对学生的思维训练也有不可忽视的价值。对于九年级学生而言，他们不喜欢在课堂上被动接受知识，并且独立思维的能力已经具备，该篇杂文在论据观点摆出后进行批驳，而批驳便是按驳论证、驳论点、驳论据三个步骤依次展开，在提炼中梳理理清论证思路，让学生在过程中进行思考，找到对方论证的逻辑漏洞，这对于学生逻辑思维能力的培养有着十分显著的提升作用；对思维逻辑有了一个顺畅清晰的整理后，学生开始反思其他论证思维的不合理性，通过鲁迅的观点意识到现实生活中也不乏以偏概全的事情，在思考时要树立正确的辩证思维和批判性思维，以严谨的态度思考问题、分析问题、解决问题、以批判性思维意识关注生活的方方面面，不仅能够帮助学生在思维能力上有所提升，也能促使他们在生活中养成良好的思维习惯，提升学生素养。

3. 思想价值

鲁迅作品的时代性特点决定了作品常读常新，在实际教学过程中，除了学习鲁迅作品中的写作手法和艺术价值，还要让学生认识鲁迅。说真话，做真人，“立人”是鲁迅思想的核心。节选的七篇课文，《从百草园到三味书屋》里少年时代的童真到《藤野先生》里青年时期的求学，奔赴日本学医，然后弃医从文，为唤醒麻木的人民，最后到《中国人失掉自信力了吗》里对国家和民族命运的思索，这些选文都包含了价值观问题，都要求与时代背景相结合，就像钱理群教授所说：“一个民族在现实生活中遇到问题的时候，常常能够到这些凝结了民族精神源泉的大家那里吸取精神养料，然后面对他们所要面对的现实。”① 在《藤野先生》中，我们看到了为人正直、尊重中国学生的老师，体会到了师生互敬互爱的和谐，也看到了青年鲁迅忧国忧民的爱国思想；在《孔乙己》中我们看到了迂腐但善良的孔乙己被众人取笑时的悲哀和冷漠。这样看似轻松诙谐的情节和叙事手法却映射了思想主题的深刻。这种类似情况和思想在当今社会也从不过时，从语文教学中挖掘其深刻含义有助于帮助学生树立正确的思想价值观念，从语文教学中逐渐体会到自我存在的意义和个人对社会的价值，从语文教学走向立德树人教育，提高语文教学的广度和思想深度，真正发挥鲁迅作品的教学价值。

二、初中语文鲁迅作品教学策略

新课改对鲁迅作品的选编进行了一些变动，在语文教学中，正确理解作品内

① 史洁冰：《新课程背景下初中语文教材中的鲁迅作品教学研究》，苏州大学 2016 年硕士学位论文，第 12 页。

涵，走进作者和文本，扩充知识面，把握好教材和选文的联系，制定多种教学策略，从方方面面中解决教学问题，对于更好学习和教学鲁迅作品具有重要意义。

（一）重新认识鲁迅，正确解读鲁迅作品

在新课改背景下，做好鲁迅作品教学，就需要更加了解鲁迅及其作品，从鲁迅个人形象、作品广度、认知渠道进行拓充，更好地学习鲁迅身上的闪光之处和作品中更为丰富的文学和思想价值。

1. 消除固有思维，多元解读鲁迅作品

要想学生了解鲁迅，理解鲁迅作品，就需要在教学中多角度、全方位地解读鲁迅作品，因为时代等的巨大差异性，往往学生从课堂教学中汲取的只是来自教参和老师解读的大众思维，这时教师应该把课堂还给学生，更多融入不同人的不同理解，克服固有思维解读带来的阻碍，打破差异性和偏见性，创设开放民主的课堂气氛，引导学生思维的发散，让学生获得更多的教学体验。例如在教学《孔乙己》的时候，孔乙己是受封建科举制度影响下的悲剧，无论是从其语言还是塑造的形象上解读，这篇文章都在暗示科举制度的毒害，但是，我们转念想想，学生的思维是活的，教学灌输固有的观念，反而使得学生的思维受到压抑，他们也许会想，因为科举制度孔乙己放不下读书人的架子，但现代社会何尝没有自命清高、碌碌无为的“高材生”呢？所以在教学中，教师也要放眼看到更多的角度，引导学生把思维发散，同时将生活和现实融入作品，多方面理解和阅读。对于语文教学而言，最重要的是回归文本解读和语言欣赏，以提高学生能力为目的，因此，在抓住鲁迅作品主题的教育时，要囊括作品多方面的旨趣，以培养能力和素养为目的，消除固有思维的刻板印象，做好课堂作品教学工作。

2. 立足课文，重塑鲁迅形象

教材选文作为学生认知鲁迅作品和鲁迅形象的首要渠道，其学习感悟显得尤为重要。在调查中我们也发现，应试教育和革命政治的教育性，使得一些师生对于鲁迅形象的解读大众化、宽泛化，大众认知的鲁迅是“横眉冷对千夫指”的勇士，是“为生民立命”的民族战士。但是课文作为认知的起点，其教学体悟

必须立足于课文本身，以前就统编版教材鲁迅作品编写的顺序来说，其内容涵盖了鲁迅从童年到少年再到青年的完整情节过程，体现初中学生的认知特点，当学生通过自我体验和教师引导，逐步有了了解和认知时，再补充作品背后的深刻意蕴，对于鲁迅形象的塑造会显得更为自然。《从百草园到三味书屋》作为统编版初中教材的第一篇鲁迅选文，从鲁迅快乐的童年生活出发，加上生动有趣的景物描写，学生看到的是在百草园调皮活泼的鲁迅，教师在教学中引导学生以儿童视角进入文本后，穿插一些迅哥儿的童年趣事，不仅能够适当活跃课堂教学气氛，还能给学生留下深刻的学习感悟，加深记忆，对鲁迅丰富多彩的儿童生活产生好奇，天真纯朴的童年鲁迅不过也是和他们一样，再正常不过的孩子，鲁迅的形象逐渐饱满起来。跟随课文的编排，学生所认识到的鲁迅形象更为清晰，性格越来越鲜明，有着对长辈的怀念和爱意，有着对老师的尊敬和纪念，这些不同理解下的鲁迅形象跃然于课本之中，加之以名著导读《朝花夕拾》作为鲁迅散文集，书中的故事更真实生动，学生捕捉简单，他们能够自我还原鲁迅的形象，同时对课文的学习也不会排斥，能更好地帮助教学有效开展。

3. 扩大阅读角度，丰富认知渠道

学生升入初中，心智尚未完全成熟，阅读的内容和角度并未深入推进，学好鲁迅作品不是一蹴而就的，了解写作背景、作者生平对于作品的学习解读百利无一害，可以要求学生在学习前适当阅读鲁迅传记和相关作品，形成自己对作者的认知，也感受他人眼中的鲁迅，例如林贤治《人间鲁迅》在内容、史实、文笔等各方面都十分优秀，讲述了鲁迅平凡而又伟大的一生，特别是里面对鲁迅的心理描写非常到位，真实可感，作为推荐学生阅读书目之一，它是一本完美的鲁迅传记作品。在统编版七年级上册教材里，从萧红《回忆鲁迅先生》以及名著导读《朝花夕拾》，都能看到生活中的鲁迅笑容明朗、风趣和蔼，特别是在《朝花夕拾》中，鲁迅更是真挚温情的，而且书中的鲁迅并不是一把利刃，而是与初中学生年龄相仿的少年，书中有描写不同地域的风土人情；有儿童时期对生命的理解；有成长过程中的美好和遗憾，即使经历不同，但也有相似的情感体验。对于初中学生而言，更重要的不在于解读透彻文章，而在于能够主动形成阅读习惯，亲近作者和作品，通过阅读和教学去感受作品中传递的真善美，感知作者传达的精神魅力；教师还可以在课余时间组织参观鲁迅故居、历史博物馆，观看人物纪录片等活动丰富学生对于鲁迅的认知渠道，给学生讲述鲁迅回忆录，等等，如周海婴、周晔、许广平等人回忆鲁迅的文章，看到更多人认知下的鲁迅，同时拓展阅读知识面，让教学具有人情味。

学生与作者、作品之间产生了共鸣，对于鲁迅作品的学习便有了兴趣，教师应抓住学生所感兴趣的点进行拓展和解读，引导学生学习伟人精神，运用于生活之中，教学效果便能事半功倍。

（二）研读教材及学情，制定合适教学目标

要做好鲁迅作品教学，教师应先研读好教材文本内容，了解作品背景和作者生平，利用学生身心发展的规律引导学生一步步学习作品，制定符合学生发展的教学目标，提升教师自我素养。

1. 做好备课工作，深入研读文本和考虑学生学情

对于教师而言，除了根据文章内容、教学进度来安排备课，还需要考虑学生的身心发展规律、教材的选篇、文本所传达的内涵等，了解什么样的教学内容适合现阶段学生学习，应该在哪些方面促进教学成效；对于初中学生而言，他们处于从无忧无虑的童年向逐渐稳重的青少年发展的过渡时期，既充满对以往的眷恋，又有着对未来的期盼。按照统编版教材的教学顺序，教师在展开教学前，要做好备课工作，首先教师应该充分研读选文文本，在课堂教学中，深入作品本身，带领学生对文本中的人物形象、环境特点具体分析和把握，更多地让学生自主体验感悟情感，同时对于文本应有自己的理解和阅读感悟，给学生提供适当的教学建议。在教学《阿长与山海经》时，学生对于阿长形象有一个简单认知后，教师可对关键字词作一个预设，例如“我实在不大佩服她”“因为隐鼠事件的憎恶”等，询问学生有没有对某些熟悉的人也是这样的态度，童年时期的自己是否因为一些幼稚的故事而对一个人没有了好感，后面鲁迅对长妈妈态度的转变是否也和自己一样，怀着一丝的悔恨，引发学生的共鸣。老师研读透彻，教学出彩，能够让学生在课堂上不感觉枯燥，培养学生好的学习习惯和学习兴趣。其次教师要了解学生不同阶段的学情特点，明确不同年级的学生应该掌握的学习内容，教

会学生辩证解读文本，更深层次地引导发挥好学生的创造性，将教材和学生现有生活相结合，做好引导者的角色。教师读懂读透教材是备好课的前提，不过分依赖教参，先自己感悟文章，再结合教学做出安排，比如可以精选文本，找出鲁迅不同文章具有学习价值的亮点，有的放矢地合理教学。

2. 提升教师素养，学习优秀教学课例

教师知识渊博，储备知识丰富，不仅能够对自身素养有一定提升，还能潜移默化地优化自身教学方式，同时利用课余时间，充分了解作者生平，全面阅读鲁迅作品，阅读原著对于知识积累和作品认知都有一定的积极效果。教师在研究教学时，还应收集名师教学案例，梳理不同名师之间对于教学细节的处理，例如有教师在教学《孔乙己》时学让学生回忆自己生活中遇到的社会现实，询问学生的做法，更好地帮助学生把文本和生活相联系，促进他们正确价值观的塑造；还有教师在教学《社戏》时注意到单元主题为民风民俗，便在教学时对于作品背景浅浅略过，对于"社戏"的民俗展开探讨，拓宽学生视野，鉴赏文本内容，提升学生的文字解读能力。通过对名师的课例研究和解读，吸收其中教学亮点，改进自身教学方法，明确文本教学目标研究专著，为更好地开展教学作有效准备。在课余时间，教师还可以利用互联网优势浏览各类专家学者的研究著作及视频节目，记录自己的学习心得，从不断反思和提升中找到更合适的教学策略，缓解教学困境。

3. 紧扣教材，立足于鲁迅作品教学价值

注重学生语文核心素养的培养，以促进学生全面发展，是教育部关于教育发展提出的新理念。"核心素养的确立为学生提供学习的方向，使学生朝着国家与社会的期望不断努力",① 也为教师提供教学的目标，提供"应该教会学生什么样的能力"的依据。学生是学习的主体，很多教师在教学时可能重在讲解，让学生理解讲授的知识点，而忽视了学生的学习体验。鲁迅作品的价值和深刻内涵，不是师生一朝一夕能理解透彻的，所以，在教学中，教师需要整合教学资源，特别是教学单元选文时，要与单元教学目标对应，同时文体教学分层，从鲁迅选文

① 姜峰：《核心素养导向的鲁迅作品教学》，载《学语文》2017 年第 2 期。

不同的文体中辐射到整体的语文教学上。无论是课堂教学还是课外组织活动，教师要充分站在学生的角度，设计教学策略引导学生与鲁迅作品对话，从文本入手，找准切入点，不一味灌输；教师教学要牢牢扣紧教材内容进行教学目标的制定。例如在学习《从百草园到三味书屋》时，教师的教学目标可以从抓住文章语言，丰富学生词汇积累，锻炼表达能力出发，贴近学生生活，让他们回忆童年有哪些趣事，对比鲁迅的童年，由此展开探究性学习，达到教学氛围的预期效果后及时让学生代入自己的童年，仿写文章中的一些写作手法，进行写作训练等，培养阅读、表达、思考的能力，促进思维的提升与发展。比如《孔乙己》作为小说，部分同学存在阅读障碍，此时教师首先要帮助学生提高小说阅读鉴赏能力，特别是文中特殊的写作视角，即以酒店伙计的视角展开剧情推进，教学时要引导学生关注文章特殊的写作技巧，不过多分析封建礼教的思想，不仅能够锻炼学生学习鉴赏的能力，还能帮助他们在以后的语文学习中进行文本迁移，回忆学过的知识，立足于鲁迅作品价值去培养学生的语文素养。

随着教育的发展，教师素养的提升对于提高教学效果有着至关重要的引领作用。鲁迅作品所包含的深刻意蕴促使教师在教学中勤于思考，不断反思，总结经验，寻求适合学生发展的教学策略，从而对鲁迅作品教学效果有所改进。

（三）整合作品文体及内容，重构优化教学内容

语文教学中阅读是最重要的一环，对于文本的理解更要重视。在阅读教学中，应把握鲁迅作品的主题背景，联系不同文体的架构，将选文相互联系，灌输鲁迅作品教学价值，组织课内外结合的专题学习，提供适当的教学方法。

1. 把握相同背景、相同维度的联系

统编版教材中选取的鲁迅作品，更多地契合了学生的身心发展水平。要学好鲁迅作品，必须选择合适的教学策略，把握选文相同背景和相同维度下的联系。鲁迅作品中主题大多是相互暗含的，从这一角度出发，就是要抓住教材两方面的联系，一是作品背景的联系，例如同样都是选自小说集《呐喊》的《社戏》和《故乡》，主题都是关于对儿时生活的怀念，但《社戏》更多的是展示诗情画意的儿童生活，感受天真聪明、纯朴勇敢的少年性格，《故乡》则是通过故乡二十

多年前后的变化，结合时代背景，体会从小玩伴闰土的变化，传达一种精神束缚的情绪；学习后文时，回忆前文主题，更加利于学生对文章不同主题的理解；还有同样选自散文集《朝花夕拾》的《从百草园到三味书屋》和《藤野先生》，将鲁迅童年到青少年时期的故事回忆叙述出来，其中都蕴含了符合儿童视角的语言特点，天真又温暖，依据相同的成长背景和主题背景体会语言的运用价值和思想价值，能够更好地促进教学的有效性。二是作品维度的联系，例如《故乡》里成年后木讷沉默的闰土和《孔乙己》中迂腐固执的孔乙己，二者都是受到封建社会环境影响的悲剧人物，教学时应将二者联系起来。不同时代下对农民的残酷压迫剥削和封建教育制度的社会背景，都给不同人物上了一层精神枷锁，对于思想情感的理解而言，学生也会有新的认识。从选文文体和思想层面角度而言，又是新的维度联系，例如打破篇目的编排，设置不同文体专栏教学，开设散文板块和小说板块等，将相同文体的鲁迅文章关联起来，比较中心思想，逐步推进思想高度，可以将《中国人失掉自信力了吗》杂文文体作为启发思维的板块，认识新文体特色，增加文学常识，提升学生思想高度，增强民族责任感，交流拓展学习感悟。

2. 由单篇带多篇至整本阅读，重构教学内容

对于初中生而言，其人生阅历不够丰富，教材中鲁迅作品的选编比例占比较大，联合前文关于选文相同背景和维度的联系发现，由鲁迅作品单篇阅读带动多篇阅读能够拓宽阅读角度，提升阅读能力，形成多角度理解。例如在学习《从百草园到三味书屋》活泼浪漫的语言，对比百草园和三味书屋的心境时，学生可将对儿童视角的学习迁移到《阿长与山海经》中，联系到前文学习时阿长讲美女蛇的故事，从而对于阿长的形象有了一个贯穿的联系，再通过叙事的转折引向儿童情感的变化，学生的思维便有了一个联系发散，进入名著导读《朝花夕拾》时，学生对于部分人物有了一定的认识，结合文集中其他文章的描写，学生的认识会更为丰富立体，有利于促进其有效阅读。教学内容在人文方面不应该过度解读，应更多依靠学生结合阅读积累自我体悟，对世界观和民族责任感形成正确的自我认知，教材和教师不该过多干预，初中学生学鲁迅，首要的是感悟作品的真善美，其次才是通过文章感悟背后的人文主题和情怀，一步步感悟学习，才能更为学生所接受。像小说《孔乙己》里引人入胜的故事情节，令人哄堂大笑却又深思的孔乙己形象，学生愿意反复阅读，因此，在教学中，适当补充鲁迅的其他小说内容，形成单篇带多篇甚至整本书的联读。初中只选编了《中国人失掉自信力了吗》一篇杂文，其中写了不同的精神脊梁，尖锐透彻的杂文写作特点使学生感到新颖，从思维的锻炼中唤醒民族忧患意识，锻炼了看待问题的辩证思维，提升了语文学习能力。由于初中阶段正是学生发展的关键期，对于鲁迅作品的学习更要循序渐进，在七八年级穿插其他较易理解的杂文选编，九年级再对选文要求更加深入，但要避免尖锐、攻击性文章的节选，学生不易理解，教师不宜过多讲解，训练学生对于杂文这一文体的联读学习，再理解其含义，使阅读学习更为全面深入、辩证立体，对于塑造学生三观、优化文体教学策略也有一定的积极作用。

3. 课内带动课外，组织鲁迅专题性学习

鲁迅作品的学习难点其实更多聚焦于阅历和感悟上，如果能把握好教学进度，便可以在课堂教学中插设鲁迅专题解读，从鲁迅个人经历、作品语言特色、写作学习等特色专题，优化课堂教学的模式，课外给予学生阅读交流体验的时间，将阅读视野不止局限于鲁迅作品上，教师可以帮助学生精选文本，联系相关作品阅读，减少学生的课外阅读压力，常读常谈，让学生每一次阅读完都能有新的体验，将其记录写作，设计一些续写仿写、师生共读的教学内容。在《从百草园到三味书屋》里，很多景物特点的描写是非常巧妙的，比如“不必说……也不必说……”的句式加上动植物顺序的变换，其中事物的特点被突出，学生能够捕捉到事物的典型特征，有形有色有味有静有动，在课外让学生观察生活中的事物，模仿这些片段进行专题仿写训练，对于学生积累写作素材，锻炼写作能力都是很好的契机。这样的感悟学习更加具有温度，对于提高学生语文能力有较强帮助；对于一个文章主题也可以作为一个专题去研究，例如“典型环境下的典型人物”，最为典型的就是《孔乙己》里孔乙己的人物性格特点，对于他所生活环境的依存关系，这样的人物形象塑造给学生带来的体验更为真实，进入文本的体验感更强，通过这样主题专题的解读，学生不仅可以联系起小学时的《少年闰土》，还能联系到《故乡》里闰土形象的变化，对文本内涵进行更深层次的思考。今后在进行教学时，便可以引导学生联系专题解读时的经验，更好地理解课堂教学的选文；教师也能从专题的角度深入研究鲁迅作品，有所收获与理解，更好地促进教学。

总之，在鲁迅作品教学中，引导学生阅读作品，形成良好的阅读习惯，将教材中的内容相互联系，进行思维的创造，把握不同文体内容的学习特点，才能更好提升学生的语文素养，更好地进行鲁迅作品教学。

初中语文自读课文教学策略初探
——以《动物笑谈》为例

李　睿　周秀荣①

《义务教育阶段语文课程标准（2011年版）》明确提出："学生是学习的主体"，与此理念相呼应，部编本初中语文教材改"精读"为"教读"、"略读"为"自读"，加大了两种课型的区分度，为教师更好地进行阅读教学提供了指引。自读课文的学习能充分发挥学生学习的主动性，有效训练、提高学生的阅读能力，因而成为"三位一体"阅读教学体系中的重要一环。实现自读课文的高效教学，能够带动学生更好地学习"教读课文"和进行课外阅读。

随着部编本语文教材的全面推行，广大教育工作者对自读课文已有较充分的重视，并积极探索、积累了一些较好的阅读指导教学方法。但从笔者实习所了解的情况来看，目前自读课文的阅读教学还有一些明显的不足，在具体的方式方法与指导策略上尚有较大的提升空间。而部分一线语文教学名师的成功经验往往能给语文教学提供较好的思路与方法。在此，笔者将以实习学校语文名师吴江宇老师的《动物笑谈》课堂实录为例，从创新预习方式、迁移阅读方法、沟通课内课外阅读三方面，提炼出几种实用性较强的自读课文教学策略，以期对自读课文的教学提供一定的借鉴。

---

① 作者简介：李睿，女，黄冈师范学院文学院2020级研究生；周秀荣，女，黄冈师范学院文学院教授，硕士生导师，研究方向为中国古代文学。

一、创新预习方式，指导学生写旁批

预习是学生阅读学习的重要一环，高质量的预习有利于学生理清行文脉络、把握文章大意。部编本初中语文教材对自读课文设计了一套有别于教读课文的助读系统，其独特之处在于删去了教读课文助学系统中的“课前预习”和“课后练习”，独具匠心地加入了“旁批”和“阅读提示”，这两者对于预习自读课文大有裨益。尤其是旁批，引导并鼓励学生自己写旁批是一种新颖的预习方式，不仅能为学生的预习搭桥铺路，还有助于提高学生的阅读能力和写作水平。

中学语文名师吴江宇在执教七年级上册自读课文《动物笑谈》时，特别注重鼓励并引导学生自己写旁批来预习新课。以下是其教学实录的一个片段：

> 师：“同学们，本文是一篇自读课文，学习自读课文尤其要做好预习工作。现在请大家先阅读课文后的‘阅读提示’，然后思考你从中获得了哪些信息？”
>
> （学生阅读并思考。）
>
> 生：“我从阅读提示中获取到了三条信息，分别是文章的主要内容、文章的语言风格和科学工作者的工作态度。”
>
> 师：“好，下面请同学们默读课文，关注课文旁批，并仿照课文旁批的写法，从文中选取你感触较深的语句自己尝试写批注。”
>
> （学生默读后，尝试写批注。）
>
> 师：“这位同学，请你来为大家分享一下你所赏析的语句。”
>
> 生：“我赏析的语句是文章开头的一句。我所做的批注是：从这句话中，我知道了本文的主要内容是关于动物的趣事儿，感受到了科学工作者严谨求实的工作态度。”

这一段实录是吴老师引导学生模仿文本旁批的格式，鼓励学生自己尝试写旁批的过程。在这一教学片段中，吴老师始终将学生放在第一位，带领他们写赏析、说感悟，以此来预习新课。“旁批”是自读课文特色之处，可是吴老师并没有按照传统教法那样只是让学生思考旁批所提出的问题，而是让他们仿照课本上已有旁批的格式，尝试自己写旁批。教材编者写在课本上的旁批的确有利于学生预习自读课文，但对学生们的思维也会有所“钳制”。吴老师在尊重自读课文助学系统的基础上，另辟蹊径，创新预习方式，引导学生自己写旁批、说感悟。既能增强学生的阅读、写作能力，又锻炼了学生的口头表达能力。学生自己写旁批的过程也是一个独立思考的过程，不借助参考书，教师也没有进行过多讲解，把学习的主动权交给学生，让他们把自己初读文本时的感触和想法用笔写下来，体现了对学生在预习课文时的独特感受、理解和体验的珍视。

二、关注单元导语，迁移阅读方法

部编本教材构建了一个从“教读课文—自读课文—课外阅读”三位一体的阅读体系，教读课文能给自读课文的学习提供许多借鉴，且主要体现在阅读方法上面。部编本教材每一单元前都有单元导语，在单元导语中介绍了学习本单元所要运用的阅读方法。将这些方法合理地运用到自读课文的学习中能够锻炼学生自主学习自读课文的能力，达到“教是为了不教”的目的。如七年级上册第四单元的单元导语是：

> 这个单元学生重点学习默读这一阅读方式。请同学们一边读一边思考，在重要语句或段落下面做好标记，并学会做摘录。

这一导语提示了学习本单元课文相对应的阅读方法是：“默读”，具体的操作方法是“边读边思考，勾画出重要语句或段落，并学做摘录。”① 在《义务教育阶段语文课程标准（2011 年版）》里对第四学段（7—9 年级）学生在阅读方面的要求中第 2 条也提到：“养成默读习惯，有一定速度，阅读一般的现代文，每分钟不少于 500 字。能较熟练地运用略读和浏览的方法，扩大阅读范围。”②

① 中华人民共和国教育部：《语文（七年级上）》，人民教育出版社 2016 年版，第 91 页。

② 中华人民共和国教育部：《义务教育语文课程标准（2011 年版）》，北京师范大学出版 2011 年版，第 15 页。

将“默读”这一阅读方法合理地迁移到自读课文的学习中同样也需要教师灵活地引导，吴老师在讲授《动物笑谈》时是这样设计的：

师：“同学们，现在请大家默读课文，并用笔圈点勾画出有关时间变化和地点变化的语句。”

（学生默读6—8分钟。）

师：“同学们圈出了哪些有关时间变化和地点变化的语句呢？”

师：“我找到的有关时间和地点变化的语句是每一段的第一句。”

在这一教学片段中，吴老师对学生学习课文给予了明确的方法提示，那就是“默读”。而这正是在单元导语和前面的教读课文《猫》中所强调的阅读方法，将“默读”运用到学习自读课文《动物笑谈》中体现了阅读方法的迁移。默读虽是学习课文最主要的方法，可单单强调默读还不够，为了使学生能够快速从文中提取信息，吴老师还根据单元导语的要求，具体地指导学生用笔圈出有关“时间与地点变化”的语句，这就有利于学生理清文章思路、把握文章主要内容。

三、课外勤“读报”，课内重“牵线”

自读课文多节选自古今中外优秀的文学名著，引导学生阅读这些名著能拓展学生的视野，加深学生对于课内文本的理解。要做好这一点，就需要课内与课外的同时发力。充分利用好课外的阅读时间，引导学生多读书、读好书，给自读课文的学习打好基础。吴江宇老师在学生每天上晚自习之前设置了一个专门的“读报时间”（这里的“读报”泛指学生课外的阅读活动，除了阅读名著，也可阅读与之相关的报刊资料、论文等），其中一部分时间让学生自主阅读与课内自读课文相关的文学名著，另一部分时间则让学生相互交流读书心得。“自主阅读”与“讨论交流”相结合，形成了一个阅读氛围浓厚的读书环境。学生充分利用课外时间，养成阅读名著的习惯对自读课文的学习固然重要，而教师在课堂上的合理引导也不可忽视，因为这能帮助学生将课外名著阅读与课内文本学习沟通起来，起到“牵线搭桥”的作用。以下是吴江宇老师在执教《动物笑谈》时的部分片段：

师："本篇课文题目是《动物笑谈》，写的是发生在动物身上的一些有趣儿的事情。虽然这些事情让人忍俊不禁，但作者有没有嘲笑动物呢？"

生："作者没有嘲笑动物。"

师："没错。作者写了自己与水鸭子和大鹦鹉之间发生的趣事儿，在细致观察他们的过程中，流露出了对这些小动物的怜爱之情。可是单从课文是难以体会到作者博大的胸怀和严谨的科学研究态度的，本篇文章选自奥地利作家康拉德·劳伦兹所写的名著《所罗门的指环》，之前已布置过大家在课外阅读。现在结合大家在课外已阅读过的原著中的一段，来进一步体会作者更深层次的情感。"

（屏幕显示以下内容，师生共同朗读。）

"有经验的观察者不会嘲笑动物身上的怪异之处。经常让我生气的是，有些人在逛动物园或水族馆时，看到动物超出寻常的身体形状时会嘲笑它，其实这是长期进化适应的结果。他们所嘲笑的，在我看来却是十分神圣的：生命起源之谜、创造与造物主之谜。变色龙、河豚或食蚁兽的怪异模样，在我心中引发的不是好笑，而是一种敬畏之情。"①

生："由原文这一段文字可以看出，作者不仅没有嘲笑动物，而且对动物进化后的模样充满敬畏之情。"

师："很好！作者并没有嘲笑动物，而是表达了对动物的怜爱与对科学的敬畏之情。有兴趣的同学，可以课后进一步阅读《所罗门的指环》，细细品味，深入感受。"

从以上教学实录可以看出，吴老师在引导学生深入理解与体会作者的情感倾向时，不是单单从课内文本分析，而是结合名著，将原著中的经典文段在课堂上

① 康拉德·劳伦兹：《所罗门的指环》，游复熙、季光荣译，中国和平出版社 1998 年版，第 156 页。

直接展示出来，这样就把课内与课外有机结合起来，既开阔了学生的视野，帮助学生更好地感受到作者的科学态度，更能激发学生对名著的阅读兴趣，使学生由课内的文本学习延伸到课外的名著阅读，给学生的学习起到了“牵线”的作用。由此可见，充分发挥学生通过阅读名著来深入理解自读课文的作用，需要课内课外双管齐下，课外勤“读报”，课内重“牵线”，方能促进学生对自读课文的学习。

自读课文教学作为中学语文阅读教学的一个重难点，在培养学生的语文素养、提升学生的思维能力方面发挥着重要作用。吴江宇老师在自读课文教学时从创新预习方式、迁移阅读方法、沟通课内课外阅读三方面来进行教学设计，充分尊重学生的阅读主体地位、让学生做学习的主人，从而充分发挥出自读课文教学对于培养学生语文素养以及促进学生阅读能力进一步提升的作用。

基于语言建构与运用的文言文教学策略

——以苏洵《六国论》教学为例

吴晓凡[①]

《普通高中语文课程标准》提出："通过优秀文化的熏陶感染，坚定文化自信，自觉弘扬社会主义核心价值观，树立积极向上的人生理想，为全面发展和终身发展奠定基础。"[②] 文言文阅读教学是培养学生对我国传统文化审美与鉴赏、传承与理解的重要载体，是提升学生核心素养的重要途径。语言建构与运用是语文素养培养的基础，也是提高学生语文素养的前提条件。所以笔者基于语言建构与运用来论述文言文阅读教学策略。

《过秦论》《阿房宫赋》《六国论》这三篇文章都是以秦的历史为题材，作者用爱国、智慧的焦距截取古为今用的画面，成就了这三篇千古名文。《阿房宫赋》通篇以赋为文，词采瑰奇，结尾处一语破的，笔意明快而锋利，语言华丽；《六国论》论六国赂秦影射赂契丹，全文思维严谨，论理充分，行文纵横恣肆，气势磅礴，论断斩钉截铁，语言质朴简劲。《过秦论》是史论兼政论文议论风发，雄辩有力，笔锋犀利，言辞激切，感性强烈。其中《六国论》具有逻辑清晰语言缜密的特点，是议论文的典范之作，它有利于学生学习语言精妙的特点，进行一定的语言积累。在此基础之上进行语言表达，学习如何理解议论性文言文。故笔者选取《六国论》为例，从以下三个方面展开论述。

---

① 作者简介：吴晓凡，女，黄冈师范学院文学院2020级硕士研究生。

② 中华人民共和国教育部：《普通高中语文课程标准（2020年修订）》，人民教育出版社2020年版，第5页。

一、语言积累，形成文言语感

叶圣陶先生说："学生读课本并非目的，真能懂得事物，真能明白道理，真能实践好行为，才是目的。"① 读是打通课文脉络的关键，书读百遍，其义自见。在语言建构与运用过程中，教师应更多地注意指导学生对旋律的体会，让学生充分地感受文言文的语言特点，感悟音韵之美，在课堂中充分发挥朗读教学，在朗读中培养学生对文言文节奏的把握。同样由于古今表达的差异性，学生无法直接领悟作者所表达的思想情感，因此朗读成为缩小差异的捷径之一，让学生反复地阅读，多种方式阅读，让模糊、复杂、冷门的字词，在反复的阅读中愈发简单清晰。同时，教师也必须做好"领路人"，将复杂的知识点进行归纳总结，抽出学生难以理解的高考高频词精讲释疑，同时"打断骨头连着筋"，不能离开文中特定的语境，让学生将理解与记忆相结合，从而形成自己的知识体系。

在《六国论》中作者开门见山地提出了自己的独到见解"弊在赂秦"，初读时让读者觉得眼前一亮，对文章充满了好奇，同时，作者以短句开篇，让文章读起来更有气势。因此，学生在朗读第一段的时候，应该要注意语调的抑扬顿挫，充满气势且自信。第二段、第三段则从不同的两个方面具体分析了六国破灭的原因，语言缜密无懈可击，应该读得自然流畅，一气呵成。"呜呼"一词，道尽了作者无奈与悲哀，由史实转化到作者自己的见解再到史诗，更应读出作者的那份失落与伤感。通过朗读使得作者的情感变化跃然纸上，让学生在朗读中与作者对话，在抑扬顿挫的朗读中增强学生的文言文语感，为深入理解课文内容打下基础。

同时，在《六国论》中，涉及通假字"暴（曝）霜露"，一词多义"而秦兵（军队）又至矣""斯用兵（武力）之效也"中的"兵"，最为复杂且最具积累意义是古今异义词，如"思厥先祖父""然后得一夕安寝""可谓智力孤危"中的"先父""然后""智力"，这些都是现代汉语中常用词语，但时代与文化的差异，使得这些语义已经发生了巨大的改变。读音、词义和文言句式均是语言建构与运用的基础，也是学习文言文知识的重点。因此必须反复积累，沉浸其中。课

① 叶圣陶：《叶圣陶语文教育论集（第三卷）》，人民教育出版社1994年版，第21页。

本中国文言文是学习文言文的垫脚石，只有不断地积累，不停地探索，才能做到融会贯通，找到自己的文言文学习方法，形成自己的知识体系，读出自己的独到见解。

二、语言表达，提升鉴赏能力

文言文中的每一个字都有自己独到的含义和特点，深得春秋笔法的要义。在阅读的过程中深入揣摩、具体分析就至关重要了。让学生透过语言的表象，走进文言文深处，与文本对话，与作者对话，这是跨时代的交流，更是思维的碰撞。带领学生深入文本，共同探索作者独到的思想与见解。“文言文教学应注重‘文’‘言’的结合和统一，从文言文的基础知识、思想情感、文学性和评价等方面进行教学，全面提高学生的语言能力、阅读能力、想象力和审美。”① 由语言文字走向文学审美。

六国被秦国灭亡的教训，是众多史学家关注的话题。《六国论》通过六国灭亡的史实，借古喻今希望引起统治者对治国策略的改变。文中字里行间都饱含着作者的情感，有“呜呼”“悲夫”的情感宣泄，也有在对比中对“赂者”的鄙夷，对“不赂者”的批判，对“用武而不终”的惋惜，让学生体会作者在缜密详尽的议论中，是如何将情感展现得淋漓尽致，又是如何在以理服人的同时以情感人。同时，作者开篇提出自己的中心论点，以总分总的结构将自己的观点阐述得无懈可击，文中的史实论证典型且充分，对比、分析、比喻等论证方法，让文章更加具有说服性与逻辑性，但深入思考苏洵作为一代大家，不可能不博通历史，那么为什么要坚定不移地将六国灭亡归咎于赂秦呢？让学生自主合作、交流探讨，深入地理解作者字里行间的用意，理解作者的情感。张中行指出：“学习文言，像学习其他事物一样，日久天长会逐渐熟练会提高，在提高的基础上还会要求继续提高。”② 因此要不断地提升学生的鉴赏能力，让学生对于文言文学习更加自信，充满兴趣，提高文言文课堂教学的效率。

---

① 巩袁：《提升初中语文教师文言文教学能力与素养策略研究》，载《吉林省教育学院报》2021 年第 37 期。

② 张中行：《文言津逮》，中华书局 2007 年版，第 92 页。

三、语言整合，建构知识结构

对文言文的理解，与它的内容表达是分不开的。《六国论》以史实为基础，表达自己对六国破灭的独到见解及对北宋统治者的告诫。《六国论》作为政论文的代表作，教师可以从文章的结构出发，为学生深入地讲解分析作者的论证方法，走进文言文的深处，找到自己理解文言文的方法，并自觉运用在语言实践中去。

《六国论》论证的严密性、语言的生动性堪称典范。第一段的逻辑是非常严密的，作者开篇亮出观点："六国破灭，非兵不利，战不善，弊在赂秦。"开宗明义，直截了当，使读者一眼就抓住了作者的中心论点。然后作者解释观点："赂秦而力亏，破灭之道也。"这也指出了贿赂的危害，言简意赅，要言不烦。再后作者设问："六国互丧，率赂秦耶?"答曰："不赂者以赂者丧。盖失强援，不能独完。"这就使得文言逻辑严密，无懈可击。最后一句总结："故曰弊在赂秦也。"这一段就起到了总领全文的作用，后面的二、三两段具体详尽地将第一段中的观点罗列开来。全文以总分总的结构展开，为学生提供了一个议论文写作的范例，让学生在掌握基础知识的同时为写作提供具体详尽的思路。通过梳理与整合，将《六国论》作为议论文的范本，将知识结构化，形成自己解读议论文的方法与策略。

随着老师的步调不断深入，将学生们所熟知的《过秦论》《阿房宫赋》放在一起进行对比，让学生们迅速地进入一个特定的历史环境之中，让学生充分地交流贾谊和杜牧对六国破灭的见解，从而引出苏洵独到的眼光，让学生在对比中，感受文言文写法、语言、情感的多变。让学生沉浸在六国的历史之中，不断地深入，不停地探索，最终形成学生自己的见解，让学生对文言文中的世界充满好奇与期待，从而提升文言文课堂的效率，构建学生的文言知识结构。

总而言之，在文言文阅读教学中，提高语言建构与运用的能力，可以从语言积累、语言表达和语言整合三个方面出发。具体来说，教师在备课过程中，可以安排丰富的言语实践活动，帮助学生形成良好的语言，掌握祖国语言文字运用的基本规律；同时教师也要带领学生深入文本，通过表达与交流，提升理解分析与评价的能力；引导学生从整体出发，了解文本结构，将具体的语言文字经验逐步转化为具体的学习方法和策略，并能在语言实践中自觉地运用。这样有利于提高学生的语言建构与运用的能力，让学生更好地感悟中华文化的博大精深。

高中语文外国文学作品选编与教学价值探究

黄　浩[①]

外国文学作品对于学生理解不同的文化，形成正确的世界观，以及全面地认识中国与世界，意义不言而喻。课标中“外国作家作品研习”任务群要求学生阅读外国文学经典作品，认识所读作品的地位和价值，设计有挑战性的学习任务，激发学生阅读外国文学作品的兴趣，引导学生广泛阅读不同时期、不同国家的优秀文学作品，促进对外国文学作品中的社会生活及心灵世界的理解。笔者将从课标出发，对部编本教材中外国文学作品的选文数量、时空分布、内容体裁等经历的变化展开探究，同时对外国文学选文的影响因素、标准等进行分析。

一、高中语文教材外国文学选文依据

“跨文化专题研讨”任务群中要求深入研讨外国文学名著和文化经典的若干专题，让学生选读一本外国文学理论名著，选读的文章要是中外文学或文化比较的著作，了解世界文学批评中某一流派的基本主张和文学解读方法，引导学生思考丰富多样的人类文化。教材中外国文学选文很多，主要依据课程标准、选材标准、教学实践三个方面进行选择。

（一）课程标准

新时期对于语文教学提出了更新的要求，需要增强学生对语文知识应用的能力，实现审美以及探究素养的强化。外国文学作品有着我国文学所不具有的特有

---

① 作者简介：黄浩，女，黄冈师范学院文学院2020级硕士研究生。

审美价值，对于高中学生人文素养的深化有着正面影响。身为教师，一定要将其在教学中予以体现。将外国文学作品纳入高中语文教材有着重要任务，教师应为学生构建开放性课堂，让学生保持良好的心态学习与审视外国文学，感知其中特有的文化内涵，推动高中学生世界观的成长与形成。

（二）选材标准

在组织学生开展高中语文课堂学习过程中，教师需要正确引导学生完成学习知识、强化能力等一系列的任务。而这在一定程度上与语文教学之中呈现的范文有着联系。范文的质量能够有效体现教材的教学价值。所以，教材的编写者会对语文教材的范围进行全面且严格的把关，外国文学作品自然也会被有效分析。高中语文教材在选文上也有着具体的标准，即思想性、时代性、典范性以及可接受性，外国选文只有遵循这些规则才能被选入。

（三）教学实践

外国文学作品在选文上还要考虑两方面元素。一方面是教师的教学，可使教师将其作为引领学生了解世界的良好切入点。另一方面是学生的实际需求。新时期，对于学生提出的更高标准的需求，应根据学生知识水平，引领其吸收多元文化，实现全面发展。

二、高中语文教材外国文学选文情况分析

从高中语文教材外国文学选文数量、时空分布、内容及体裁可以看出，语文教材选文重视引导学生了解若干国家和民族不同时期的社会文化面貌，培养阅读外国经典作品的兴趣和开放的文化心态。

（一）选文数量

对教材之中的任何文学文本展开探究，最先需要思考的是其选文的数量。通过对外国文学的选文数量进行分析，能够对其在语文教学中的重要性产生清晰的了解。在部编本高中语文教材中，一共收录课文 79 篇，其中外国文学作品为 14 篇，占据总数的 17.7%，相较从前外国文学的选编情况占比出现明显的提高，新

版的语文教材提高了对外国文学作品的重视力度，如表 1 所示。

表 1 **高中语文必修教材外国文学选文数量**

教材选文总数（篇）	外国文学作品数量（篇）	外国选文占全部选文比例	外国选文精读数量（篇）
79	14	17.7%	6

（二）选文时空分布

在高中语文教材中，外国文学作品的分布在时间以及空间上展现出一定的规律，应对于其展开探究。通过全面调查发现，语文教材在外国文学选文方面，将侧重点放在美国文学上。而除了美国文学，教材在外国作品的选择上，更加倾向于欧洲文学，对于英国、法国以及德国等有一定的涉猎，但并不多。相较于在中华人民共和国成立初期语文教材倾向于苏联文学的状况，当下对于苏联文学的重视程度呈大幅度下降趋势。而相对地，对欧美国家文学的重视程度则明显提高。基于此，可以发现政治因素对于教育的影响力大大降低，经济方面的元素在教材编写中发挥的作用更加明显。

从时间角度分析，教材在外国文学的作品选择上时间不够均衡，多为近现代内容，17 世纪以前的相关作品很少出现，与高中学生现实生活相距较远的作品也并未被选入，如表 2 所示。

表 2 **外国选文的时代分布情况**

时代	篇目	数量	比重
古代（1640 年之前）	《热爱生命》《哈姆莱特》	2	14.29%
近代（1640—1917 年）	《在马克思墓前的讲话》《装在套子里的人》《人是一根能思考的苇草》	3	21.43%
现代（1917 年至今）	《奥斯维辛没有什么新闻》《我有一个梦想》《宇宙的边疆》《一名物理学家的教育历程》《父母与孩子之间的爱》《作为生物的社会》《信条》《宇宙的将来》《老人与海》	9	64.29%

（三）选文内容及体裁

当前语文教材在外国选文上，充分考虑工具与人文元素，体裁形式较为多样，如小说、戏剧等，而且涉及的范围也很广泛。在选文的内容层面，有自由、和平等多方面内容。学生通过对这些外国文学作品的学习，能够产生积极作用。通过对外国文学的选文内容分析，能够发现其都可以满足文质兼美的需求，可实现对学生的审美、文化、道德等多方面的教育。外国文学作品本身丰富的内容与人文情怀，在拓宽学生视野以及陶冶学生情操等方面有着明显作用。

三、高中语文教材外国文学的教育价值

教材中外国文学的教育价值体现在激发学生阅读外国文学作品的兴趣，引导学生广泛阅读不同时期、不同国家的优秀文学作品，具体如下。

（一）领悟中心思想，探究人文价值

高中学生的学业负担繁重，部分教师认为外国文学的学习意义不大，多数时候将其内容简单讲解，更甚者直接忽略。新时期强调培养学生的文化素养。① 在实际教学中，教师一定要遵循新课改教育思想，真正地尊重多元文化，使学生更多地学习以及理解在文学作品中呈现的不同文化，感知在外国文学作品中彰显的人文价值观念。想要高质量地开展对学生外国文学作品的教学，教师需要有意识地进行相关知识的学习，了解理论观点、作家作品、文学发展趋向等多方面。在对学生的语文教学中，教师应选取文章的关键节点，加深学生对人文价值的理解与领悟。因为课堂教学的时间有限，想要充分体现外国文学作品中深层次的人文价值，教师需要将文章中心抓住，探究其中蕴含的哲理或者问题，进而促使学生理解文章的思想。在学生展开阅读时，教师可适当地提问，使学生明确重点，进而更深入地探析文章中人物的性格特征以及文本的人文思想。此外，教师也需要使学生加深对自我价值的重视，引领学生从多个不同的层面实现对哲学思想的探

① 徐姣姣：《“全人教育”视域下国际高中语文阅读文本的建构》，载《西部学刊》2020年第8期。

寻，今后以更为客观的态度探究生命的意义。

（二）了解道德水平，发挥德育功能

全新的思想或者是理念会对学生原本的道德思想体系产生一定的影响力，会对企图侵入的思想产生本能的排斥。学生道德认知的发展水平会受到多元文化的作用，教材在选编上需要批判地审视背后的道德元素。将教育与文化进行对比，德育和文化之间的关联会更加具体且专一。对不同文化进行筛选的标准就是分析文本中体现的价值观念与我国当前的德育思维是否适应。这也是出自德育层面的考量。① 在进行外国文学作品的选择时，不能只从知识角度分析，只考虑学生的知识水平，更需要在道德层面考量，结合道德认知水平选择优秀文学作品。若是学生的道德认知水平不够，则无法使学生对文学作品中传递出的道德理念产生认同意识。基于此，只有全面分析学生的道德认知情况，才能够将外国文学作品的德育功效最大程度地发挥，为高中学生的健康成长提供支持。

（三）感知文本精神，体会自由平等

人文精神可以塑造学生的理想人格，有效培养学生的审美、思维等。在外国文学作品的学习中，学生可以通过探究等不同形式感知文本精神。② 教师可引领学生从整体层面分析，体会文本的语言魅力，通过对文本的深入探究，将学生的文化视野进一步地拓展，也深化学生对本质精神的领悟。而且，也能在阅读中体会其中展现的民族、自由等思想观念，学会在生活、学习中尊重他人。外国文学作品中蕴含的人文思想，可以促使学生勇于承担自己的责任，也能自由地表述自己的想法，保持真诚的态度与他人交流。

例如，在《哈姆莱特（节选）》的教学中，教师应利用信息化资源将学生的学习兴趣调动，使学生在后续学习中全身心地投入，切实提升教学质量。在教学中，教师应在导入环节引入一句学生都曾听过的名言——有一千个读者就有一千个哈姆莱特。并且，通过多媒体播放《王子复仇记》片段，在学生观看电影

---

① 马泽南：《关注外国文学经典 提升中学生人文素质》，载《现代交际》2019 年第 5 期。

② 吴海超：《挖掘高中语文教材外国文学选文中的中华传统文化元素》，载《文学教育》2019 年第 8 期。

的过程中告知其这是依据《哈姆莱特》进行翻拍的电影。而且，引导他们思考，这是一位怎样的王子，你读出了多少个哈姆莱特？另外，也能够为学生提出一个具有开放性的问题：谈谈你眼中的哈姆莱特。在问题提出后，引导学生自由交流，言之有理即可。学习这部作品，难点在于对哈姆莱特人物性格的有效把握。通过引导全面地分析哈姆莱特性格，可以使学生更为清楚地明白复仇的意义。另外，也能在多层面的探析中让学生感知作品的人文主义内涵，获取精神启示。

（四）展现多元文化，强化文化认知

在当前社会形势下，实现多元文化的共同发展已经成为必然趋势。青少年是未来国家发展的基石。① 所以，学生一定要接受多元文化的熏陶，拓宽视野，形成长远眼光。外国文学作品带有着异国的风情，将外国的历史文化一一记录，可帮助学生更好地拓展文化视野。同时，也使学生在学习中体会其与本土不同的价值观念。语文教学不应该是一个固化的过程，而是要对学生的创造性思维进行引导与培育，充分尊重学生在阅读过程中的个性化感知。在对所有文学作品的探析中，都要从文本着手，对其中的文化内涵有效分析，了解更为丰富的文化知识，实现对学生文化素养的有效培养。

以《老人与海》为例，这是一篇小说体裁的外国文学作品。在教学中，应组织学生开展个性化阅读，在问题的引领下使学生产生对文学作品更为深入的思考，促进学生阅读能力的提高，也帮助学生在阅读的过程中实现正确价值观念的形成，在教学中，教师为学生提供表格，从“交手回合”“老头儿的对手”“对手的下场”“老头的损失”“最有价值的独白”五个方面进行设计。学生就可以结合文章梳理老人的心理过程，对核心问题展开分析，组织学生探究人性之美、悲壮之美。促进学生对文章进行反思：为什么我们每个人面对这样的结局，却依旧会赞叹老人？这种精神可以怎样进行概括？教师也要适当地拓展延伸，将中外文学资源有效利用，如联系《祝福》，谈谈鲁迅对国民灵魂的鞭笞以及海明威对国民精神的塑造。在教学中，联系作品的小说体裁，为学生布置个性化阅读任务，可以引领学生自主阅读并形成独特感知，为深入探究小说中的精神打好基

① 李金红：《谈高中语文教学在文化素养提升中的作用》，载《吉林省教育学院学报》2019 年第 35 期。

础。并且，在教学中，教师以具有价值的问题进一步推动学生积极探索，也在鲁迅以及海明威这两位文学大师的文章中感知中、美民族精神的差异，切实提高学生的综合能力。

综上所述，外国文学作品进入高中语文教材与新课改理念相契合，与学生核心素养培育相契合。在实际教学中，教师也要对学生的个人情况进行充分的考量，分析学生的喜好、知识水平等，精心设计教学方案，使学生在全身心地投入中展开更丰富的阅读，也感知不同文化，真正达成新时期培养学生核心素养的目标。

课程设计

语文学科教学备课环节中预设目标之四探

王云霄①

语文学科教学备课环节中教学目标的预设既是课堂教学的出发点又是课堂教学的归宿，还是指引教学活动的方向标。可是，现实教学过程中由于诸多因素的“作用”，教学目标的地位不容乐观，语文教师在备课环节偏重教学内容和学生活动设计，而将教学目标的预设置于“被遗忘的角落”。欲从困境中突围，我们教师必须用“真善美融合”② 的语文教育理念予以观照，对教学目标进行深入研究，以期达到培养“求真”“向善”“崇美”③ 的创造性人才和“健全的人格”④ 的理想境界。

一、语文学科教学备课环节中预设目标的非理性行为

教学备课环节确立的教学目标是教师对学生进行语文教学活动的设计蓝图，在整个语文教学活动中居于龙头地位。因为教师通过确立的教学目标既可落实语文课程纲要的育人理念，又可逐步完成该学段的教学计划引领教学方向，还可统帅课堂教学活动设计，所以教学备课环节确立教学目标在语文教学过程中起到十

---

① 作者简介：王云霄（1979— ），女，河北保定人，河北省顺平县实验中学教师，主要从事基础教育阶段语文学科的教学与研究工作。

② 杨道麟：《语文教育应探求“真善美融合”的新理念》，载《贵州师范大学学报》2007 年第 6 期。

③ 杨道麟：《“真善美融合”的语文教育观摭谈》，载《焦作大学学报》2010 年第 2 期。

④ 中华人民共和国教育部：《语文课程标准（实验稿）》，北京师范大学出版社 2001 年版，第 2 页。

分重要的作用。然而教学备课环节教学目标的地位很尴尬，它虽是课堂教学的灵魂，却得不到足够的珍视，这样的非理性行为应当引起一线语文工作者的高度重视。比如有的教师教案上教学目标栏虽有教学目标但不够具体，有的教师教案上教学目标表述过于粗放难言精准，有的教师教案上教学目标太空而缺少具体的操作点，等等。下面笔者从教学目标的预设形同虚无、教学目标的预设意识淡漠、教学目标的预设大而化之三个方面具体分析存在的问题。

（一）确立目标的预设形同虚设

教学备课环节确立的教学目标是语文教学的方向标，它要解决的是课堂教什么，学生怎么学以及用何形式呈现可测可观的学习成果的问题。如果说每一个教学目标是我们的一个教学点的话，那么每一个单元主题教学就是由无数点连接延伸的线。这样由多个单元主题教学组合而成的语文教材就是由无数条线拼接延展的面。语文教学正是在一个个教学目标的指引下安排教学活动、指导教师灵活选择教法学法、帮助教师落实教学计划下的教学内容，在由点到面、点面结合中彰显语文课程性质，践行语文课程的基本理念并最终实现塑造"求真""向善""崇美"的创造性人才和"健全的人格"的理想目标。长期以来语文课堂效率不高，先是存在课堂教学少、慢、废、差的局面，后有课堂视听教学变成五花八门、眼花缭乱的大拼盘的问题。语文课堂纯度不够，语文味不浓厚，究其原因与教师对教学目标认识不到位有关。在实际教学中的表现就是确立的课堂教学目标不明确，和教学行为不对接，这样的"两层皮"导致教学目标虽有但形同虚设。

比如某教师预设部编八上《"飞天"凌空——跳水姑娘吕伟夺魁记》的教学目标之一是"继续学习新闻知识"，笔者认为这样的教学目标虽有但不够明确。当前学生针对新闻这一体裁已经学了什么，本次授课需要学生继续学什么，补充什么，这一专业文章和普通文章在教学中的异同关系是什么，在目标中只体现了本单元前后两文的继承性但没能很好地体现差异性。从这一目标的表述中我们看不出教师钻研教材后列举、明辨、筛选的具体教学目标，故认为该教学目标如同一个空花瓶，摆设而已，存在形同虚设的嫌疑。这是一篇特写，特写要求用类似于电影"特写镜头"的手法反映事实，是作者深入新闻事件现场采访完成一种现场感较强、篇幅短小精粹的新闻文体。特写侧重于"再现"，往往采用文学手法，集中、突出地描述某一重大事件的发生现场，或某些重要和精彩的场面，生动形象地将所报道的事实再现在读者面前。根据这一特点，施教者的教学目标可调整为“学习特写夺魁镜头的描写方法，体会记叙的生动性形象性现实感”。或者活动意识强的教者借助投屏模拟这场解说，把这一环节设计为编写解说员的解说词。这样调整之后，“细节特写”就成为施教者依据教学目标设计教学活动的抓手，同时“培养受教者语文能力的训练点”也在“细节特写”的学习中有了根植的土壤。

教学备课环节确立的教学目标清晰与否与施教者对授课内容的独到取舍息息相关。明晰教学目标有利于施教者在教学过程中创设适应实际需要的学习环境和活动内容，将学生的语文智育、语文德育、语文美育的培养和训练置于语文课程语境中加以重视。通过长期的语文教学，学生能够自觉地将语文智育、德育、美育的学习和训练贯穿于语文教学的各个教学单元和整个义务教育阶段，从而达到塑造“求真”“向善”“崇美”的创造性人才和“健全的人格”的语文育人目标。

（二）确立目标的预设粗枝大叶

2001 年制定的语文课程大纲关于语文教育目标的表述分列于“课程的基本理念”和“课程目标”之中，“课程的基本理念”中的“全面提高学生的语文素养”，可以看作语文教育目标：“九年义务教育阶段的语文课程，必须面向全体学生，使学生获得基本的语文素养。语文课程应培育学生热爱祖国语文的思想感情，指导学生正确地理解与运用祖国语文，丰富语言的积累，培养语感，发展思维，使他们具有适应实际需要的识字写字能力、阅读能力、写作能力、口语交际能力。语文课程还应重视提高学生的品德修养和审美情趣，使他们逐步形成良好的个性和健全的人格，促进德、智、体、美的和谐发展。”由此可见语文学科教学备课环节教学目标的确立应当重视“适应实际需要”的字词积累教学、语文能力训练、语感培养、弘扬品德修养、提高审美情趣。其实每一个语文教育工作者在教学过程中都离不开字词句段篇的学习，离不开修辞、文章、文学的鉴赏，离不开情感熏陶和思想引领，离不开对美的欣赏和创造，只是在备课环节确立的教学目标过于粗枝大叶难言精准，致使教学活动设计的触角难以触碰到实际需要这一层次。

比如某教师预设部编七下《台阶》的教学目标之一是“积累字词，培养概括能力”。教学目标中教师的语文教学意识很清晰，只是教学目标表述粗放难言准确。问题的症结是“培养概括能力”在这课主要指哪方面内容的概括能力并没有明确界定。语文课堂教学用到的概括方法大致有以下几种：事件过程概括多用动宾短语，比如部编九上《故乡》可概括为回故乡—在故乡—离故乡；人物经历概括多用时间+事件或者地点+事件，比如部编九上《我的叔叔于勒》可概括为在家赞于勒—轮船上遇见于勒—下船躲于勒；情感变化概括多用描写心理感受的词语，比如部编七上《春》可概括为盼春—绘春—赞春；场景概括多用地点+事件，比如部编八下《桃花源记》可概括为发现桃源—做客桃源—离开桃源—再寻桃源。最需要运用概括能力的就是整本书阅读，比如：《骆驼祥子》涉及祥子三起三落的一生；《水浒传》涉及众多好汉的一生；《傅雷家书》涉及两代人的人生……整本书阅读因其主人公时间跨度大、活动空间广，更需要学生有高度概括能力，实现将厚书读薄。所以单篇文本教学中培养概括能力决不能是躺在教学目标栏上的空头支票，而是要打造成拿下大部头们的密钥。建议上述《台阶》的教学目标可调整为“围绕台阶划分父亲的人生经历，理清写作思路”。活动意识强一点的教者可以把本课整体设计成人物专访。这一环节采访话题设计为“台阶既是你的物质期待，更是你的精神追求，请你先简单地和我们聊聊你与台阶的几段经历吧”。这样调整之后施教者可以解决文本能力的训练点是什么的问题，即“人物经历”概括，同时也可以解决受教者用什么方法达成的问题，即“时间+事件”，帮助受教者开辟概括能力的新领域。

教学备课环节确立的教学目标准确与施教者对授课内容的特色处理息息相关。明晰教学目标有利于施教者在教学过程中创设适用实际需要的学习环境和活动内容，将学生的语文智育、语文德育、语文美育的培养和训练置于实际需要的语文课程语境中加以重视。通过长期的语文教学，学生能够自觉地将语文智育、德育、美育的学习和训练贯穿于语文教学的各个学段和整个义务教育阶段，从而达到塑造“求真”“向善”“崇美”的创造性人才和“健全的人格”的语文育人目标。

（三）确立目标的预设大而化之

德育教学是语文教学中的常青树，因此语文学科备课环节德育教学目标确立就成为教学目标研究中的阳光和雨露，它将滋养常青树枝繁叶茂，郁郁葱葱。而在语文学科中实施爱国主义教育是德育教学永恒的主题，那么这就要求教师特别要发挥好课堂教学主渠道作用，用好教材中的例文去感染他们，从而增进他们浓烈的“亲国之情”，激励他们远大的“效国之志”，练就他们过硬的“建国之才”，鞭策他们扎实的“兴国之行”,① 让德育教育在语文课堂绿树成荫子满枝。一线语文教育工作者必将高举德育教学的旗帜，行走在塑造“求真”“向善”“崇美”的创造性人才和“健全的人格”的金光大道上，只是有些一线教师虽然深知德育教学的重要性，但是存在大而化之问题。施教者缺乏具体的教学目标陈述，创设实际需要的教学环境和学习活动的能力略显不足。

比如某教师预设部编七下第一课《邓稼先》的教学目标之一是“学习科学精神培养爱国情感”。首先语文教育渗透爱国教育这个思路是值得肯定的。其次只一句话就能培养一种情感似乎太过简单。情感的培养可不是一朝一夕、一蹴而就的简单活。爱国情感有丰富的内涵和外延：岳飞的精忠报国是爱国；文天祥的抗拒诱降也是爱国；时传祥的敬业奉献是爱国；李白的赞美祖国山河是爱国；吴冠中倾情捐画是爱国；《红星照耀中国》中拥护党的方针是爱国……爱国的方式有多种，这里要培养哪一种？目标表述中不仅看不到施教者明确辨析文本之后选定的针对性强的具体教法、学法，而且也没有明确的课时目标，教学目标存在大而化之倾向，这将会导致教师在课堂教学中单纯凭感觉、凭经验授课，出现哪黑哪宿的随意性教学行为。施教者的教学目标可调整为“结合细节描写理解邓稼先的科学精神和爱国精神”，或者由创设学习活动意识强的教者设计一次人物观察报告，制作观察报告单，让学生解说他的观察报告，比如：“我是1号显微观察员，主要负责观察人物言行”，请学生借助显微镜的放大理论观察细节描写。这样抽象的“精神”培养可以在事例学习中得以具体显现，也可借助具体事例这个媒介实现对受教者性格品质、思想净化、情感熏陶的教学引领。

教学备课环节确立的教学目标具体程度与施教者对授课内容的熟悉程度息息

① 杨道麟：《浅论语文学科的爱国主义教育》，载《河南教育学院学报》2017年第3期。

相关。明晰教学目标有利于施教者在教学过程中设法创设适用实际需要的学习环境和活动内容，将学生的语文智育、语文德育、语文美育的培养和训练置于语文课程语境中加以重视。通过长期的语文教学，学生能够自觉地将语文智育、德育、美育的学习和训练贯穿于语文教学的各个单元和整个义务教育阶段，从而达到塑造“求真”“向善”“崇美”的创造性人才和“健全的人格”的语文育人目标。

二、语文学科教学备课环节中预设目标的理性思考

语文学科教学备课环节预设目标的理性思考源于施教者对语文学科本质的认识。当认识停留在语文的工具性时，施教者在备课环节预设教学目标就偏重于语文知识；当认识停留在语文的人文性时，施教者在备课环节预设教学目标就偏重于人文；当认识停留在语文既具有工具性也具有人文性时，施教者在备课环节预设教学目标就可以做到两者兼顾；当在语文（语言、文章、文学）① 中达到塑造创造性的人才和“健全的人格”的理想目标并进入“人的发展和完整性建构”② 的全新境域为己任的“一语双文”理念逐步被教育界同仁认可和接受之后，施教者预设教学目标的目光开始考量语言、文章、文学三个领域。

教学备课环节预设教学目标的理性思考是指用“真善美融合”的理念观照语文教育之智育教学思考、德育教学思考、美育教学思考，即施教者从语文（语言、文章、文学）中挖掘智育的“真”，又从语文（语言、文章、文学）中挖掘德育的“善”，还从语文（语言、文章、文学）中挖掘美育的“美”，以期促进受教者“探索品质”“道德意识觉醒”“自由心灵建构”的和谐发展，真正实现语文教育的“真善美融合”，从而有效达到实现“人的发展和完整性建构”的全新境域。

（一）教学目标预设的智育思考

语文教育中的智育指语文教育客体和语文教育活动本身对语文教育主体所产

① 曾祥芹：《“一语双文”时代渐行渐近——全球化语境下语文内容结构改革的必然趋势》，载《语文建设》2009 年第 11 期。

② 曹明海：《让语文点亮生命》，载《中学语文教学参考》2007 年第 9 期。

生的知识的获得、能力的形成和智力的拓展等。智育预设首先思考文本载体中包罗的语文知识（文字、词汇、语法、修辞、文章、文学），甄选知识获得的有利途径。其次思考借助文本载体可形成的语文能力（阅读、写作、聆听、说话），预设能力形成的活动依托。最后思考文本载体可拓展的语文智力（观察力、记忆力、想象力、思维力），依托学习活动发展智力，同样依靠智力发展提升活动质量。思考智育预设旨在培养受教者“求真”的探索品质。

教学备课环节预设智育目标，就是在文本载体中甄选智育的试验田——其中栽培的是文本在语言、文章、文学方面运用到的语文知识；教学备课环节预设智育目标，就是在文本载体中探寻矿洞——文本里埋藏着阅读、写作、聆听、说话能力的矿石；教学备课环节预设智育目标，就是在文本载体中铺设铁轨——文本中无限延展着观察力、记忆力、想象力、思维力的枕木。比如部编七上《散步》一文，它的试验田里有字词积累、语言描写、环境描写、抒情方式等禾苗；它的矿洞里埋藏着美读、听读、微写作等矿石；铁轨下延展着受教者感受三代人分歧中的想象力、背着全世界来建构家庭幸福的观察力等枕木。

智育教育重在“求真”，教学备课环节预设教学目标理性思考重在寻得语文知识、语文能力、语文智力三个方面“求真”的内容和途径，充分体现语文教育的基础性。

（二）教学目标预设的德育思考

语文教育中的德育指语文教育客体和语文教育活动本身对语文教育主体所产生的思想的净化、情操的陶冶和德性的涵养等。德育预设首先思考文本载体产生的思想净化价值，主要指爱国主义教育，包括“增进亲国之情、激励效国之志、练就建国之才、鞭策兴国之行”。其次思考文本载体产生的情操陶冶价值，主要指理想信念教育，包括“疏通其经络、融化其血液、深入其骨髓、渗透其灵魂”。最后思考文本载体产生的德性涵养价值，主要指道德品质教育，包括“提高道德认识、增强道德情感、锻炼道德意志、树立道德信仰、培养道德行为”。思考德育预设旨在培养受教者“向善”的道德意识觉醒。

教学备课环节预设德育目标，就是设计一条通幽曲径——曲径尽头是文本在语言、文章、文学方面呈现的净化思想、陶冶情操、涵养德性的幽景。比如针对教授部编八年级上册《美丽的颜色》一文，我们可以设计一条曲径，探究居里夫妇在漫长历程中的辛苦坚守。在这条曲径的尽头呈现的是教师在净化思想、陶冶情操、涵养德性方面引领学生领略的幽景。其中有应对“酷暑严寒”恶劣研究环境辛苦坚守的情操；有维系“工作日变成工作月，工作月变成工作年”耐得住枯燥的坚守品质；有对科学无限热爱和充满幻想的德性涵养；有坚守中不计名利忘我工作的思想境界。

德育教育意在“向善”，教学备课环节预设教学目标理性思考意在觅得净化思想、陶冶情操、涵养德性三个方面“向善”的内容和途径，充分体现语文教育的人文性。

（三）教学目标预设的美育思考

语文教育中的美育即指语文教育客体和语文教育活动本身对语文教育主体所产生的审美意识的增强、审美因素的领略和审美能力的提升等。美育预设首先思考增强审美意识，包括“树立审美观念和健全审美心理及端正审美态度”；其次思考领略审美因素，包括“分辨审美形态和区别审美范畴及解析审美形式”；最后思考提升审美能力，包括提升“审美感受能力和审美鉴赏能力及审美创造能力”。思考美育预设旨在培养受教者“崇美”的心灵建构。

教学备课环节预设美育目标，就是搭建一个舞台——台上有调动审美意识、审美因素、审美能力的文字舞者，台下有运用审美意识、审美因素、审美能力鉴赏美的观众。比如从部编八下《安塞腰鼓》一文中我们能欣赏到震撼人心的力量美、整齐美、雄壮美、安静美。从部编八上《愚公移山》中我们学会运用美丑对照原则达成“愚公不愚”“智叟不智”审美共识。

美育教育旨在“崇美”，教学备课环节预设教学目标理性思考旨在求得审美意识、审美因素、审美能力三个方面“崇美”的内容和途径，充分体现语文教育的审美创造。

总之，教学备课环节预设教学目标的理性思考就是对语文教育美学大厦的智育、德育、美育的研究，但在实际教学过程中三育是“你中有我，我中有你”，彼此独立存在而又相融相继。在语文教学中做到以智育教育为主线，以德育教育为抓手，最终完成美育教育的探幽，这就要求在备课之初就站在语文教育美学的大厦之上高瞻远瞩：真正从美学视野观照语文教育并使受教者在语文（语言、文章、文学）中不但获得知识、形成技能、开发智力而且净化思想、陶冶情操、涵养德性并进而增强审美意识、领略审美因素、提升审美能力，切实有效地使语文教育呈现“真善美融合”的全新面貌。

三、语文学科备课环节中预设目标的基本要求

教学备课环节预设教学目标需要关注教材中的智育、德育、美育要素；需要关注学生动态的认知水平和整体的知识结构；需要关注教学过程中教师的教学行为和学生的学习行为的可操作性；需要关注 45 分钟的课堂容量与学习效率等诸多外在因素；同时还需要关注教学目标本身的质量、数量、可操作性、可检测性等。因此教师在备课环节能否预设科学、准确、具体的教学目标就成为一块考量教师教学行为是否有效的试金石。下面笔者从教学目标难易应科学、用语应准确、课时应具体三方面谈谈预设教学目标的基本要求。

（一）教学目标预设的难易应科学

教学目标难易应科学是指预设要完成的教学目标的难易程度要适合目标学生的学习能力。这就要求施教者具体依据所授文本自身的难易程度，依据所授文本安排的学段，依据目标学生的知识水平，依据该学段的语文教育目标，预设难易适中的教学目标。我们国家幅员辽阔，偏远山区和革命老区与一线大城市学生的认知水平差异较大，这就导致同一文本所承担的教学任务是不一样的，因此预设的教学目标的难易程度也应该有所不同。比如：针对名著《红岩》的阅读成果展示设计，一线发达学校就能开办自己的红色文化展览馆，学生能参与设计展区、取景布置、担任解说员等课后延伸活动；经济相对差点的学校只能采取保守一点的成果展示方式，比如：做手抄报、写读后感，等等。部编教材统一推行后，一些文本存在调级现象，同一文体在不同学段预设教学目标的难易程度仍需得到关注。下面我们以三篇议论文教学为例。

部编七上《纪念白求恩》，八下《最后一次讲演》，九上《中国人失掉自信力了吗》以文体分类都属于议论文。因其所处学段不同，单元教学任务不同，所

以教学目标对于议论文知识与技能的难易预设应科学。

比如七上第四单元除了《纪念白求恩》，还有《植树的牧羊人》《走一步，再走一步》《诫子书》，编者意图是让四篇文本从不同方面诠释人生的意义和价值，旨在帮助学生树立正确的人生观和价值观。整合编排时考虑的不是文体知识，所以教学目标预设时也要淡化文体，突出抓关键句理清作者思路的阅读能力训练。根据单元教学任务《纪念白求恩》一文的教学目标可以这样预设：

（1）归纳各段的内容要点，说说段落之间的关系。

（2）勾画并朗读作者礼赞白求恩美好品行的句子，感受其人格力量。

（3）默读2、3段，完成表格，体会对比手法在表现人物品质方面的突出效果。

八下第四单元除了《最后一次讲演》，还有《应有格物致知精神》《我一生中的重用抉择》《庆祝奥林匹克运动复兴25周年》，编者意图是探究演讲活动，学习演讲词、撰写演讲稿、举办演讲比赛，所以教学目标预设时也要淡化摆事实讲道理的文体知识，借助寻找演讲对象来凸显演讲词具有针对性这一生活实际功效，通过品读体会演讲者情绪的句子，凸显演讲词要具有感染力这一生活实际功效。根据单元整体教学任务《最后一次讲演》一文的教学目标可以这样预设：

（1）借助演讲稿中的人称明确演讲对象。

（2）勾画关键词句体会演讲者的情绪。

（3）选择自己感兴趣的一两段模拟演讲。

九上第五单元还有《怀疑与学问》《谈创造性思维》《创造宣言》，都是议论性文章，或针砭时弊，阐释公理正义；或谈论学术，探讨创造的意义，旨在培养学生区分材料和观点的阅读能力，理解材料和观点之间的关系，提高思辨能力。根据单元整体教学任务《中国人失掉自信力了吗》一文的教学目标可以这样预设：

（1）了解驳论文的一般写法，学习本文直接论证（驳论证）和间接论证的反驳方法。

（2）品味语句，体会尖锐犀利、富于战斗力和嘲讽意味的语言特点。

（3）理解重要词句的深层含义，体会鲁迅的忧患意识和爱国精神。

从教材编排上我们可以看出编者追寻从接触议论性文章到学习议论性文章这

样的认识路径，由立论到驳论、由易而难的教材编排特点，因此我们在备课阶段预设教学目标也要遵循这一特点，既尊重教材安排又符合学情才算得上是难易科学。以上三篇议论文预设的教育目标都很注重文本所在单元的整体教学安排，依据学生接触议论文的程度完成从记叙文到议论文的差异学习，初步建立议论文的文体意识，最后系统学习议论文的文体知识，引领学生运用“论点、论据、论证”这样的专业术语开展学习活动——学习直接反驳和间接反驳的方法，帮助学生掌握驳论的技巧。这样的教学目标既符合中学生的学情又能体现九年一贯制办学体系中文体能力培养的层级发展。

教学备课环节目标预设做到难易科学的关键点是教材处理要符合学生的学段水平，这样既可做到教师教学推进无障碍，又可做到学生学习无畏惧，还能开创师生双赢的美好局面。

（二）教学目标预设的表述应准确

教学目标表述要准确是指目标表述使用的动词准确，即用行为术语陈述教学目标，这就要求教师在表述教学目标时选用可观察学习结果的词语。美国行为派心理学家马杰出版了《准备教学目标》一书，系统地提出与论证了用行为术语陈述教学目标的理论与技术。书中马杰指出，预设行为目标的表述应当包括三个因素：一是行为因素，说明通过教学明确学生能做什么（或说什么）；二是条件因素，规定学生行为产生的条件，即要求目标陈述提供什么样的刺激使学生产生一定的行为；三是标准因素，规定符合要求的具体行为标准，指明学生达到什么条件才叫合格。①

比如：部编八上《列夫·托尔斯泰》教学目标之一“了解托尔斯泰，体会大作家的伟大人格魅力”，这样的表述就不够准确。原因是该教学目标注重描述学生内部心理状态，比较抽象、含糊，学习结果不容易观察、测量。目标中“了解托尔斯泰”是行为目标中的行为因素，用什么方法了解没写明，是复述原文还是写简单的传记，是写颁奖词还是列纪年表；另外未明确学生了解到什么程度算合格。如果加上“勾画描写托尔斯泰眼睛的句子说说对他的了解”，学生的学习行为就表述准确了，学生的学习结果也是可视的。目标“体会大作家的伟大人格

① 于德龙：《设置科学有效的教学目标》，载《语文教学通讯》2015 年第 2 期（B）。

魅力”中“体会”一词不好操作，因为无法观察，也不能见诸行动。它只有标准因素，用美国行为派心理学家马杰的行为目标表述分析该目标还差条件因素，建议这样修改：“本文运用欲扬先抑的写法形成巨大反差，读相关语句赞一赞其人格魅力”。

教学备课环节目标预设做到表述准确的关键点就是目标陈述中准确地选用行为术语，这样既能保证教学目标陈述准确，又能保证施教者教法清晰，还能保证受教者学法明了。

(三) 教学目标预设的课时应具体

教学目标课时要具体是指教材所用文本课时目标要分写，目的是增强教学目标的针对性，改变教学行为的盲目性和随意性，避免语文教学中出现的“自由主义”现象。比如杜凤凯老师的《藤野先生》的第一课时目标为：

(1) 给6个字注音。

(2) 口述8个词的意思。

(3) 表情朗读全文。

(4) 复述开头一段第2、3句，结合内容陈述其中所运用的写作手法。

(5) 在阅读课文、概括事件信息的基础上，口述全文三部分大意。

第二课时目标为：

(1) 给5个字注音。

(2) 口述6个词的意思。

(3) 口述第5段以超常比喻陈述“我”受“优待”原因的三句话。

(4) 在复习课文三大部分的基础上，通过捕捉线索信息写出文章的明线和暗线。

第三课时目标为：

(1) 口述《藤野先生》及《朝花夕拾》的内容。

(2) 用“顿挫”“不逊”“凄然”造句。

(3) 根据藤野先生“典型事例”与“高尚品格”的表格，填写后者信息。

(4) 综合全文，捕捉相关信息，解说藤野先生在“我”心目中伟大的原因。

(5) 在复习“仙台交往”线索的基础上，把该部分划分为三层，并按照

“方法”“内容”“感情”三种信息归纳法写出各层大意。

教学目标课时具体的优点是：（1）多课时分担智育目标。上述目标预设者把智育目标中学生需要掌握的字音、词意、修辞的知识目标和通过“造句”培养的词语运用能力目标分担到三个课时里，这样可以避免第一课时因字词教学比重过大，阅读教学无暇顾及的一头重现象。从学生角度看，教师降低了每一课时学生的字词记忆数量，不至于形成大面积学习字词的疲劳拖沓局面。（2）多课时分解德育目标。上述目标预设者把德育目标进行分解，其中把情操的陶冶着重放到第一课时的朗读教学中，把思想的净化放在第三课时的表格填写训练里来完成，这样教师就帮助学生铺就了一条由感性认识到理性认识的学习路径，最终在作者与藤野先生深厚情感的建立和坚守中帮助学生涵养德性，有助于受教者的意志磨炼。（3）多课时分销美育目标。上述目标预设者把美育目标进行分销，把美育教育分销到第二、三课时的“明线暗线的梳理”和“解说藤野先生在‘我’心目中伟大的原因”的学习活动中，这样在细腻的学习中教师以润物无声的默化方式帮助学生认识多样统一的审美形式和崇高美的审美范畴。虽然上述目标确立者没有明晰地单独设立美育目标，而是与智育目标和德育目标交融在一起，但是教师还是有美育意识的。语文教师在备课环节中一定要分析文本中可以进行美育目标学习的素材，并考虑单独设立或者分销到其他目标中，这样学生的审美能力就会日渐提高。

教学备课环节目标预设做到课时具体的关键点是施教者总览全文划分课时，这样做既兼顾智育目标、德育目标、美育目标，又各有侧重，让智育目标、德育目标、美育目标都可以占有充足的发展空间。

四、语文学科教学备课环节中修炼预设目标能力的三大加持

教学备课环节教学目标的预设能力不是孤立存在的，它是与施教者的诸多能力相互促进共同提高的，因此在修炼路上它不是孤立无援的，它有自己互相依存的加持——知晓学情力、驾驭教材力、培养学科素养力。施教者熟悉知晓学情的多种方法和途径，可以确保预设目标具有针对性；掌握驾驭教材的多种渠道和技

法，可以确保预设目标具有独到性；明确学科素养的要素和培养策略，可以确保预设目标具有科学性。施教者应在知晓学情、驾驭教材、学科素养方面下大功夫以期提高预设教学目标的水平，因此施教者需要研究学情，加持知晓学情力、驾驭教材力、培养学科素养力。

（一）教学目标的预设需要加持知晓学情力

知晓学情既是预设教学目标的前提，也是突出预设目标针对性的依据。基于这种认识，笔者认为知晓学情是为预设目标的针对性保驾护航的。教学备课环节研究教师知晓学情能力，就是研究教师知晓学生所在学段已有的认知基础和经验、对本学科学习的方法掌握情况，学生成长和学习环境差异导致的学生的个体差异以及学生的生理心理差异，该学科与其他相关学科学习进程的横向影响等的能力。在教学备课环节教师预设教学目标需要纵向考虑学生在语文学科方面的动态学习情况和继承性学习情况，也要横向考虑其他学科与语文学科的联系。

在教学备课阶段教师可视具体情况采用这些方法：观察法，通过让学生完成某种特定的任务，观察学生课上或课下的行为表现了解学生的学习态度、学习兴趣、思维水平和表达能力等；谈话法，教师事前拟好需要了解的话题，谈话形式可以一人也可以同时多人，通过学生的谈话内容了解学习态度、学习兴趣、思维水平和表达能力等；资料法，通过成绩单、学生周记、作文、作业、学生预习时写给老师的纸条等分析学生的学习态度、学习兴趣、思维水平和表达能力等；调查法，参考接下来会用到的学习内容、学习方法、学习能力等选定调查内容，可以通过访问家庭、访问任课老师、访问本班或该生以前的同学、访问原来的教师或班主任等了解学生的学习态度、学习兴趣、思维水平和表达能力等情况。

如果在教学备课环节教师不能做到先学后教，在教学备课环节就要对学情充分预估：学生读到这样的一篇文章会在哪些方面遇到困难，可以借助以前哪一篇课文学到的方法解决这一困难；最感兴趣的是什么，不感兴趣的是什么，安排什么样的学习活动可以调动学生学习这一点的积极性；感到困惑的是什么，需要帮助的是什么，安排什么样的助读资料和助学方式引领学生走出困惑；认识不到的盲点在哪里……依此作为预设教学目标的依据。“这里所说的学情不是笼而统之的学情。而是指向特定任务的学情，是具体教某篇课文的学情，一定把问题揭示出来。”① 如学习部编八上《一着惊海天》一文，学生对国防科技认识多寡不均，为培养爱国情感所以建议在学生预习阶段布置预习任务：提前一周让学生搜集海陆空国防新科技的相关资料，结合课本中的附文做成手抄报，在班内展示交流，引领学生重视科技卫国的意义和价值，增强民族自豪感。学生学习《陋室铭》，“铭”的文体常识就需要在学生学习之前做足教学铺垫，从学生熟知的座右铭过渡到学习“铭”这种文体，认识其性质和语言特点。

教学备课环节修炼教学目标预设能力需要加持知晓学情力，每一个施教者都要争做知晓学情的高手。“橘生淮南则为橘，生于淮北则为枳”这个生活经验同样适用于知晓学情预设教学目标，懂得“橘枳有别”的语文工作者预设的教学目标针对性强，适合教学对象，指导的教学活动切实有效。

（二）教学目标的预设需要加持驾驭教材力

驾驭教材既是预设教学目标的关键，也是教师个性发展的关键。基于这种认识，笔者认为驾驭教材是为预设目标的独到性铺路的。教学备课环节研究教师驾驭教材能力，就是研究教师准确解读语文课标的能力、廓清语文课程内容的能力、吃透语文教材的能力、更新占有语文教学资料的能力。

在教学备课环节教师预设教学目标需要考虑几种关系：课程标准下健康的语文课程、全面的语文教材、完整的语文教学内容、日新月异的语文教学资料。新的课程标准界定着适合当下时代发展需要的语文课程目标，语文课程目标规定着语文课程内容，而语文课程内容统领着不同版本的语文教材内容，语文教材内容又给教师提供着丰富多彩的语文教学内容，教育者不断研究教学也给我们提供了丰富的教学资料。

概括来说，教学目标的预设其实就是把四种能力五种关系合力为一确定某篇文本的教学内容的过程。教师要在明确课标对某类文章的课程规定性之后，在考量语文课程内容设置之后，在反复深入钻研文章之后，在大量占有教学资料之后

① 李卫东：《以〈故乡〉为例谈教学内容的确定》，载《语文教学通讯》2010 年第 12 期（B）。

瞄准教学方向，筛选出这一篇文章的具体教学要点并预设教学目标。

语文课程目标要求初中生应具新闻阅读、采访、写作的能力，因此在八年级上学期学生需要掌握“新闻消息”这一“语文课程内容”，而要让学生学到这一“课程内容”，部编在八年级上册第一单元选用了毛泽东的《消息二则》《首届诺贝尔奖颁发》《“飞天”凌空——跳水姑娘吕伟夺魁记》《一着惊海天——目击我国航母舰载战斗机首架次成功着舰》《国行公祭，为佑世界和平》等教材内容。根据编者新闻阅读采访、写作的活动探究意图，教师需要教的智育知识是“新闻消息”的体式特点（及时性、真实性、客观性）及其结构（标题、电头、导语、主体、背景、结语）、表现方式、语言特色（多用客观的记叙，少有议论抒情，基本不用描写等）。还需要设计两次活动：一是新闻采访，练习召开选题会、制定采访方案、草拟采访提纲；二是新闻写作，引领学生关注班级、学校或本地新近发生的大事作为新闻写作的素材写消息，有条件的可以制作电子报刊。教师也可以特意在班级组织两次活动，给学生提供新闻写作素材。

教学备课环节修炼教学目标预设能力需要加持驾驭教材力，每一个施教者都要争做驾驭教材的圣手。古人云“闻道有先后，术业有专攻”，这个生活经验同样适用于教师驾驭教材预设教学目标，有“专攻”能力的语文工作者确立的教学目标能匠心独运地开发文本作为教学媒介的效能，能帮助学生借助文本提升语文素养。

（三）教学目标的预设需要加持培养学科素养力

培养学生的学科素养既是预设目标的内容也是预设目标的终点。基于这种认识，笔者认为培养学科素养是为预设目标的科学性奠基的。

我们的课堂教学就是把施教者拥有的学科素养转变成受教者拥有的学科素养，施教者通过搭建学习的桥梁引领受教者走进语言建构与运用，思维发展与提升，审美鉴赏与创造，文化传承与理解这四座花园。如果要把语文学科这座大花园经营的四季有花开，季季有特色，这就要求教师具备丰厚的学科素养。在教学备课环节研究教师培养学科素养的能力就是研究教师在文本和受教者之间搭建学习桥梁提升受教者语文学科素养的能力。也就是说教师要修炼这些能力——针对文章体裁调用教学方法的能力，甄选教学内容设计学生活动的能力，紧跟社会发展需要更新教学理念的能力，以期在语言建构与运用，思维发展与提升，审美鉴赏与创造，文化传承与理解方面使受教者有所收获。教学备课环节教学目标确立能力高低与教师掌握的学科素养的多寡相辅相成，而究其根本是与教师对学科素养认识的深浅紧密相连。也就是说一个教师对学科素养认识地越透彻，那么他确立的教学目标水平也越高。换言之，一个教师要提高教学目标确立能力，他也要在学科素养上下功夫。所以，施教者在备课中不但要注重学科素养的全面提升，而且要注重学科素养的专长培养，这样才能确立有专属教学风格的教学目标，为创立教学品牌奠基。

第一，针对文章体裁活用教学方法培养学生学科素养的能力。施教者在备课时针对文章体裁活用教学方法就是对辩论法、对话法、合作探究法、创设适用实际需要的任务驱动法等不断认识的过程，因而对钻研确立教学目标时解决实际教学内容的教学方法要机动地选用。比如部编九上第一单元是关于现代诗歌的活动探究单元，在诗歌朗诵活动时教师可以设计三个任务：诗歌朗诵活动组委会（导演+剧务，发布通知，登记选手和参赛篇目，安排视频播放员、主持人）；诗歌朗诵参赛选手组；诗歌朗诵评委组（主要任务结合《艾青诗选》通过调查问卷形式征集推荐理由，选定比赛诗篇，制定评分标准）。学生扮演不同身份，合作举办一次活动，在适应实际需要的任务驱动下提升学生的学科素养。活用教学方法既要对旨在帮助受教者建构与运用语言的阅读方法予以阶段性选用，又要对旨在发展和提升学生思维的辩论法、对话法、创设实践活动法予以针对性选用，还要对旨在提升审美鉴赏与创造、文化传承与理解的调查、访谈、参观、交往等实践法予以大胆选用。一言以蔽之，教无定法贵在得法，因此为预设目标的科学性奠基的首先是针对文章体裁活用教学方法培养学生学科素养的能力。

第二，甄选教学内容，巧设学生活动，培养学生学科素养的能力。施教者在备课时对学生活动巧设就是将学生的预习活动、小组合作探究活动、朗读和阅读活动、写作活动、智力开发活动等智慧地设计的过程，因而对学生学习活动要进行很好的设计。在总复习阶段，比较适合设计整合活动，比如：诗歌复习可以设计《轻捻阴晴雨雪　细数晨昏昼夜》整合课，第一环节寻找多愁秋景，第二环节踏青多情春景，第三环节解密景情关系，第四环节诗写“杏林春色”“伊祁山雪”。巧设学生活动既要对旨在帮助受教者建构与运用语言的预习活动予以设计，又要对旨在帮助受教者发展和提升学生思维的朗读和阅读活动予以设计，还要对旨在提升审美鉴赏与创造、文化传承与理解的鉴赏学习活动予以设计。因此为预设目标的科学性奠基还需提高教师甄选教学内容、巧设学生活动、培养学生学科素养的能力。

第三，紧跟时代创设适用生活实际需要的实践活动，培养学生学科素养的能力。随着国家和社会赋予语文教育使命的变迁，我们的教学大纲也在不断地被修订，新的语文教育目标会催生与之相契合的语文教学理念。作为一名合格的施教者一定要与时俱进，不断更新教学理念，培养时代需要的德智体美劳全面发展的社会主义建设型人才。施教者在备课时对教学理念予以更新就是将不同理念（钱梦龙的导读艺术、王君的青春语文、余映潮的板块教学、真语文）学精、吃透，得其精髓，创设德智体美劳等方面的实践活动，培养学生的创造力和创新力，进而培养学生的语文学科素养。比如，在阅读《水浒传》的过程中恰逢元旦，可以设计刊发“班级日历”的实践活动：（1）活动内容认领：以学习小组为单位认领月份和水浒人物，避免重复和缺漏。（2）日历版面设计要求：自由设计日历图形，文本内容包含人物姓名、绰号、简介、纪事表、人物简评、点赞台（细节描写+赏析）。（3）班级展示：设计理念、内容展读、背后花絮等。借鉴或创新实践活动教学模式既要对旨在培养受教者学科素养用以钻研确立教学目标时解决实际教学内容的课堂结构予以借鉴，又要对提升受教者学科素养用以钻研确立教学目标时解决实际教学内容的处理手段予以借鉴，还要对帮助受教者提升语文素养用以钻研确立教学目标时解决实际教学内容的实践活动创意予以借鉴。因此为预设目标的科学性奠基，还需紧跟社会发展需要，更新教学理念，培养学生学科素养的能力。

教学备课环节修炼教学目标预设能力需要加持培养学科素养力，需要提高教师针对文章体裁调用教学方法、甄选教学内容设计学习活动、紧跟时代需要更新教学理念和提升创设适用生活实际需要的实践活动的能力。每一个施教者都要争做时代教育的旗手，“江山代有才人出，各领风骚数百年”这个生活经验同样适用于教师提高教学学习能力。有“与时俱进”能力的语文工作者确立的教学目标能紧跟时代变迁的步伐，切准时代发展的脉搏，领导时代变革的潮流。

综上，语文学科教学备课环节教学目标远非可有可无，它既是语文课堂教学的出发点也是语文课堂教学的归宿。用“真善美融合”的理念对备课环节目标预设予以观照，对其中存在的非理性行为予以修正，并在此基础上开展理性思考。在实践中努力落实教学目标的预设难易应科学、用语应准确、课时应具体的基本要求，发挥教学目标预设的三大加持合力，达成培养“求真”“向善”“崇美”的创造性人才和“健全的人格”的理想境界。

浅谈高中语文新课标之下的“同课异构”

徐陈芳　杨开泰①

新课程改革在不断推进的过程中，提到语文学科核心素养为“语言建构与运用”“思维发展与提升”“审美鉴赏与创造”“文化传承与发展”。课程结构设计以“语文学习任务群”为任务导向，以自主、合作、探究性学习为主要学习方式。原有的教研理念、组织结构、活动方式等方面越来越呈现出不适应性。因此，重树教研新理念，发展丰富和完善现行中小学的教研功能和教研方式，构建促进教师专业发展的教研模式显得尤为必要。同课异构教研活动则从教师团队互动协作、资源共享、共同提高的视角探究了新课程下教师专业成长和发展的新途径，这一问题的提出，提高了教研的实效性，充实了教研活动研究的内容，丰富了教研活动的内涵。此外，这一研究形式不仅能展示教师的风格，赋予教研形式鲜活的生命力，而且还对中学教研模式进行了大胆尝试和实践。不同教师面对相同的教材，结合学生的实际情况，根据自己的生活经历、知识背景、情感体验等构建出不同的教学设计，呈现出不同教学风格的课堂。这种采取比较研究的教研方式能有效地解决教师教学中的实际问题，开阔教师的思路，激励教师创新，启迪教师思维，促使教师对新课标和新教材的教学更深一步的探讨。因此这一教研活动，既是教师专业发展的需要，又关系到教学实施的有效性。

同课异构是一种将学生作为主体的教学手段，是时代发展的必然趋势，目前关于同课异构的概念众说纷纭，但大体而言，是指多位教师根据相同的教学内容，结合学生实际以及教师的经验水平、教学观、课程观等自身实际，对教材进

---

① 作者简介：徐陈芳，女，黄冈中学语文教师；杨开泰，男，中学高级，黄冈中学语文教师。

行合理的开发，形成自己独特的理解，并采用不同的教学方法、教学策略在不同的教学环境下建构出一课，在此过程中通过比较进行自我反思、彼此学习、取长补短、共同进步，最终使课堂教学得以优化的一种教学活动。① 同课异构逐渐在学校实际教学中备受欢迎。它改变了以前教师“万人一书，千人一课”照本宣科的“壮观”场面，让教师们作为一个独立个体的人重新审视自己，解剖课本，挣开镣铐，实现教学与艺术的完美融合。

同课异构教研模式为：定课—研究教材分析学情—撰写导学案和教案—备课组内研讨教案—上课并观摩—课后会诊研讨—课后反思。每个环节环环相扣，必不可少。

学校各年级语文备课组在新学期伊始，定下“同课异构”计划表，确定课程、讲课名单和日期。每轮“同课异构”人数不超过 4 人。教师根据计划表，提前研究教材并分析学情，撰写导学案和教案，然后在集体备课会上分发给各位老师检阅研讨，主讲人收集各位老师建议并作出修改，教案敲定后开始正式上课，全校语文老师调课前来观摩，本轮“同课异构”全部结束后，由学科组长带头进行课后会诊研讨，主讲教师撰写课后反思。自 2020 年 9 月至今，学校语文组共组织 10 余次“同课异构”。内容涉及诗歌、小说、散文、试卷讲评等。在比较中成长，在观摩中学习。每轮“同课异构”结束，全体教师收获颇丰。

“横看成岭侧成峰，远近高低各不同。”面对同一篇课文，由于教师的知识背景、人生经历、个人气质等因素不同，会有不同的感悟，因而有不同的构思与教学方法。教学面对的是活生生的人，是处在变化中的人。不同的学情也影响了教师对教学方法的选择。下面笔者以本校两名中老年教师周向东老师和杨开泰老师教授的《蜀相》教学案例为例从文本解读、目标确定、过程开展、效果达成四个方面来分析其中的异与同。

一、文本解读

杜甫《蜀相》是高中人教版选修《中国古代诗歌散文欣赏》第一单元选录

① 李瑞萍：《高中语文“同课异构”教学活动研究》，山东师范大学 2011 年硕士学位论文。

的自主赏析的诗歌，这首七言律诗，抒发了诗人对诸葛亮才智品德的崇敬和功业未遂的感慨，全诗熔情、景、议于一炉，既有对历史的评说，也有对现实的寄寓，在历代咏赞诸葛亮的诗篇中，堪称绝唱。周向东老师与杨开泰老师都能准确把握诗歌的意象、意境、手法与情感。

二、目标确定

语文课程新标准中提出了学科核心素养，主要包含“语言建构与运用、思维发展与提升、审美鉴赏与创造、文化传承与理解”。基于此标准，周向东老师的教学目标是：（1）掌握诗歌诵读的基本方法。（2）发现诗歌鉴赏的共性，辨别手法，学会鉴赏其他古代诗歌。（3）把握重点词语，分析景物意象，体会作者的思想情感。（4）感受诗人忧国忧民、强烈的爱国主义精神。杨开泰老师的教学目标是：（1）理解诗歌意象，把握意境，体会诗人的思想情感。（2）把握诗歌题材，知人论世，以意逆志，赏析怀古诗。

三、过程开展

周向东：

（一）导入

以时事新闻为例，利用网友评论，中国人口多，粉丝众多的玩笑话引入诸葛亮的两个铁杆粉丝——杜甫与陆游，从而进入《蜀相》的学习。

（二）教学过程

（1）作者介绍。

（2）学生朗读，读准字音，读懂内容，教师进行诵读指导。

（3）整体把握，问：杜甫在这首诗中抒发了怎样的情感？

（4）诗歌中最能表现出诗人感情的是前半首还是后半首？

三顾频烦天下计，两朝开济老臣心。
出师未捷身先死，长使英雄泪满襟。

（5）作者为什么选取“天下计”和“老臣心”这两点呢？各突出了什么呢？

（6）这句诗中的思想情感又是怎样的呢？教师诵读，重读“天下计”“老臣心”帮助学生体会情感。

（7）这里的“英雄”是指怎样的英雄？为什么诸葛亮的结局“长使英雄泪满襟”？这里的英雄有没有包括作者自己呢？用心何在？

总结读法研究一：读懂咏史诗，其实就是读懂历史，读懂历史中的个体，读懂联系。联系单元编写方针“知人论世 以意逆志”“以意逆志”就是“以己意迎取作者之志”，用自己的心灵去追寻诗人的心灵的踪迹，明了诗人之用心所在，而不是一味地拘泥于字面之意义。

（8）分析首联、颈联，体会情景交融的手法，把握诵读。

丞相祠堂何处寻？锦官城外柏森森。
映阶碧草自春色，隔叶黄鹂空好音。

①分析“寻”，“寻”又有什么含义呢？

“寻”：特意去找，“寻访”武侯祠，也表现出诗人对诸葛亮的崇敬、仰慕之情。

②比较理解：将颔联改写成：映阶碧草尽春色，隔叶黄鹂皆好音。一字之差，意境不同，情感不同。

用“尽”和“皆”写出的是春意盎然、赏心悦目的景色，显露的是欣喜愉悦的情感。

用“自”和“空”，反衬，以乐景衬哀情，眼前的武侯祠，尽管碧草依然映阶，黄鹂还在啼啭，可诗人想到和这生机勃勃的一切相衬的诸葛武侯类人物却不复存在，因而心中涌起无限的感伤和凄凉！物故人非，对眼前景，思祠中人，再美的芳草也只是应和季节漠然映阶，无所期盼；再是动听的黄鹂的啼啭，也失去应有的和谐和惬意！所以，诗人才有“自”“空”二字的深沉感慨。

手法扩展：唐代诗人李华《春行即兴》："芳树无人花自落，春山一路鸟空鸣。"李清照："花自飘零水自流，一种相思，两处闲愁。"陆游的《书愤》："塞上长城空自许，镜中衰鬓已先斑。"它们都能取得同样的表达效果。

总结读法研究二：创作都有一个触发点，这里就是因"寻"而感慨。这也是以意逆志。

明了手法："情景交融""反衬"。

(9) 迁移运用：知人论世、以意逆志，明了手法，是读懂诗歌最基本也是最好的方法，那么怎样用这些方法来读《书愤》呢？

(10) 综合实践：假如你是他们同时代的人，你会怎样对待这样两位英雄呢？

学生发言，教师展示。

杨开泰：

(一) 导入

从单元教学的赏析指导"知人论世，以意逆志"入手，用对联概括诸葛亮一生的事迹。

> 收二川，排八阵，六出七擒，五丈原前，点四十九盏明灯，一心只为酬三顾；
>
> 取西蜀，定南蛮，东和北拒，中军帐里，变金木土爻神卦，水面偏能用火攻。

(二) 教学过程

(1) 读一读，整体感知，读出感情。

(2) 首联对郁郁葱葱的翠柏进行描写有什么作用？

(3) 王国维说："'红杏枝头春意闹。'著一'闹'字而境界全出。"参考此说，说说颔联"映阶碧草自春色，隔叶黄鹂空好音"里哪两个字跟境界的关系最为密切，好在哪里？

(4) 颈联"三顾频烦天下计，两朝开济老臣心。"写了什么内容？写刘备是为了什么？

（5）尾联“出师未捷身先死，长使英雄泪满襟”中的“英雄”所指何人？有人说：该诗是一首咏史怀古之作，借古人事表达诗人的感情，你如何看？

（6）知人论世。杜甫早年曾有“致君尧舜上，再使风俗淳”的抱负，自比为舜的大臣稷和契。安史之乱中他去投奔肃宗，不久又被“移官”华州，从此郁郁不得志。因此，公元760年的春天，他初到成都，便怀着崇敬的心情去瞻仰武侯祠，借此抒发自己的怀抱。

诗人借歌颂诸葛亮的过人才智和丰功伟绩，惋惜诸葛亮的壮志未酬，唱出了普天下壮志难酬者的心声，抒发了自己对于功业未就的深沉感慨。

（7）中国传统文学中最大的抒情主题，不是爱，不是死，而是怀古之情、兴亡之叹。在我们学过的古诗词中，有哪些属于咏史怀古诗？请结合本诗所学，小组探究：咏史怀古诗有何特点？

①对比失落型：《念奴娇·赤壁怀古》（苏轼）

②同病相怜型：《咏怀古迹·其三》（杜甫）

总结：主题类型一　怀古伤己

此类作品，表面是凭吊古人，实际上是作者自抒身世遭遇之感。或是借赞扬古人古迹，表达自己渴望像古人那样建功立业的心情；或是借追慕缅怀先贤的成就表达敬仰之情，慨叹自己英雄无用武之地的境遇。

主题类型二　怀古伤今　借古讽今

古代的诗人常借写古迹、古事来表达对现实的关切、不满或是警戒。怀古触点在古，但实际上表现了对现实的强烈关注。或是感慨国运衰微，感慨盛衰无常，感叹昔盛今衰、物是人非，喟叹古今朝代兴亡沧桑变化；或是抒发爱国情怀，揭露统治者的昏庸腐朽、骄奢淫逸，讽谏统治者吸取历史教训。

主题类型三　理性反思

对历史作冷静的理性思考，发表自己的见解，归纳历史规律等。前两类，作者都身置其中，抒发一己之感慨；此一种，作者跳出来，站在历史的高度，表达自己对历史事实的独特观点，启迪世人。

（8）结语：咏史怀古诗就是诗人以历史事件、历史人物、历史陈迹为题材，借登高望远、咏叹史实、怀念古迹来达到感慨兴衰、寄托哀思、托古讽今等目的。这类诗由于多写古人往事，故多用典故，手法委婉。由于这类诗歌都以古人、古事、古迹为描写对象，思想大多比较沉重，感情基调一般比较苍劲悲凉，所以并称为咏史怀古诗。

四、效果达成

周向东老师导入富有幽默感，课堂气氛活跃，虽然是理科平行班，学生鉴赏诗歌的基础较为薄弱，但通过教师展示分析《蜀相》所得出的分析一般诗歌的鉴赏方法：知人论世、以意逆志，明了手法，并随堂运用检测，让学生自主分析《书愤》，通过课堂学生表现，绝大部分学生已经掌握了该鉴赏方法。因此，达到了该课的教学目标，教学效果良好。

杨开泰老师逐联分析，通过意象分析情感，展示诗人经历，追根溯源，呼应单元教学目标：知人论世　以意逆志，最终按诗歌内容将《蜀相》归类为咏史诗，通过《蜀相》学习咏史类诗歌的阅读方法。层次清晰，逻辑严密，以点带面，根据课堂学生表现来看，学生对于咏史诗有了宏观的认识。

教学有法，教无定法。两位名师的教学案例，有以下不同点。

1. 教学构思不同

教学构思指的是教师在上课之前，在对教材结构、学生学习情况以及学生心理分析之后，逐步解决教什么、怎么教的问题。在这两个案例中，教师的教学内容是相同的，教学构思却有很大的差异。

“授人以鱼不如授人以渔”。周向东老师首先定出该诗叹惋的感情基调，从诗歌的后半部分入手，抓住诗歌主要情感，得出知人论世、以意逆志的鉴赏方法，并分析诗歌的上半部分写景，明了手法。然后将一般诗歌的鉴赏方法迁移运用到另一首陆游的诗《书愤》上，由学生自主赏析。最后设置了让学生与古人对话的环节，创设综合性学习情境，引导学生广泛、深度参与学习情境，融合听说读写，跨越古今中外，促进知识的迁移与运用，实现知识与能力，过程与方法，情感、态度与价值观的整合，整体提升了学生的语文素养。

"独木成林"。杨开泰老师以咏叹对象诸葛亮的对联入手，按照顺序先分析写景后赏析情感，在鉴赏过程中让学生感受诗歌语言的含蓄性、凝练性，直接运用单元教学目标"知人论世 以意逆志"来鉴赏该诗。亚里士多德说："整体大于部分之和"，没有整合就没有深度。杨开泰老师以该怀古诗为例，将零散的要素组合在一起，形成有价值、有效率的整体，实现了怀古诗的类型阅读，实现了深度教学。以课堂的高度决定课堂的深度，以教学的深度决定学习的深度。

2. 教学策略不同

对于教师在授课过程中如何突出重点、如何突破难点的问题，不同的教师会采用不同教学方法和手段。针对情感品悟，周向东老师采用了品读法，在不断诵读的过程中寻求诗人蕴藏的情感，侧重于总结、归纳、迁移。杨开泰老师更多侧重的是意象分析，从意象所构成的意境来揣摩诗人的情感，侧重于以点带面，类型阅读，整合资源，深度学习。

3. 教师风格不同

村上春树说："每一个人都像是一座两层楼。一楼有客厅、餐厅，二楼有卧室、书房，大多数人都在这两层楼间活动。实际上，人生还应该有一个地下室，没有灯，一团漆黑，那里是人的灵魂所在地。"南京师范大学附中语文特级教师王栋生先生认为："教师的课没有特色，没有吸引学生的魅力，也就如作家没有风格一样，所不同的是你可以不读这位作家的大作，但是学生不能不在课堂接受文化教育，而且他还没有选择教师的权利！"

"课如其人"，课的个性是指教师的教学个性在课堂教学中的体现。教学是人为的又是为人的，教学活动的人文品性决定了课的个性品质。① 两位老师的风格差异明显。周向东老师作为一名有着30多年教学经验的老教师，有着超高的课堂驾驭能力，自然流畅，富有幽默感，善于调动学生的积极性，课堂氛围融洽。尤其在示范朗诵"老臣心"时，融入了自身阅历，使人潸然泪下。杨开泰

① 李允：《同课异构的"异""同"分析》，载《天津师范大学学报》2014年第2期。

老师作为中年老师的代表，为人方正，整堂课大气磅礴，豪迈雄壮，杨老师有着丰富的诗词储备，引经据典，信手拈来，充满了人文气息。

两位老师的设计各有特色，但也异中有同，殊途同归。主要表现在以下两个方面。

一是最终目标相同。关于诗歌的教学，语文课程标准中提到课程目标为："语言积累与建构，语言表达与交流，语言梳理与整合，增强形象思维能力，发展逻辑思维，提升思维品质，增进对祖国语言文字的美感体验，鉴赏文学作品，美的表达与创造。"两位老师尽管教学构思、教学策略和教学目标的侧重点有所不同，但最终的目的确是相同的，即通过带领学生对古代诗歌的意境与情感进行鉴赏实现思维发展与提升，审美鉴赏与创造，文化传承与理解。如周老师与杨老师都选择了诵读法来进行诗歌教学，符合新课标核心素养中的语言建构与运用；二者都充分尊重教材前面的单元赏析指导提供的"以意逆志，知人论世"的方法来鉴赏古诗词，并且通过对意象分析把握诗人情感，通过审美体验、评价等活动使学生形成正确的审美意识、健康向上的审美情趣与鉴赏品位，并在此过程中逐步掌握表现美、创造美的方法。

二是教学内容大致相同。《蜀相》是《中国古代诗歌散文欣赏》第一单元的诗歌，这个单元主要学习如何理解中国古代诗歌的内容和主旨，深切感受其中所包孕的意蕴美和情感美。针对诗歌教学，两位老师采用了"以意逆志，知人论世"的鉴赏方法。在解读字词诗句的过程中，正确理解字义、词义，再加入学生的主观感受、生活体验，如两位老师对颔联"映阶碧草自春色，隔叶黄鹂空好音"中"自"与"空"的赏析以及"丞相祠堂何处寻"中"寻"的解析，都运用了"以意逆志"的方法。另外，两位老师都介绍了杜甫，深入探究了他的生平和为人，全面了解了他所生活的环境和时代，帮助学生体会杜甫"壮志未酬的遗憾和共鸣"，这就是"知人论世"方法运用的体现。

由此看来，同课异构，并不像一般所说的"一文多教"那样简单。"同课异构"的"异"是教学构思、教学策略、教师风格的"异"。而这些"异"只是外在形式的"异"，是取决于学生与教师，学习主体与执教者的"异"。教材是定量，人是变量。不同的教师之间存在着个体差异，一位教师的教学设计其实就是该教师凭借自己对课程的理解，对教学内容的一个再开发过程。整堂课不自觉地体现了该教师的教学思想、文化底蕴和教学素养。这种底蕴与教师的教育思想、专业知识水平、课堂的管理能力甚至性格特征等都有着密切的联系。

然而仅凭教师一人并不能决定“教什么”“怎么教”的问题，还必须考虑到另一个“变量”——学生。因此我们更需要倡导教者的个性化教学。“多向互动、动态生成”是新课程课堂教学的主要特征。教学时我们不应死守着预设目标不放，按照自己的既定设计，干涉学生的课堂参与，让学生充当“跑龙套”角色，失去了自由发挥的空间，让教学成为一个导演片段，丧失了教学活动应有的互动价值，这种完全漠视教学生成长的课堂很难促进学生情感和认知能力的真正提高。我们要学会尊重学生在课堂上的表现，敏锐地发现、捕捉、利用课堂上生成的新问题和新情境，释放学生参与教学的最大潜力，让学生以一种无拘无束的心态走进课堂，享受课堂。只有使教材、学生、教师这三个要素三位一体、共生互动，撞击出思想的火花，才能从根本上让课堂教学灵动起来，才能使课堂中的素质教育真正落到实处。① 语文“同课异构”教学活动尊重师生之间的个性差异，从教师自身及学生实际出发，探索适合本班学生的教学策略，更加合理地对教学内容进行有效的整合，构建出最为适宜的“个性化”教案。只有这种为本班学生“量身打造”的教案，才能发挥课堂最大的效应，实现深度、有效的学习。

首先，同课异构有利于教师更好地理解课程标准，提高教学的有效性。“同课异构”中的“异构”不是目的，而是一种手段，是通过不同的教师或者同一个教师用不同的设计上同题课的手段来帮助教师更好地理解课程标准，更好地把握适合不同教学内容的教学方法，更好地了解适合不同学生特点的教学情境，发现平时教学中的一些低效甚至无效的教学行为等，以此来实现提高教学有效性的目的。而这些问题通过教师独自思考很难得到透彻的理解并获得解决，但拿出来大家一起研讨后，很快就可以明确。教师之间的这种差异性资源，在“同课异构”活动中得到了充分的利用。其次，“同课异构”活动为教师的成长提供研究案例，教学活动无法独立于教室文化脉络之外，成功的教学有赖于教学者对教学情境的复杂性有充分的了解，并在教学现场进行有效率的教学决策。教师每天在课堂上作出无数的教学决定，而且通常是要依据当时复杂的现实情况来判断如何

① 袁永民、王秀华：《“同课异构”应遵循的原则》，载《课堂教学》2011年第16期。

做才最好，没有所谓的正确的或单一的最佳教学决定可以适用于所有的课堂。“同课异构”活动为教师这样的决策提供了讨论和学习的案例，从中我们可以发现有效与无效的教学活动，合理与不合理的教学情境等，这对教师的成长有很大的好处。“同课异构”活动还为教师间的同伴互助提供了平台。不论是课前对课程标准的讨论，还是课后对教学设计与效果的分析都是“同课异构”活动中教师得到发展的重要环节。在这些环节中教师之间通过深入讨论互相取长补短，实现教学资源与信息的共享。①

“同课异构”展现了教师不同的教学呈现方式，打开了教师的教学思路，彰显了教师教学个性。老师们各显神通，创设了异彩纷呈、百花齐放的场面。② 但我们同时不能脱离“课标”，为“异”而“异”。语文课是一门学习祖国语言文字运用的综合性、实践性课程，工具性与人文性的统一，是语文课程的基本特点。语文课程应引导学生在真实的语言运用情境中，通过自主的语言实践活动，积累言语经验，把握祖国语言文字的特点和运用规律，加深对祖国语言文字的理解和热爱，培养运用祖国语言文字的能力，同时，发展思辨能力，提升思维品质，培育社会主义核心价值观，培养高尚的审美情趣，积累丰厚的文化底蕴，理解文化多样性。新课标在宏观上提出了“教什么”的问题。新课程的理念必须要落实到每一节课中，因此，尽管教师与学生作为人是“变量”，教学方式和教学策略有所差别，但万变不离其宗，对教材内容的理解大致相同，通过不同的教学手段逐步让学生形成正确的价值观念、必备品格和关键能力。最终实现殊途同归，达到语文教育的最终目的。

---

① 刘喜如：《“同课异构”的追问与思考》，载《教育科学论坛》2011 年第 3 期。

② 王霞：《异彩纷呈 异中求同——对高中语文“同课异构”教学的思考》，载《榆林学院学报》2015 年第 5 期。

把劳动的秧苗插到学生心田

——以《插秧歌》为例

彭　意①

北京大学奠基人、我国现代教育学家蔡元培先生认为“劳动是人生一桩最紧要的事情”。中学生正处于人生三观养成的重要时期，因此培养中学生的劳动意识迫在眉睫。笔者主要以《插秧歌》为例，通过诗词课堂教学，让学生一方面掌握劳动技能，另一方面体会劳动的乐趣从而热爱劳动，并且通过迁移拓展，让学生体悟劳动中的哲理智慧，从而培养学生勤学善思，寻找生活中的哲理之美。

一、课前思考

党的十九大报告中提出“要全面贯彻党的教育方针，落实立德树人根本任务，发展素质教育，推进教育公平，培养德智体美全面发展的社会主义建设者和接班人。”在 2018 年全国教育大会上，习近平总书记首次将劳动教育与德育、智育、体育、美育并列，指出“要努力构建德智体美劳全面培养的教育体系，形成更高水平的人才培养体系”。劳动是推动我们人类社会车轮不断向前的重要组成力量。若想拥有一个美好未来，达到我们的共同富裕目标，劳动必不可少。但“重脑力劳动、轻体力劳动”的社会风气，以及家庭和学校在劳动教育上的缺位，致使当代青少年劳动意识淡薄，劳动热情低下，劳动技能欠缺。“五育”中劳动教育显得尤为重要。把劳动教育渗透到课堂，就是要唤醒学生对劳动这一人类第一技能的热爱，进而在实践中逐步掌握并创新劳动技能，从而发现并创造生

① 作者简介：彭意，男，中学高级，黄冈市外国语学校副校长。

活的美。

二、教材分析

《插秧歌》为统编高中语文必修上册第二单元第 6 课。单元学习主题为“劳动的价值”。《插秧歌》为南宋杨万里创作的一首诗歌，该诗运用民歌手法，选取日常劳动场景，描绘一家四口趁着农时冒雨插秧的紧张生活，他们齐心协力，分工合作，干得热火朝天而秩序井然。诗作表现出农家生活的辛苦与农事的繁忙，富于生活情趣，字里行间洋溢着吃苦耐劳、勤奋乐观的精神。

不仅如此，诗中还对插秧的动作进行了准确细致的描写，是一篇生动的传统农耕科普文章。水稻种植在中国有 7000 年左右的历史，是关乎人类繁衍生息的头等大事。随着现代农业的普及，从事农业劳动的人越来越少，传统农具已成为展品，耕作技术正逐渐失传。学习这首诗歌，可以让我们了解传统水稻种植的基本常识。

三、学习目标

理解诗歌内容，体会作者思想情感，学习作者的表达技巧。领会劳动人民淳朴、勤劳的品质，感受劳动精神的内涵。理解诗歌中蕴含的劳动之美，体会劳动中蕴含的人生哲理。了解中国传统农耕文明，热爱并传承传统文化。

四、教学步骤

（一）自主学习，了解水稻种植基本常识

水稻生长期在南北有差异，一般为四至五个月。唐代诗人李绅在《悯农》中写道：“春种一粒粟，秋收万颗子。”水稻种植主要经历播种、育苗、移栽、本田管理、收获等环节。在播种之前，要晒种、选种、浸种、催芽，还要对秧田深耕细耙、厚施底肥。一周后，种子长成了秧苗，需要移栽，俗称插秧、插田，

宋朝诗人翁卷有诗云："乡村四月闲人少，才了蚕桑又插田。"在接下来的三至四个月里，要除草、除虫、施肥、灌溉。等到稻谷金黄成熟，还要收割、脱粒、晒谷、碾米，才能变成我们碗中的饭食，真可谓"粒粒皆辛苦"。了解水稻种植的全过程，就是要让学生养成勤俭节约的美德，理解劳动创造生活的内涵，传承中华农耕文化。

（二）解读文本，感受劳动中的快乐

淳熙六年（1179）春，杨万里任满归乡，途径衢州，目睹一户农家冒雨插秧的劳动场景，写下了这首诗歌。

这首诗，让我们感受到了劳动的辛苦，也让我们体会到了劳动的快乐。

劳动的快乐在于一家人的齐心协力。诗中明里写了四个人（田夫、田妇、小儿、大儿），暗里还有一个人，即"唤渠朝餐"的主人。有人认为"唤渠朝餐"的主人是田妇，笔者认为更可能是家里的爷爷或奶奶。从现实看，青壮劳力田间干活、妇孺老弱地头送饭是农村极其常见的画面；从艺术看，这种虚实结合的写法，大大丰富了诗歌的意境，更能体现"乡村四月闲人少"。小儿拔秧、田夫抛秧、田妇接秧、大儿插秧，配合默契，一气呵成，这是劳动，更是艺术；秧田、稻田、家里、路上，分工协作，各司其职，处处忙碌，处处有爱。

劳动的快乐在于冲天的干劲。尽管"雨从头上湿到胛"，但一家人丝毫没有退却，反而斗志昂扬，把插秧当成一场战斗，"笠是兜鍪蓑是甲"；他们甚至没有时间吃早饭，"半霎"都不愿意休息。这些无不体现他们"战天斗地，其乐无穷"的劳动热情。

劳动的快乐在于对收获的渴望。"不违农时，谷不可胜食也"；有鹅有鸭，可以食肉也。诗人为我们描绘了一个丰收的愿景。谢觉哉说过："人生的最大快乐，是自己劳动得到的成果。"

（三）拓展延伸，体会劳动中的智慧

五代后梁时期僧人契此也写过一首《插秧歌》："手把青秧插满田，低头便见水中天。心地清净方为稻，退步原来是向前。"

这首诗以农家插秧为显线，以佛家修持为隐线，化具象为抽象，既极尽自然

之妙，又深得佛禅之趣。试想，如果没有插秧的真实体验，又怎么会悟出“低头便见天，清净即为稻（道），退步是向前”的人生大智慧呢？

总之，劳动是人类一切物质生活和精神生活的源泉。

（四）整合课程，促进综合素养提升

鼓励学生利用综合实践课，学会一门劳动技能。条件成熟时，举办劳动技能大赛。

五、课后反思

与传统教学不同的是，笔者并没有把教学重点放在诗词技法赏析上，而是放在了培养学生劳动技能，提升学生劳动兴趣，并引导学生积极体悟生活和劳动中的哲理智慧方面。这样始终把劳动教育贯穿在诗词课堂教学的整个过程当中，就可以利用诗词本身的美学价值激发学生对劳动的热爱，促进学生审美能力的提升，从而推动传统文化的传承。

利用诗词课堂教学来推动劳动教育，这个设想是很美好的，但受课堂时长和环境的限制，要在短短四十分钟的时间内，完成课前的教学设想，确实有难度。此外，要想让学生真正地热爱劳动、享受劳动，就必须让学生参与劳动实践，在劳动中体会团体合作的愉悦，领悟劳动中的哲理智慧。

如何在教育教学过程中浸润学科育人价值，是值得广大一线教师探究的重要问题。这篇文章的课程设计如表 1 所示。

表 1　**《插秧歌》课程设计**

主题名称	《插秧歌》
选题愿景	（1）落实新课程标准，发展学生的语文核心素养。 （2）在语文课程实践中渗透思想政治教育，让学生体会劳动的乐趣，热爱劳动，并能从劳动实践中领悟人生哲理。 （3）倡导自主探究学习环境，引导学生自主学习，利用互联网获取相关知识并在课堂上交流讨论。 （4）探索跨学科资源整合，凸显学科育人价值。

续表

主题名称	《插秧歌》
教学目标	《高中语文课程标准》明确提出语文是提高学生审美能力、促进文化传承的一门科学。语文教育承载着立德树人、发展核心素养的双重使命。本节课针对学生普遍存在的“四体不勤、五谷不分”，不爱劳动、不会劳动的现状，以杨万里的《插秧歌》为主题，通过引导学生赏析诗词和劳动实践，让学生热爱劳动、掌握基本的劳动技能、体会劳动之美，引导学生树立正确的人生观、世界观、价值观。
教学内容	(1) 自主学习：了解水稻种植基本常识，感受劳动的意义。 (2) 文本赏析：感受亲情的美好和劳动中的快乐。 (3) 迁移拓展：体会劳动中的人生智慧。 (4) 课外实践：利用综合实践课，掌握一门劳动技能，举办劳动技能大赛。
教学对象	高一年级
预计时长	一课时（40 分钟左右）
设计亮点	(1) 注重劳动教育，落实立德树人。语文源于生活又服务于生活，通过对《插秧歌》的赏析学习，不仅帮助学生认识到劳动是一种很有意义的生存技能，更深层次的是，引导学生体会劳动中的情感之美、哲理之美，从而发自内心地真正热爱劳动，体会生活中的小确幸。有助于增强学生的社会责任感，促进学生形成积极正确的世界观、人生观、价值观，科学有效落实“立德树人”。 (2) 注重情境创设，传承传统文化。借助网络平台，或利用视频的形式，帮助学生了解水稻种植的全过程；拓展迁移，学习同题哲理诗，帮助学生进一步领悟劳动中的生活智慧，从而激发学生的劳动热情，促进传统文化的传承。 (3) 注重实践创新，发展核心素养。利用综合实践课程，鼓励学生掌握劳动技能，开展劳动活动，体验劳动中团结协作的欢乐。在劳动过程中，培养学生发现问题、分析问题和解决问题的能力，感受语文诗词与现实生活之间的关系，培养审美鉴赏与创造能力，全面提升语文核心素养。

走向深度学习

——以《说“木叶”》教学为例

陈　方[①]

语文教学是一门深厚的艺术。一堂好的语文课，会给学生打开一扇通往新世界的大门。经典作品里，常常寄寓着作家的社会思考和人生感悟，能够陶冶我们的情操；优美的语言文字，如同跳动的音符，使我们感受到文字之美。然而，在高中语文教学中，受授课时间、考试要求、教师授课方式等因素的影响，对于很多文本的解读学生停留在了为了考试而机械背诵，为了完成任务而走马观花的层次上。学生不能深入学习文本，自然也无法感受文本独特的魅力，长久下去，也慢慢丧失了学习语文的兴趣，阅读能力也无法真正提高。

《普通高中语文课程标准（2017 年版）》明确指出：“帮助教师和学生把握教与学的深度和广度”，还提出：“围绕学习任务群创设能够引导学生广泛、深度参与的学习情境。”阅读教学是高中语文教学非常重要的一部分，所以教师更要把深度学习理念与阅读教学相结合，提高学生的语文学习能力。

教育部基础教育课程教材发展中心所领导的深度学习教学改进项目总项目组对深度学习的内涵界定如下：“深度学习就是指在教师引领下，学生围绕着具有挑战性的学习主题，全身心积极参与，体验成功，获得发展的有意义的学习过程。”从这个角度出发，深度学习可以理解为一个过程，学习者通过这一过程，能够将一种情境中所学的知识应用于新情境中。通过深度学习，学习者超越死记硬背或程序性知识，获得学科领域的专业知识，并能理解如何、为何应用所学知

---

① 作者简介：陈方，女，中教一级，湖北麻城第一高级中学语文教师，研究方向为学科语文。

识。当学习者认识到新的问题或者情境与之前学到的知识发生关联时，就能够运用学到的知识和技能来解决问题。它能帮助学生在对文本知识理解的基础上，更理性地接受新知识，从而能有自己的思考，进一步获得能力的提升。

《说“木叶”》一文选自林庚先生的《唐诗综论》，在人教版必修五第三单元和统编版高中语文必修下册第三单元中均有选入，是高中生学习的重要篇目。但是由于文章篇幅较长，大量引用诗句，理论性较强，很多学生对此望而却步。课堂教学上，许多传统的教学方法都是从概念比对出发，学生机械概括内容，并没有真正走入文本中，真正理解“木叶”的含义以及诗歌语言的暗示性，从而体会到文本的精妙。根据深度学习的理念，笔者通过一些教学环节的设置，使学生利用已知的知识，深入理解“木叶”的精妙，进而体会诗歌语言的暗示性，提高学生的诗歌鉴赏能力。

一、创设情景，激发深入学习兴趣

《说“木叶”》一文属于文艺随笔，理论性较强，对于高中生来说，阅读兴趣不大。因此为了激发学生的学习兴趣，教师在教学开始前可以准备不同的树叶(枯黄的、绿色的、黄色的，等等)，分发给学生，然后在课堂上布置学习任务：

> 同学们手中所拿的都是生物学上所说的“树叶”，但是，在诗人的眼中，他们确是截然不同的。一片树叶，从它生命的开始，诗人会给它不同的称呼：“（树）叶”“落叶”“黄叶”“木叶”“落木”。那么，你手上拿的是什么呢？请同学们到林庚先生的《说“木叶”》一文中找一找你的答案，并说说你的理由。

深度学习强调情景式学习，通过这一情景的设置，学生的探究兴趣也就激发出来了，并且能够在一种新的情景中来验证已有的知识。通过对照手中获得的不同的叶子的特征，在文中找到对应的概念。教师在学生认识不同树叶之后再来总结，也就更能体会林庚先生笔下“树叶”“落叶”“黄叶”“木叶”“落木”这些概念的差别了。

二、巧设问题，引导学生深入思考

统编版高中语文必修下册第三单元给出了《说“木叶”》一文的学习提示：“学习此文，不仅要把握作者的观点，理解作者的层次与逻辑，还要体会文中所举诗句的意蕴。”笔者所谈论的是诗歌语言的暗示性问题，对单个概念的理解也是为了更好地体会诗句的内涵。因此，教师在带领学生理清概念不同内涵后，可以巧妙设置问题，引导学生发挥联想，体会不同诗句的“木叶”等概念的内涵。可设置如下问题：

> 同学们手中的叶子已经不再只是一片树叶，它们跨越的时间，带着诗人们的万千感受，落在了你们的手中。一花一世界，一叶一菩提。你们手中的叶子又是从哪一句诗中向你走来的呢？它的身上，又承载了诗人怎样的遐思？

这一问题旨在引导学生结合对不同概念的理解，深入诗句，领悟诗句内涵，在与古人的心意相通中，感受诗歌语言的暗示性。例如作者开篇引用屈原“袅袅兮秋风，洞庭波兮木叶下”诗句，有了对木叶这一概念“微黄与干燥、清秋、疏朗与绵密的交织、窸窣飘零、属于风”的了解，学生就更能体会诗句所描绘的场景：一个清秋，枝头树叶已经变得微黄，秋风缓缓吹拂，洞庭湖水波慢慢涌起，湘水之神湘君独自伫立在水边许久，依然没有心上人的身影。一阵风过，吹起了湘君的衣襟。不远处，一片片木叶从枝头窸窣飘零，湘君从心底里发出了一声沉重的叹息……这时，湘君的身影与屈原的身影相遇，他们的叹息声也重合，诗人想到了自己不被信任而遭贬的经历，内心如同那微黄干燥的树叶在秋风中飘零般，惆怅不已。

三、比较阅读，提升深度学习层次

《说“木叶”》一文的单元学习任务里指出：“知识性读物的学习，要了解其学习内容，还要学以致用，利用阅读所得探究具体问题。”文中所说的“暗示性”在故事中非常常见，在第二部问题设置中已经调动学生的联想，体会了概念带来的形象和情感的暗示性，更能与诗人心意相通。因此，这一部分通过补充其他文本的阅读，更能加深学生对诗歌语言的暗示性的理解，从而提高诗歌鉴赏能力，在读诗中获得审美与提升。

李商隐有诗《宿骆氏亭寄怀崔雍崔衮》：“竹坞无尘水槛清，相思迢递隔重城。秋阴不散霜飞晚，留得枯荷听雨声。”但是在曹雪芹的《红楼梦·史太君两宴大观园，金鸳鸯三宣牙牌令》里，宝玉道：“这些破荷叶可恨，怎么还不叫人来拔去。”宝钗笑道：“今年这几日，何曾饶了这园子闲了一闲，天天逛，那里还有叫人来收拾的工夫呢？”黛玉道：“我最不喜欢李义山的诗，只喜他这一句‘留得残荷听雨声’。偏你们又不留着残荷了。”宝玉道：“果然好句，以后咱们就别叫人拔去了。”

从诗歌语言的暗示性角度分析，你更喜欢哪个版本？为什么？

枯荷、残荷都是指衰败的荷叶，从暗示性的角度来分析，它们却是不一样的。一种是自然的枯萎，即荷叶的自然枯萎，让我们想到时间的流逝。可是诗人李商隐依然是应试不中，来寻访亲人，却没有相遇，寄宿在骆氏家中，不免会有一种年华空逝之感。残荷暗含被摧残、破坏之意。林黛玉年纪轻轻父母双亡，寄居贾府，处境艰难。二人身份不同，所以心境也是不一样的。

深度学习下的语文阅读教学既可以促进学生学习过程品质的提升，又可以促进学习结果的改变。在具体的操作过程中，还需每一位一线教师做一位有心人，带领学生深入文本，体会语文之美。

对标课程标准　说课《故都的秋》

沈　燕①

一、说 教 材

1. 该文在教材中的地位与作用

《故都的秋》是《全日制普通高级中学教科书语文》第二册第一单元中的第二篇课文。第二册散文阅读着重培养学生鉴赏文学作品的能力，第一单元重点培养学生鉴赏写景状物散文的能力。该单元教学是第一册第三单元写人记事散文的继续，也是对它的一个拓展，同时，这课的教学是第二册散文鉴赏教学的起始，对后面的散文教学有着领起、示范作用。

2. 教学重点、难点

教学的重点是引导学生对故都秋景的特点进行分析，掌握文章以情驭景、以景显情、情景交融的写法。

难点是通过品味语言的丰富内涵，体会作者对故都秋的赞美之情以及文中流露出来的悲凉、伤感之音。

设计意图：

单元鉴赏重点，是“在整体把握散文思想内容和艺术形式的基础上，品味散

---

① 作者简介：沈燕，女，中学高级，湖北黄梅县一中语文教师，硕士生导师。

文语言，赏析散文的表现手法”。

鉴赏文章的前提是读懂文章，培养理解、分析现代文的能力贯穿高中语文教学的始终。新课标要求“在阅读与鉴赏、梳理与探究活动中，丰富自己对现实生活和文学形象的感受与理解”，通过对语文知识、能力、学习方法等方面要素的融汇整合，切实提高语文素养，而由具象上升至抽象是一种重要的整合能力。

人文性是语文课程的基本特点之一，引领学生鉴赏文化底蕴丰富的经典作品是重要的审美活动。“高中语文课程应关注学生情感的发展，让学生受到美的熏陶，培养自觉的审美意识和高尚的审美情趣，培养审美感知和审美创造能力。”而要入境入情，关键是读透美的语言。

3. 课时安排

根据教材的编写思路和结构特点，充分考虑学生认知水平和年龄特征，课时安排为 2 课时。第一课时分析文章的思想内容和艺术形式，第二课时拓展、延伸，让学生积累已学过的描写秋天的诗文，体悟秋文化的内涵。

二、说目标

1. 知识与技能目标

（1）领悟作者流露在文中的主观情感，学习以情驭景、借景抒情的方法。

（2）品味文章明白晓畅、简洁清丽的语言。

2. 过程与方法目标

（1）通过美读，培养学生有感情地诵读课文的能力。

（2）通过解读、品评，帮助学生提高语言鉴赏能力及掌握运用语言表达的一些技巧，教会学生鉴赏抒情散文的一般方法。

（3）通过讨论，引导学生个性化解读。

（4）通过拓展延伸，引导学生探究性学习和专题阅读。

3. 情感态度与价值观目标

体会作者感受自然风物的真情以及内心的忧思、落寞。

设计意图：

典范文章是我们借鉴作者写作手法的最好载体，借鉴的基础是识别，是领悟。反复地鉴赏，由感性上升至理性就能内化为学生自己的技能。美读是为了尽量读出作品的“原味”来，尽量与作者的心灵贴近，与作者感情产生共鸣。声情并茂的美读可以营造一种美好的阅读氛围。鉴赏重在过程，回归文本，重视学生阅读的原初体验，反对概念化、公式化，方法内隐在内容之中。鉴赏文学作品，要感受和体验文学作品的语言、形象和情感之美。师生互动、生生互动，培养学生的合作与交流意识，多元解读有利于培养学生的创造性，能够提升学生思维品质，提高语言运用能力，增强思维的深刻性、敏捷性、灵活性、批判性和独创性。

课文是一个例子。在准确理解文本的基础上，以文本为圆心，以学生可能达到的高度为半径，迁移拓展，画出一个运动的圆，可以开阔学生的视野，拓展学生语文学习的空间，培养学生探究性学习和专题阅读的能力，而其核心则是学生思维的成熟和语文素养的提高。

在教学过程中，要培养学生热爱祖国语文的思想感情，发展思辨能力，提升思维品质，培育社会主义核心价值观，培养高尚的审美情趣，积累丰厚的文化底蕴，理解文化的多样性。

三、说教法和学法

根据课程理念“加强实践性，促进学生语文学习方式的转变”和“注重时代性，构建开放、多样、有序的语文课程”，在教学中，笔者将采用美读、品评自悟与教师点拨相结合、讨论交流、自主学习等教学方法，使学生把知识的获得与思维能力的培养有机地结合起来。这是一篇文化含量丰富的散文，学生学习起来既有一定的基础，又有一定的困难，发挥教师作用的关键是激活他们鲜活的感性体验，并上升到高层次的审美活动。

四、说教学程序

1. 新课引入

古人云：一枝勃发而天下见春，一叶落而天下知秋，一枝一叶一世界。使同学们跟随教师一起走进郁达夫故都的秋的世界。

设计意图：

文化传承与理解是语文学科核心素养之一，是指在语文学习中，要继承和弘扬中华优秀传统文化，拓展文化视野，增强文化自觉，热爱中华文化。而饱含激情、单刀直入的新课导入在激发学生学习兴趣的同时，也丰富了课堂的文化含量。

2. 反复诵读，整体感知

（1）教师美读全文，让学生沉浸在文章的情感氛围中。

（2）学生有感情地自由诵读。

设计意图：

“加强诗文的诵读，在诵读中感受和体验作品的意境和形象，得到精神的陶冶和审美愉悦”。文章感情浓厚、意味隽永、文辞优美，笔者通过范读引导学生进入课文情境当中，并指导学生诵读时宜慢不宜快，认真体会景物描写中所蕴含的感情。通过诵读，学生已基本感受到了作者眷恋、向往、赞美之情及悲凉、孤寂之味，并感知了内容，为理清思路奠定了基础。

（3）理清文章思路。（让学生跳过1~2段，阅读3~11段）

①提出问题：这一部分写了故都之秋的哪些景象？

明确：作者描绘故都的自然风物，共有五种景况，即清晨静观、落蕊轻扫、秋蝉残鸣、秋雨秋风、胜日秋果。

设计意图：发展独立阅读能力，理清思路，概括要点。

②提出问题：这五幅画面表现了故都之秋的什么特点？（清、静、悲凉）

设计意图：阅读是一种再创造，作者缘情而发，读者披文以入情，沿波讨源，训练学生由具象上升至抽象远比用具象来验证抽象要难。用归纳代替传统的演绎，更符合学生认识的本质规律，更能训练学生的思维能力。这是我受理科传授新课方法的启发，在教学过程中的一点小创造。

3. 研习五幅画面，掌握情景交融的特点

（1）学生描述“清晨静观图”，并思考这幅画是怎样体现出“清、静、悲凉”的特点的。

明确：高远碧绿的天，色明净高爽，纤尘不染，是“清”；牵牛花的蓝朵有“静”；驯鸽的飞声，以动衬静；冷落、萧条的“破壁”见“悲凉”。

设计意图：通过学生描述，使本已生动的文字更有一种质感，如同身临其境。另外，“鼓励学生在教学活动中锻炼口头表达能力”。

（2）让学生在脑中勾画其余四幅图画，体味它们是如何体现“清、静、悲凉”的特点的。

明确：略。

设计意图：举一是为了反三，“教材无非是个例子”，在教学中，教师有所为有所不为，留下空白让学生在实践中领悟散文鉴赏“借景抒情、融情于景”的一般方法，在领悟中超越。景是情的外化，情是景的灵魂。

4. 欣赏品味“语言美”，体会作者丰富的情感

（1）品味“秋并不是名花，也并不是美酒，那一种半开半醉的状态……”

学生：比得新奇，名花绽放，美酒香甜，较为外显，而秋半开半醉，全在于观者的咀嚼参透。

（2）品味“扫街的在树影下一阵扫后，灰土上留下来的一条条扫帚的丝纹，看起来既觉得细腻，又觉得清闲，潜意识下并且还觉得有点儿落寞……”

学生：“一条条扫帚的丝纹”清晰可辨，了无人迹，自然“细腻”；一帚一帚，慢条斯理，让人联想起三国时代诸葛孔明巧袭空城计时，一老翁城门清扫，孔明弹琴自若，清闲至极；但扫的毕竟是黄叶啊，以动衬静，怎不“落寞”？

（3）品味“比起北国的秋来，正像黄酒之与白干，稀饭之于馍馍；鲈鱼之于大蟹，黄犬之于骆驼”。

学生甲：对比，目的是说明南国之秋平淡、稀薄。

学生乙：比喻，想说明北国之秋浓烈、厚重。表达了作者对故都的秋的赞美之情。

学生丙：南北秋天，味道薄厚不同，充实程度有别，肥美程度不同。一个温和、细腻，一个刚烈、粗壮、浓烈、厚重。

教师明确：甲虽然鉴准了其表达技巧，但对作者的主旨把握有偏差；丙联想充分，入境入情；乙除点明表达技巧，还能洞察写作目的。综合比较，乙生最佳。

设计意图：新课程标准要求“增进对祖国语言文字的美感体验。感受祖国语言文字独特的美，增强热爱祖国语言文字的感情”。语言是感情的外壳，品味语言就抓住了欣赏的着力点。紧敲紧打，感情自然涌出，对全文感情的把握，是阅读的最后旨归。这是在初步整体感知基础上经过分析、体味和升华的一种整体感知。

5. 板书设计

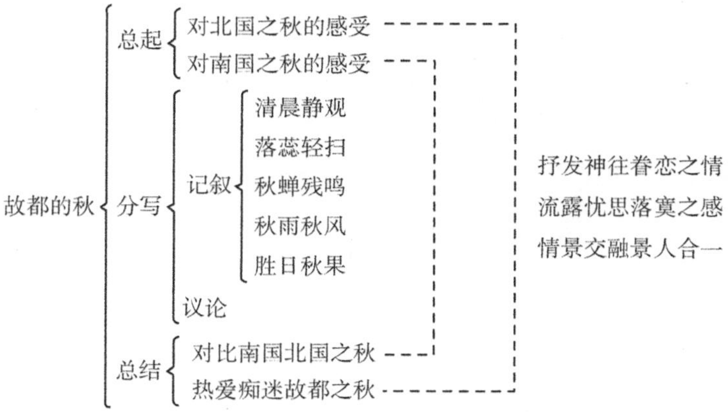

设计意图：新课标强调“把握信息时代新特点，积极利用新技术、新手段，建设开放、多样、有序的语文课程体系，使学生语文素养的发展与提升能适应社会进步新形势的需要”。运用“系统树”的形式简明扼要地结束全篇。

6. 迁移拓展

让学生搜集整理以前学过的写秋的诗文，体会作者寄托于秋的思想感情。

秋风萧瑟，洪波涌起。——曹操《观沧海》

自古逢秋悲寂寥，我言秋日胜春朝。——刘禹锡《秋词》

八月秋高风怒号，卷我屋上三重茅。——杜甫《茅屋为秋风所破歌》

落霞与孤鹜齐飞，秋水共长天一色。——王勃《滕王阁序》

设计意图：“学习探究性阅读和创造性阅读，发展想象能力、思辨能力和批判能力。”新课标要求学生通过阅读与鉴赏、梳理与探究等语文学习活动，在审美鉴赏与创造、文化传承与理解等方面都获得进一步发展，进一步提高语文素养，形成良好的思想道德修养和科学人文修养，为传承和发展中华文化、增强民族凝聚力和创造力发挥独特的功能。

阅读指要

《孔雀东南飞》人物新探二题

徐昌才①

教学汉乐府叙事长诗《孔雀东南飞》时，老师们多半局限于教学参考书的理解，将刘兰芝定位为知书达理、勤劳能干、多才多艺、贤淑温良的美丽女子，将刘兰芝的兄长定位为趋炎附势、贪慕富贵、见利忘义、刻薄寡恩之人。引导学生理解人物形象，多半从结论出发，从主观出发，从诗歌文本中寻找相关内容来印证、支撑自己的观点与看法，这种做法，掠过言语的表面，直奔预设结论，忽略人物境遇，淡忘生命状态，既没有对诗歌语言深挖细品，又容易对人物形象产生皮毛之见、错误之解。笔者试图立足诗歌情境，牢牢把握诗歌语言，还原矛盾冲突，置身彼时彼地，对话人物，理顺关系，试图对刘兰芝和刘兰芝兄长做一番真实而合理的解读，以期走进他们的内心世界，了解一个个鲜活生命背后的复杂情思。

一、瑕不掩瑜话兰芝

传统观念认为刘兰芝聪明美丽、勤劳能干、知书达理、品性贤淑、完美无缺、无可挑剔，代表了古代劳动人民心目中理想女子的形象。按照常情常理推测，这样的人应该享有幸福生活，可是，事实刚好相反，刘兰芝与婆婆之间矛盾尖锐，势同水火，格格不入，最后导致关系破裂，刘兰芝被休弃回娘家。何以如此？除了从婆婆身上找原因之外，兰芝是不是也有问题呢？值得深思。其实，结

① 作者简介：徐昌才（1967—　），男，侗族，湖南新晃人，衡阳师范学院副教授，班颂德皇家师范大学博士研究生，硕士生导师，主要从事语文教育学的研究。

合诗歌的相关内容，尤其是人物语言来看，兰芝的性格也有某些缺陷和不足。如何品味诗歌语言，进而经由语言抵达人物内心，体会人物思想性格、生命状态，语文教育专家杨道麟博士提出“三要”原则，即要善于吟咏，要巧于咀嚼，要精于思考。① 这就启示我们理解诗歌主人公形象，势必需要对关键言语反复咂摸、深入辨析、细细体会。

从刘兰芝与焦仲卿的交流、沟通来看，诗歌描写二人最后一次相见（实际上是诀别）有这样一段对话：

> 府吏闻此变，因求假暂归。未至二三里，摧藏马悲哀。新妇识马声，蹑履相逢迎。怅然遥相望，知是故人来。举手拍马鞍，嗟叹使心伤：“自君别我后，人事不可量。果不如先愿，又非君所详。我有亲父母，逼迫兼弟兄。以我应他人，君还何所望！”
>
> 府吏谓新妇：“贺卿得高迁！磐石方且厚，可以卒千年；蒲苇一时纫，便作旦夕间。卿当日胜贵，吾独向黄泉！”
>
> 新妇谓府吏：“何意出此言！同是被逼迫，君尔妾亦然。黄泉下相见，勿违今日言！”

应该说，最后一次见面，刘兰芝对焦仲卿所说的一番话是实话，是本情话，多少带有一点人在江湖、身不由己的味道；至少，从她的话语里，我们能够理解，她是迫于父母兄长的压力而应婚，并不是她的心意发生了改变，并不是她对焦仲卿的情感发生了改变。如果不接受兄长的建议，她作为一个弱女子，刚刚被遣送回娘家，寄人篱下，仰人鼻息，她又能够怎样做呢？离家出走，走到哪里去？去找焦仲卿吗？焦仲卿在官府上班，这显然不妥。毫无办法，进退两难！她只能做出决定，表面上答应兄长的要求，内心里做好殉情的决定。她有苦衷，面对焦仲卿，如实诉说，祈求理解，并非变心变意。一句“以我应他人，君还何所望？”也不是变心绝情，而是气愤，哀告无奈，流露出绝望。

这个时候，焦仲卿要做的事就是冷静。分析实际情况，想想有什么办法来巧

---

① 杨道麟：《语文教育美学研究》，中国出版集团现代教育出版社 2011 年版，第 248~251 页。

妙周旋，赢得解决问题的时机。可是，焦仲卿非但不理智、不冷静，反而很激动、很冲动。他首先嘲讽、怪罪兰芝变心负义，用情不专。然后表白自己爱情牢固，坚不可摧，反衬兰芝坚韧一时，容易动摇。最后发泄私愤，独向黄泉，以死抗争，抛下兰芝，不屑富贵。当然，这是真心话，也是不了解实情的气话，很容易刺激同样痛苦且焦急的兰芝，很容易促使兰芝情绪激动，产生误解，也做出一时冲动的事情来。

果不其然，兰芝听闻焦仲卿的一番愤激之语后，做出了同样冲动、气愤的反应。显然，兰芝对于焦仲卿的不信任、误解、愤怒逐渐加深，深感不满和深受伤害。连自己最爱最信任的人在最关键的时候也不能理解自己，自己还有什么办法呢？除了以死明心，别无他法。由此不难看出，兰芝没有足够的冷静与克制，没有足够的思考与商讨，甚至没有进一步解释，也不希望焦仲卿进一步说明一些什么，就这样贸然做出决定，两个人相约黄泉，以死殉情。如此冲动，如此莽撞，如此简单的交流，不但没有消除双方的误解，反而加深了彼此之间的误会。这是加速引发两人爱情悲剧的直接原因。悲剧恰恰就在于，两个人需要冷静的时候都没有保持足够的冷静，需要耐心解释的时候都没有给对方解释的机会，几句话，就将事情推向了绝路。只能说，爱情悲剧的发生，两个人都负有责任，兰芝也有不冷静、不成熟、不克制的地方。

回看兰芝最后一次辞别焦母的场景：一个晚上不睡，精心打扮，细细思量，要将自己最美丽、理性、沉稳的一面展示在婆婆面前，何等成熟，何等理智，何等得体。再想一想刘兰芝被遣回娘家之后，县令家的媒人上门求亲，兰芝对母亲说的话："兰芝初还时，府吏见丁宁，结誓不别离。今日违情义，此事恐非奇。自可断来信，徐徐更谓之。"兰芝是经受了人生的巨大打击，含悲带愤、含愁带泪地说这番话的，没有冲动，没有莽撞，而是冷静地告诉母亲她的意愿与做法。"自可断来信"是对媒人的拒绝，也是对爱情的坚守，态度鲜明、果断。"徐徐更谓之"是应对媒人的策略，也是自保爱情的方法。兰芝愿意，且足够清晰地给母亲说明一切。诗歌第二节中兰芝建议焦仲卿禀告公姥，及时遣归：说自己含辛茹苦、勤劳能干、知书识礼、多才多艺；说焦仲卿恪尽职守，守志不移；说婆婆百般刁难，难以伺候。一番话语，滴水不漏，在理得体，可见兰芝极有个性，极有教养，同时又很会说话。问题在于，最后见面焦仲卿的时候，怎么就如此糊涂，如此冲动呢？这一下子的冲动对自己是致命伤害，对焦仲卿则是火上浇油。从全诗来看，焦仲卿本来就不是一个有计谋、会思量的人，性格中还有柔弱犹豫、难以决断的缺点，又逢气头上，自己最爱的人一番刺激心肺的话语自然很容易给他造成巨大的压力和伤害。焦仲卿回到家里，毫不含糊地禀告母亲要自寻短见，后来，果然是“自挂东南枝”，留下孤单可怜的母亲在世上。

从兰芝与焦仲卿的诀别话语可以看出，悲剧的发生，罪魁祸首固然是封建家长，但是也与两个人的性格有密切的关系。

关于兰芝与婆婆的关系，前面说过，兰芝完美无缺，十全十美，应该享有美好的爱情与家庭，应该享有幸福的生活，可是，我们发现，她和婆婆之间矛盾激烈，水火不容，日子过得并不快乐，“十七为君妇，心中常苦悲”，何以如此呢？人们多半会指责婆婆蛮横专制，冷酷无情。可是，我们要问，兰芝既然如此完美，如此知书达礼、贤惠能干，为何就不能想方设法改善婆媳之间紧张的关系呢？毕竟是一家人，属于家庭内部矛盾，还没有上升到敌我矛盾的程度。再说，当初她能够顺利地嫁过去，说明婆婆是同意并接纳的。婆媳之间到底发生了什么，矛盾根源又在哪里？

“兰芝遣归”一节里，兰芝直截了当地说到自己对婆婆的印象：“鸡鸣入机织，夜夜不得息。三日断五匹，大人故嫌迟。非为织作迟，君家妇难为！妾不堪驱使，徒留无所施，便可白公姥，及时相遣归。”兰芝诉说自己辛苦操劳，不得休息，等同佣工，遭遇刁难，不堪驱使，主动向焦仲卿提出“及时遣归”。她使用的话语是“大人故嫌迟”，一个“故”字表明，婆婆故意刁难她，折磨她，不让她休息，不让她过安心日子。还有一个句子“妾不堪驱使”，一个“驱使”表明婆婆具有绝对权威，可以发号施令，随意使唤她、安排她，丝毫不顾及她的难处与感受。从“故”和“驱使”可以看出，在兰芝心目中，婆婆无情无义，随意刁难儿媳，成心和她过不去，大有要赶她出门的意思。两人之间肯定有深刻的矛盾，几乎到了不可调和的程度。注意这里是兰芝主动遣归，一般来说，封建时代，儿媳的命运由婆婆来主宰，掌控着休与留的大权。诗歌中，兰芝不等婆婆一纸休书，而是主动提出遣归，这当然可以看出她的反抗精神，更可以看出她与婆婆之间迟早要爆发的不可调和的矛盾。从全诗来看，兰芝坚强自信，知书识礼，聪明能干，遇事有主见，有自己的思想，还有自己的行动，绝非柔柔弱弱、唯唯诺诺的女子，她日复一日地遭受婆婆的虐待，迟早要反抗，要爆发冲突，只是看采取怎样的形式而已。

刘兰芝对焦仲卿的说话还有一节："往昔初阳岁，谢家来贵门。奉事循公姥，进止敢自专？昼夜勤作息，伶俜萦苦辛。谓言无罪过，供养卒大恩；人更被驱遣，何言复来还！"兰芝认为自己行为举止，遵奉婆婆，不敢擅自主张；兰芝认为自己言语谨慎，奉礼而为，没有过错；兰芝说自己尽心尽意，供养婆婆，报答大恩。总之一句话，兰芝认为自己做得很好，完美无缺，无可挑剔。那么，问题到底出在哪里呢？封建社会有"七出"之说："不顺父母，为其逆德也；无子，为其绝世也；淫，为其乱族也；妒，为其乱家也；有恶疾，为其不可与共粢盛也；口多言，为其离亲也；窃盗，为其反义也。"① 逐一比对，可能无子是兰芝被休的主要原因，但是作品中并没有透露这方面的任何信息，因此"无子说"也不足为据。看来，只能从文本中寻找合理合情的答案。

再来看婆婆对兰芝的印象：

> "此妇无礼节，举动自专由。吾意久怀忿，汝岂得自由！东家有贤女，自名秦罗敷，可怜体无比，阿母为汝求。便可速遣之，遣去慎莫留！"
>
> "小子无所畏，何敢助妇语！吾已失恩义，会不相从许！"
>
> "汝是大家子，仕宦于台阁，慎勿为妇死，贵贱情何薄！"

在婆婆的心目中，兰芝举动自由，自作主张，不守礼节，出身低贱，教养不好，早已怀恨在心，早已失去恩义，早已决定休弃。焦母也明白告知儿子，赶快遣送兰芝回家，千万不要留下，千万不要拖延时间。恨之深，遣之速。比较一下二者的话语，读者会发现一个很有趣的现象：两人说同样一件事情，但态度、判断、结论、彼此印象截然不同。我们可能习惯性地对兰芝同情与赞美，认为她说的一切都是真实可靠、实事求是的。但是，换个角度站在婆婆的立场去思考：婆婆对儿媳久怀恨，认为兰芝"自专由"，挑战了她作为一家之长的权威，认为兰芝无礼节，那就至少说明，兰芝的确在某些言语行为方面，或者从内心流露出了不屈从与抗争的态度，久而久之，婆婆不可能不会感觉到，也不可能不会觉察到

① 戴德：《大戴礼记》，江苏人民出版社 2019 年版，第 432 页。

儿媳对她的不敬与不满。

要是兰芝能够宽容一点，忍耐一些，多一点屈从，多一点真心实意的沟通交流，多一点站在老人的角度上维护老人的权威，那么事情也许不会这么糟糕。悲哀也许就在于兰芝非恪守三从四德的女子，她的个性和锋芒也许太露，致使小怨成大恨，猜疑、隔膜自然产生，不合、冲突自然形成。兰芝为何没有足够的宽容大度和足够的与亲人相处的耐心、智慧来面对婆婆呢？最后被休弃，不能不说，兰芝也有一定的原因，那就是性格太过自尊，太过要强，太有主见，不能委屈自己，不能忍让亲人，缺少生存的智慧和搞好家庭关系的智慧。

二、至真至诚兰芝兄

一般认为，《孔雀东南飞》中刘兰芝的兄长（以下简称兰芝兄）是一个见利忘义、趋炎附势、六亲不认、刻薄寡恩之人。可是，回到当时的社会背景，回到刘兰芝娘家的家庭状态，站在刘兰芝兄长的角色与位置上来思考，我觉得，兰芝兄可能远远不是这么简单地批判与挞伐所能定性的，很有必要对他的所作所为、所言所语、所思所想作一番具体而微、实事求是的分析。

刘兰芝的兄长到底是什么样的人呢？这要从叙事长诗的情节内容、人物关系、典型场景等方面着手分析。亚里士多德《诗学》说：“如果一桩桩事情是意外发生而彼此间又有因果关系，那就是产生这样的（按：引起恐惧与怜悯之情）效果。这样的事情比自然发生，即偶然发生的事件更为惊人。”① 福斯特在《小说面面观》中将《诗学》的说法通俗化为情节就是因果关系，即情节蕴含着因果关系。② 据此，我们需要研读《孔雀东南飞》中相关情节内容，剖析其因果关系，进而明了人物的思想与性格，理会人物所言所语背后的处境与原因。

首先，刘兰芝和母亲的性格、脾气与修养可以部分反映出作为一家之主的家长兰芝兄的品性。《孔雀东南飞》对于刘兰芝的成长经历有这样的描写：“十三能织素，十四学裁衣，十五弹箜篌，十六诵诗书。”如此经历与才艺至少说明两点，一是她的家庭出身不错，应该是一个有教养、有家风的人家；二是一家之主

① 亚里士多德：《诗学》，人民文学出版社1984年版，第31页。

② 福斯特：《小说面面观》，花城出版社1984年版，第75~76页。

的兄长很可能是一个重品格涵养，重诗书文才的人。要知道，封建社会，女子无才便是德，不需要读多少书，只需要学会一些女红，按照《女诫》修养自己，“谦让恭敬，先人后己”“忍辱含垢，常若畏惧”“修身莫若敬，避强莫若顺”“不必才明绝异”“不必辩口利辞”。可是，刘兰芝很幸运，有机会学这学那，特别是还要读诗书，弹箜篌，这就远远超出了一般女子无才、低位的状态。我们要问，是谁准许她这样做？是谁背后安排甚至支持她这样做？从课文中看，刘兰芝的父亲也许早就去世，主持家政事务的应当是兄长。从刘兰芝的成长经历可以看出兄长可能是一位有眼光、有品位、有识见的人，不是传统意义上的见利忘义、唯利是图之辈。从他培养妹妹可以看出，他希望妹妹以后有一个美好的归宿，有一个幸福的人生。他是真心实意，为妹妹长远考虑的。当然，妹妹的未来与他们家的命运也密切相关。

其次，我们从刘母的性格来着眼，也可以部分了解兰芝兄的人品。对于刘兰芝的被遣归家，母亲不是责问批评，不是训斥吼叫，不是抱怨愤怒。先是惊讶不解，内心伤悲；继而询问女儿，了解真相；最后同情、理解，帮助女儿，特别是针对县令和太守家上门求亲，完全站在女儿立场上果断拒绝。从某种意义上说，刘母这种行为是对女儿与焦仲卿爱情的理解与支持，也是对女儿被遣送回娘家的不幸处境的同情与保护。当县令家的媒人上门求亲的时候，刘母尚未了解女儿与女婿的有约在先、情真意挚，觉得对方条件不错，建议女儿答应了这门婚事。这当然也是为女儿的未来幸福着想，一来对方是官居县令，地位较高；二来对方年轻英俊，才貌双全。这些考虑很现实，完全是为了女儿着想。母亲的建议与兰芝兄的建议实质是一致的，都是对兰芝的关爱与呵护，都是为兰芝的幸福考虑。当兰芝对母亲表明自己与焦仲卿的真心相爱、绝不分离的决心之后，母亲对县令家的媒人便果断拒绝，毫无商量的余地。当太守家的媒人上门求亲的时候，刘母更是一口拒绝，“女子先有誓，老姆岂敢言！”可见，刘母尊重兰芝，理解兰芝，尽力配合兰芝，完全站在兰芝的角度上保护女儿与女婿的爱情。母亲既然是这样一个宽容、体谅、善良、和蔼、重情义、明是非、尊重人、理解人的角色，那么，在这样一个母亲影响之下，兰芝与兄长的性格、教养不会很差，为人处世、待人接物不会很没教养，不会无情无义，甚至见利忘义。显然，兰芝的兄长从小到大与母亲朝夕相处，自然也会受到母亲的影响，不会冷漠、绝情地对待妹妹，更不会完全不顾妹妹的处境和感受而生硬、蛮横地安排妹妹的婚事，充其量也不过是使用较重的语气建议妹妹如何处理自己的婚事。不管语气如何，建议都是立足现实，为妹妹的幸福着想，初衷是好的。也许一时半会兰芝难以理解，无法接受，进而做出极端决定，但是，这些都不能说应该完全由兄长来负责。

另外，从兰芝兄对待妹妹的态度与建议来看，也不难看出他真真实实、完完全全是替妹妹着想的。诗歌对兰芝兄集中描写了一段话：

> 阿兄得闻之，怅然心中烦，举言谓阿妹："作计何不量！先嫁得府吏，后嫁得郎君，否泰如天地，足以荣汝身。不嫁义郎体，其往欲何云？"

"阿兄得闻之"，兰芝兄知道了什么情况呢？他又烦什么呢？当然是前面母亲与兰芝对话的内容，兰芝对待改嫁的态度，还有母亲两次拒绝媒人的态度。他是一个明白人，完全可以事不关己高高挂起，不闻不问妹妹的婚事，不支持不反对妹妹的态度，但是，作为亲人，作为一家之长，他不可能置身事外，置之度外。兰芝最好的结局当然是等待一段时间，等到焦仲卿做通了焦母的工作之后，再回归焦府。但是，这是不可能的事情，一纸休书之后，断无再还之可能。兰芝兄明白。既然如此，妹妹出路何在？一生何依？就兰芝而言，就现实而言，嫁给一个地位低下的小官员，与嫁给一个地位高贵的官宦之家相比，财富、权势、尊严不可并论，这种选择对妹妹的未来生活大有影响。妹妹一旦做出正确的选择，自然会一生享受不尽荣华富贵，甚至刘家也会连带受惠，十分风光。这是嫁给焦仲卿这个小小官员永远不可能够得上的。他反问妹妹，不嫁给这样的人家，你到底想嫁给什么样的人家呢？你想以后怎样生活呢？这不是对妹妹的呵斥与驱逐，不是对妹妹的无情无义，相反，是对妹妹的关心，是为妹妹的未来幸福着想。只能说，兰芝兄的语言比较激动，带有一点情绪，对妹妹的态度和做法不能理解，不能接受，说了一些有点生硬、有点生气的话，这恰恰表明他对妹妹的关心和在意。遗憾在于，传统教学普遍认为兰芝兄专制粗暴、武断生硬、趋炎附势、贪慕富贵，不能理解妹妹的爱情，完全无视妹妹的感情。① 其实，这是一种误解，甚

① 中华人民共和国教育部：《语文·教师教学用书》（必修2），人民教育出版社2007年版，第58页。

至是一种冤枉。

简而言之，从刘兰芝的成长经历来看，从兰芝母亲性格对儿女可能的影响来看，从兰芝兄对待妹妹的态度来看，都可以看出兰芝兄其实也是一个关心妹妹，懂得替妹妹长远考虑的人。传统意义上的兰芝兄定位实际上是对兰芝兄性格、思想的误解与冤枉。我们立足诗歌文本，以语言为抓手，以关键情节为支撑，以还原情境为策略，从人物关系、家庭状况、言语交流、矛盾冲突、时代氛围等方面对《孔雀东南飞》中的主要人物刘兰芝和其兄长的性格思想、命运处境做了一番探讨，目的在于反驳那种概念化、贴标签的人物解读，增进对诗歌文本的深层意蕴的挖掘与阐释，增进对关键人物的合情合理的理解。

陆游《临安春雨初霁》的叙事性解读

郭立南①

《临安春雨初霁》是南宋著名的爱国诗人陆游暮年时期的名作。周恩来总理曾说："陆游的爱国性很突出，陆游不是为个人而忧伤，他忧的是国家、民族，他是个有骨气的爱国诗人。"在陆游的众多诗作中，更多的是金戈铁马、抑扬顿挫、雄壮磅礴的诗词，拥有光复志气、心系天下的情怀。当然，陆游也有像《游山西村》这样描写乡村淳朴生活的诗篇，有像《钗头凤·红酥手》这样的缅怀旧爱、追思感伤之作，却都不似《临安春雨初霁》这首诗。《临安春雨初霁》有的只是百转回肠的苦闷和寻求解脱、不如归去的喟叹。目前学界对其研究多集中于写作手法、诗文教学以及诗人同期诗作比较上，鲜有从叙事学角度对其进行的解析。"探讨诗歌的叙事性，其实也就是探求诗与事之间有着怎样的关系：诗歌如何面对事、认识事、处理事、呈现事，如何以诗歌的形式完成对事的表现。"②笔者将从叙事性角度剖析《临安春雨初霁》。

一、宋诗品质的叙事性

周剑之在《宋诗叙事性研究》中认为，宋代文人从写史到作诗都有普泛化的纪事观念，因此纪事是宋诗常见的表现方式。"诗歌纪事不要求对事件过程的完整讲述，更多是有选择地截取事件片段"，③ 表现出杂记性与片段性的双重特

① 作者简介：郭立南，女，黄冈师范学院文学院2020级硕士研究生。

② 周剑之：《宋诗叙事性研究》，中国社会科学出版社2013年版，第8页。

③ 周剑之：《宋诗叙事性研究》，中国社会科学出版社2013年版，第8页。

点。《临安春雨初霁》作为宋诗中的优秀诗作，亦是“有选择地截取事件片段”，全诗所要叙述的是“客京待圣”之事，然而全诗只有“骑马客京华”是在直接进行叙述，颔联侧重写景，颈联从细处着笔，看似与主题关联不大，实则内在情感一以贯之，其叙事性体现在对“骑马客京”的主动提取，从而通过片段来反映在整件事情中诗人的所见所感，纪事效果以点带面。宋人“更看重对‘事’的记录”，“所纪之‘事’不但包括事件发生的行为、活动，而且包括了与事相关的景物、场景，乃至情绪、感受等”。[①] 陆游在《临安春雨初霁》中便是如此，在对“客京待圣”这件事情的描述上，诗人不仅仅写“骑马客京”之事，还记录了与此事相关的景物和场景，“小楼一夜听风雨”既有场景刻画，亦能从文字之间感受到诗人复杂的内心世界；“矮纸斜行闲作草，晴窗细乳戏分茶”对于行为活动的描摹，将诗人寂寞而漫长的等待表现得淋漓尽致，诗人对所述之事的把握指向了“对于呈现事件情境的欲求”[②] 上。因此，《临安春雨初霁》同大多数宋诗一样，具有“一种代表宋诗品质的叙事性”[③] 特点，“透过微小的纪事片段来贯注诗人的思想情感、获取厚重的叙事效果”。[④]

二、文本本身的叙事性

“抒情与叙事其实都是诗歌表情达意的方法性因素，这些因素‘互相包容，互相渗透，难解难分’。”[⑤] 就《临安春雨初霁》一诗而言，抒情性因素可以阐释“情感”与“行为”之间的关系，而叙事性因素则可以从文本所描述的叙事时间、叙事情境等角度来理解。

《临安春雨初霁》全诗在内在层面上饱含着明显的叙事性因素，存在着动态的叙事性，即时间因素。全诗四联八句隐含着明显的时间线索。

首联“世味年来薄似纱，谁令骑马客京华”一句，作为全诗的背景，点明了发生之地——京华。已年余花甲的陆游近来愈发觉得官场人情冷漠，朝堂世态

① 周剑之：《宋诗叙事性研究》，中国社会科学出版社2013年版，第8页。
② 周剑之：《宋诗叙事性研究》，中国社会科学出版社2013年版，第8页。
③ 候体健：《重新认识宋诗的一种可能》，载《文艺研究》2014年第11期。
④ 周剑之：《宋诗叙事性研究》，中国社会科学出版社2013年版，第8页。
⑤ 白松涛：《〈春夜喜雨〉体物新变的叙事性解读》，载《语文建设》2021年第11期。

炎凉，情薄似纱，在这种心境下却接到了朝廷启用的命令，赴任前需要去临安等待召见，让他忍不住悲叹是谁还能在这时想起他来。是谁，自然是无须置疑的，这样写，不过是对自绍兴三十年（1160 年）到淳熙十三年（1186 年）这 26 年来所历目之国事朝堂的失望、无奈、苦闷、怒其不争、愤懑等情绪的发问。长期宦海沉浮，这一发问不仅是作者对坎坷命运的感慨，对人生不幸的诘问，更是对壮志难酬的心灰意冷。首联点明了“客京华”这一时间点，颔联“小楼一夜听春雨，深巷明朝卖杏花”则道明了“一夜”“春雨”至“明朝”的时间推移。颈联虽未明言时间，但从“矮纸做草”“戏乳分茶”可见诗人在光阴漫漫、百无聊赖之时不知如何打发这等待召见的时间的情景，看似诗人悠闲自在，实则内心兴味索然、无所事事，暗含了等待皇帝召见的时光流逝、颓然无聊之感。尾联在叙事时间上出现了跳跃，随着思绪的流转，点出了“清明”之际诗人对重返家乡的热望，将“京华之行”进行了时空上的补白。由此可见，在“叙事时间”这一重要的叙事性因素上，全诗按照“客京华——一夜春雨—清明”的变化历程，描绘出入京—待召—离京的全部行为过程，用时空更替、行为变换来推动时间的流转，形成完整连贯之势，体现了共时性的叙事学特征。

除了叙事时间因素之外，《临安春雨初霁》还具有明显的叙事情境。“一种叙事情境总是由某种叙事因素占据支配地位，构成基本特征，然后其他因素也参加进来，构成其次要特征，最后形成一个独立的整体。”①《临安春雨初霁》一诗中首句所描述之情境即将情感推向高潮，“世味年来”短短四字便道出了诗人官场历时之久，一“客”字，既表达了“自己是被当权者视为外人”，“又可解作‘清客’‘陪客’之类”与“京华”之“主”相对，与这繁华之都格格不入，厌倦之感力透纸背。次联两句是描写春雨的名句，“黄裳先生说‘江南春的神魄被这十四个字描绘尽了’（见《榆下说书》）”,②“小楼一夜听春雨，深巷明朝卖杏花”，“小楼”“春雨”“深巷”“杏花”这些明媚生动描摹春光的词语让人领略到了诗意盎然的南国之春，清新明丽，情趣餍足。剥离原诗背景，这一联从听觉的角度所描写的情境恰是江南春盛时节的景象。春雨如幕，小桥流水，深巷闲

① 罗钢：《叙事学导论》，云南民族出版社 1994 年版，第 5 页。

② 闵尊蕃：《陆游〈临安春雨初霁〉赏析》，载《南昌职业技术师范学院学报》1997 年第 4 期。

庭，杏花倚墙，诗人幽闭在小楼不知定期的等待，听春雨卜落，听窗外杂声，更漏滴答，夕阳斜暮，星辉入户，一更又一更，等待使人心绪苦闷，无聊使人怅然若失，这明艳的春光在此时都成了愁绪，幻想着幽深冷巷里天刚放亮便会传来悠然的杏花叫卖声，而自己却是无法融入这“繁华之都”的“过客”，“这种表面的平静实际上蕴含着更为沉郁的潜流，像一座即将喷发的火山。景色越是幽美，情感就愈加沉郁”。① 用轻快明丽的句子衬托诗人的满怀愁绪，这是一种用乐景写哀情的反衬手法。“矮纸斜行闲作草，晴窗细乳戏分茶”，颈联从听觉中抽离出来，所描写的情境是诗人打发时光的精致生活下的聚焦镜头，“矮纸”就是很短小的纸；“斜行”就是斜着的行列；因为春雨初霁，所以称之为“晴窗”；“细乳”则指茶中上品。信手涂鸦作草书，赏春分茶鉴茗香。如果诗人是惬意之人，这情这景自然是一种人间享受，然而不是，诗人内心是百无聊赖的，是不知归期的等待，是国事无望的无奈，是不如归去的意兴阑珊。“江南春雨和书斋闲适生活描写得优美动人”，② 却在看似极其悠闲之中“藏着无尽的人生感慨和满腹的委屈牢骚”。③ 所以诗人顺情之下，写下了“素衣莫起风尘叹，犹及清明可到家”的愿望，这联所表述的不恋尘世繁华、只待清明及家的心态，何尝不是对“世味年来薄似纱”的厌倦和不屑与之为伍的愤懑。尾联与陆机“京洛多风尘，素衣化为缁”之句意正相反，诗人劝慰自己不要被这官场的污浊之气所沾染，大有“京国多年情尽改，忽听春雨忆江南”之感，一种自我解嘲的意味油然而生。

从全诗来看，首联交代客京华之由；颔联写彻夜失眠，更深露重，而诗人还在无尽的等待召见之中；颈联表达了自己对如何消磨这漫漫长日的发问；尾联则表达了想要尽快回乡祭祖的愿望，暗合首联“客居”之身，具有一定的叙事性。

三、语言结构的叙事性

“诗歌是语言的艺术，拥有独特的语言表现形式，诗歌的体裁、格律、篇幅等因素会对叙事产生一定的影响。”④ 宋诗在诗歌语言上所显现出来的叙事性因

① 张军霞：《〈临安春雨初霁〉以乐写哀手法品析》，载《语文天地》2016 年第 12 期。
② 袁行霈：《中国文学史》，高等教育出版社 1999 年版，第 145 页。
③ 张军霞：《〈临安春雨初霁〉以乐写哀手法品析》，载《语文天地》2016 年第 12 期。
④ 周剑之：《宋诗叙事性研究》，中国社会科学出版社 2013 年版，第 8 页。

诗体的不同而有所变化，就律诗而言，“重视‘事象’并追求历时性的格局”，①从而增强叙事性。《临安春雨初霁》具有宋诗叙事性的总体特点，也即“对事境的营造”，②“事境”就是事件的情境。“对事境的营造”即宋诗所纪之“事”都是围绕着营造“事境”而进行的，事境是“实现诗歌内在意蕴的途径”，③更是“将读者引入诗歌的途径”。④而在“事境”描写过程中必然涉及“事象”。“事象”作为宋诗中的重要元素，本身就具有极强的叙事性特征。《临安春雨初霁》中“骑马客京”明确“客京”之事、“小楼”句虽是代表性的景色描写之名句，但其中却包含着丰富的事象，是“客京”之事的后续心境体现，“春雨”作为全诗的重要物象，虽然处在“共时性的破裂片段之中”，⑤然而却和颈联中的“矮纸做草”“戏乳分茶”等形成了“历时性的动态变化过程”，⑥同样具有了“事象”的作用，在表达“待圣”之余的复杂心境的同时，使诗人从环境与景物之中孤立出来，形象感跃然纸上。

在《临安春雨初霁》中，其叙事性与律诗的章法结构密切相关。《临安春雨初霁》采用的是律诗中的“六二结构”，前六句或事或景做铺垫，后两句归结题意，属于常见的“归题法”。陆游在前六句中表达了等待面圣的日子百无聊赖，“京华”虽繁华景丽，却充满了污浊与黑暗，一腔报国之志无处施展，抗金更是无望，所以后两句表明了自己希望“客京”的日子尽快结束，早日归乡。前六句侧重“面”的铺展，从“客京华”的角度，把自己的具体行为展开进行连贯的情节描写。从听觉角度叙事，一夜春雨，以点带面，描摹出春雨初霁后杏花枝头的绮丽之象，代之以作者的想象视角，“卖花担上，买得一枝春欲放”。颈联以细节着笔，“作草”“分茶”等精致的贵族生活的聚焦描写，与诗人的内心成鲜明对比。

在抒情与叙事二者之间的关系处理上，“宋诗体现出‘事详’而‘情隐’的

① 周剑之：《宋诗叙事性研究》，中国社会科学出版社 2013 年版，第 8 页。
② 周剑之：《宋诗叙事性研究》，中国社会科学出版社 2013 年版，第 8 页。
③ 周剑之：《宋诗叙事性研究》，中国社会科学出版社 2013 年版，第 8 页。
④ 周剑之：《宋诗叙事性研究》，中国社会科学出版社 2013 年版，第 8 页。
⑤ 白松涛：《〈春夜喜雨〉体物新变的叙事性解读》，载《语文建设》2021 年第 11 期。
⑥ 白松涛：《〈春夜喜雨〉体物新变的叙事性解读》，载《语文建设》2021 年第 11 期。

追求”,[①] 也就是说宋诗在抒发感情上更倾向于含蓄地表达，这就要求在叙事上要有所侧重，“充分利用叙事手法来表现，将情志隐含于叙事之中”。[②] 在《临安春雨初霁》中，作者的情感表达存在着从显到隐再到显的变化状态，这一转变不仅与叙事过程中的空间、时间、感官有关，也与作者对抒情、叙事二者关系的处理手法有关。《临安春雨初霁》颔联颈联四句中，诗人对情感进行了隐匿，将首联所表达的喷薄的感情通过具体的叙事情境隐藏了起来，以乐景写哀情，而到尾联又将隐藏在文本之下的情感明朗化，直道“素衣莫起风尘叹”，既表明自己不会受到“京华”坏风气影响，又与首联的“世味年来薄似纱”紧紧呼应，道出“清明及家”的迫切心理，不可不谓章法绝妙。整首诗情感走向由高到低，起承转合，浑然天成。

四、叙述视角的叙事性

“构成叙事情境的要素有三项，即叙事方式、叙事人称、叙事聚焦”。[③]《临安春雨初霁》四联八句是从作者视角展开、采用内部聚焦来完成叙事情境的。从视角分类来看，诗歌的叙述视角无疑是限知视角：诗人在家闲居之时，并不知朝廷将再启用自己；“骑马客京华”之际并不清楚皇帝何时召见；“小楼听雨”“作草”“分茶”之时并不清楚等待何时终了；更不知归期……从叙事学角度分析，首联是空间转换，“骑马客京华”，从哪里“骑马”而来，到这“京华”之地客居，使读者跟随叙述者的空间视角进行转换，走入叙事情境之中。同时，制造疑问，将读者带入一个神秘的气氛之中，推动叙事情节的发展。颔联由空间视角向听觉视角转换，营造“滴雨到天明”的辗转难眠的惆怅之感，从时间漫长推移过程中，感受诗人内心的煎熬和郁结，春天的斑斓之景与诗人愤懑、忧郁之境形成鲜明对比。颈联再次转换到空间视角，“小楼”之内打发时间之举，与叙事者内心的情思融为一体，落寞之感油然纸上。最后一句是时空延续，虽人在“京华”，思绪却飞到了千里之外的家乡，遥想清明祭祖的闲适，将自己寻求解脱、

① 周剑之：《宋诗叙事性研究》，中国社会科学出版社 2013 年版，第 8 页。
② 周剑之：《宋诗叙事性研究》，中国社会科学出版社 2013 年版，第 8 页。
③ 罗钢：《叙事学导论》，云南民族出版社 1994 年版，第 5 页。

早日归乡的心境表现得淋漓尽致，一气呵成。诗人始终保持着“我”的限知视角，符合叙事学原理，在保持“我”作为叙述者的叙事功能的同时，选取具有代表性的叙事场景以及人物活动的场景即“小楼”进行聚焦，楼内与楼外分然是两个不同的世界，楼内人即叙事者“我”与外界“京华”的格格不入，成了叙事中的冲突之所在，情思严谨，营造了一个寻求远离世态炎凉、倾轧变幻的政治舞台的“客”之形象。

综上可见，陆游的《临安春雨初霁》不仅具备宋诗叙事性方面的共性特征，而且从文本本身、语言结构以及写作视角上都具有鲜明的叙事性因素。叙事性功能在诗中与抒情性因素水乳交融，对诗人所要表达的情感意脉起到了举足轻重的作用。就其情思脉络来看，“世味年薄”是诗人厌倦官场、情绪郁结的根源，渗透并贯穿了文本的始终。“时间”推移延伸与“空间”变换让诗人顺利搭建连贯而又充满动态的情境，建构自己的“小楼”之域，情感的收放皆源于此，依凭“借景抒情”“以乐写哀”，全诗有了“流动的意脉和浑融的意境”。①

① 白松涛：《〈春夜喜雨〉体物新变的叙事性解读》，载《语文建设》2021年第11期。

高中语文整本书阅读指导策略

陈利平①

《普通高中语文课程标准（2017年版2020年修订）》提出了整本书阅读与研讨的任务群：“本任务群旨在引导学生通过阅读整本书，拓展阅读视野，构建阅读整本书的经验，形成适合自己的读书方法，提升阅读鉴赏能力，养成良好的阅读习惯。”可见，阅读对于语文学习具有至关重要的作用。于漪老师说：“这是阅读教学本质的回归。”虽然我们主张学生整本书阅读，但目前高中生阅读存在诸多问题。比如：阅读缺乏动力；阅读内容片面；阅读方法欠缺；阅读没有计划。学生阅读在很大程度上是随性的，想到哪读到哪，一曝十寒，没有目的，没有规划。

在课堂教学中融入整本书阅读，开展整本书阅读活动就显得尤为必要。整本书阅读的主体是学生，但学生读什么书？怎么读？这就需要明确整本书阅读教学的指导任务，并实施科学的策略。

一、精心选择、合理规划

整本书阅读教学应该是一个系统的活动，必须有一个总体的规划和构想，这样才能有效指导学生阅读活动的开展。根据新课标推荐书目，不同年级不同学期所学内容和学生实际情况，建议：

高一上学期阅读篇目：《论语》《孟子》《老子》《庄子》《史记》；毛泽东诗词，戴望舒、郭沫若、艾青、臧克家、贺敬之、郭小川等的作品；《平凡的世

① 作者简介：陈利平，女，中学正高级，湖北省浠水县实验高中语文教师，副校长。

界》，莫泊桑短篇小说，契诃夫短篇小说，欧·亨利短篇小说等。

高一下学期阅读篇目：朱自清散文、叶圣陶散文等；《三国演义》《红楼梦》《儒林外史》《子夜》《家》《四世同堂》《边城》《暴风骤雨》《堂吉诃德》《悲惨世界》《欧也妮·葛朗台》《大卫·科波菲尔》《战争与和平》《约翰·克里斯朵夫》《老人与海》。

高二上学期阅读篇目：海涅、普希金、惠特曼、泰戈尔等的作品；《窦娥冤》《西厢记》《牡丹亭》《屈原》《雷雨》《茶馆》《哈姆雷特》。

高二下学期阅读篇目：《呐喊》《彷徨》《语文常谈》《歌德谈话录》（爱克曼）。

高三上学期阅读篇目：鲁迅杂文、《谈美书简》。

二、激发兴趣、科学引导

兴趣是学习的先导，激发学生的阅读兴趣是促使学生搞好整本书阅读的关键。在倡导整本书阅读之前，要合理地对学生的阅读进行引导。

首先，在整本书阅读初期，我们可以尝试选用观看精彩影片、出黑板报、课前3分钟名著精彩片段朗诵等方式，让学生感受到名著时刻就在我们身边，以此来激发学生的阅读兴趣。还可以利用课堂适当延伸，以起到示范与抛砖引玉的作用。

其次，要对阅读方法进行引导。比如：提倡精读、泛读、跳读等多种阅读方法，提高阅读效益；提倡个性化阅读、比较阅读、专题阅读和批判性阅读，等等。对于大家有争议的问题，可以拿到桌面上来，让同学们讨论，以提高同学们的质疑能力。

三、活动推进、砥砺前行

在学生阅读的过程中，要关注学生阅读情况，经常开展一些读书活动，督促学生将整本书阅读进行到底。例如每周提交读书笔记，可以是概述情节和分析点评文中的细节及人物；又如在自主的基础上让学生自己成立小组，将书中的某个情节改编成话剧进行表演；又如组织学生以 PPT 的方式展现阅读的内容，最后由教师进行点评；又如利用展板的形式展示学生的读书心得，在班级群共享空间分享读书感悟，开展读书报告会，拓展交流的范围，也增强了学生的成就感，等等。这些活动能促进同学们相互交流，砥砺前行。

四、及时评价，整体发展

整本书阅读的容量大，时间跨度长，如何让学生在学习过程中保持热情，完成学习任务，过程评价是不可或缺的重要环节。

整本书阅读应该提倡评价主体多元化，包括教师、学生、家长、教学管理者、社会等，评价包含教师评价、学生自评互评、学生和教师互评、家长评价以及学校评价等。鉴于整本书阅读的特点以及学生的主体地位，评价活动的重点环节应该是学生自评和互评，学生主动参与评价活动，随时对照学习目标，发现自己的不足，调整自己的阅读和思考方向。同时，注重评价方法的多样性，因为每一种方法都有其优势和局限，只有充分运用多种评价方法，才能对学生在学习过程中的不同特点进行科学全面的评价。通过多元评价同时促进学生整体发展。

以活动促阅读，化虚功为实学

——以《巴黎圣母院》为例

胡梦媛[①]

整本书阅读与研讨作为新课改普通高中语文课程的必修内容，其重要性自是不言而喻。然而由于施行新课改时间较短，如何合理、高效地开展整本书阅读教学一直是一大难题，学界也有诸多讨论。教师如何指导学生成为一个真正的阅读者？笔者以《巴黎圣母院》为阅读范本，探索“整本书阅读与语文实践活动相结合”，总结出“以活动促阅读，化虚功为实学”的整本书阅读推进策略，以期对整本书阅读教学研究有所助力。

整本书阅读必然是以阅读为重中之重的，然后，阅读是“虚”的，其阅读方式、阅读进度、阅读效果都是“虚”的，教师难以掌握，难以直观检测、评价。所以教师如何把阅读这一“虚功”转化为“实学”是整本书阅读教学中最重要的事。《普通高中语文课程标准（2020 年修订）》明确指出，“加强实践性，促进学生语文学习方式的转变”是语文课程标准的基本理念之一。要“通过阅读与鉴赏、表达与交流、梳理与探究等语文实践，有效地提高语文能力”。将课标要求投射到《巴黎圣母院》整本书阅读教学中，便是要“化虚为实”，注重阅读与语文实践活动相结合，让阅读“内化于心”的同时还能“外化于行”。

笔者将《巴黎圣母院》整本书阅读教学实践研究过程分为三阶段。阅读上分为“略读、精读、研读”，而每一阅读阶段所对应的语文实践活动分别为“写清、演活、论深”。以具体实践活动督促学生阅读进程，检测学生阅读成效。具体过程如下。

---

① 作者简介：胡梦媛，女，湖北省麻城市第一高级中学语文教师。

一、略读《巴黎圣母院》，培养学生梳理、写作和速记能力

在略读阶段，强调学生快速阅读，可略读、跳读，不求甚解。教师引导学生在阅读时注重梳理人物关系和情节内容，形成对小说的初步印象和整体把握。主要有三个环节。

1. 开展知识讲座活动，激发学生阅读兴趣

学生初接触《巴黎圣母院》纸质书时，看到的只是冰冷而苍白的黑纸白字，很难产生浓厚的兴趣。加之处于青春期的孩子还没有足够的自制力，可能翻看了几页后思绪便已经飞出天际了。鉴于此，笔者在正式开始阅读前，为激发同学们的阅读兴趣，在教室做了一到两节课的《巴黎圣母院》知识讲座，将书中的典型人物描写片段、好的句子以及精彩情节片段放在 PPT 上，大致介绍《巴黎圣母院》的创作背景、情节内容和文学价值等，让学生形成一个初步印象，吸引他们继续探索阅读。

2. 略读《巴黎圣母院》，“写清”人物情节

《巴黎圣母院》共 11 卷，如果让所有学生都各自进行全篇幅内容概述则战线拉得太长，学生很容易读完后文忘记前文，难以准确概括。因此，笔者将班级 50 名同学分成 5 人一组，共 10 个小组，编好序号。每周规定 2~3 卷的阅读任务（根据每卷具体篇幅确定），阅读完毕后指定特定小组完成该卷的内容概括任务：第 1 组概括第 1 卷主要内容；第 2 组概括第 2 卷主要内容；由于第 3 卷篇幅较短，因此第 3 组概括第 3、4 卷主要内容……以此类推，至第 10 组概括第 11 卷。如此安排，不到一个月的时间，所有学生便都完成了文本阅读任务，且各自有自己所负责的篇章。紧接着再由组内成员各自分享自己所概述的内容，分享完毕后选出一篇最佳范文。各小组选出本组代表后，笔者利用两个教学课时，由各小组代表集中发言，分享自己的阅读成果供所有学生交流参考。这样既能激励每位学生主动参与，用心阅读、认真写作，又能让学生们在交流中提高自己的阅读兴趣和表达交流能力。在整个阅读、写作与交流过程中，笔者在各活动进行前先就如

何叙述文本内容，如何写清故事梗概提供写作指导，此后便自动“隐身”，将主动权完全交给各位同学。

3. “一站到底”知识竞赛，回顾小说主要内容

在完成第二步的文本内容概述后，为系统检测学生对文本内容的掌握程度，笔者在班级开展了“一站到底”知识竞赛活动。活动形式如下：笔者事先准备知识清单，主要以情节内容、人物关系、人物结局等类型的选择题为主，提前发放给学生，让学生利用早自习时间熟读熟记。随后，在班级利用多媒体展开知识竞赛，采用《一站到底》的赛制，擂台赛两两对抗，限时抢答，直到决出得分最高的获胜者。这一极具趣味性的活动深受学生好评，不仅给学生带来紧张刺激感，还在无形之中帮助他们再次回顾了《巴黎圣母院》的主要内容，加深了他们的文本记忆。

二、精读《巴黎圣母院》，培养学生的表达与演绎能力

在精读阶段，强调学生阅读时要慢读、细读，对文本内容细嚼慢咽，仔细品味。教师要引导学生沉下心来细细研磨某些重要片段，帮助学生透彻领悟最终学以致用。

晚清词论家况周颐曾言：“读词之法，取前人名句意境绝佳者，将此意境缔造构建于吾想望中，然后澄思渺虑，以吾身入乎其中而涵咏玩索之。”即强调读者在阅读时，首先要选取其优美的句子进行赏析，其次是进入诗歌的意境之中，与作者产生共情，领悟作者所传达出的思想情感，最后将自己独特的人生体验和感悟融入其中，扩展和拓深其思想意蕴。这一诗歌三步赏析法放在《巴黎圣母院》鉴赏中同样适用。

然而，如何才能让学生兴致勃勃地主动精读，如何让学生主动与作者及其笔下的人物产生共情甚至加入自己的人生体验于阅读之中却是个难题。鉴于此，笔者设计了“《巴黎圣母院》精彩片段戏剧表演”这一教学活动，通过这一活动完成《巴黎圣母院》三步阅读鉴赏法。具体步骤如下。

1. 精彩片段品读鉴赏

教师引导学生选择《巴黎圣母院中》中自己认为最精彩的片段进行局部精读。如“选举愚人王”“弗比斯解救爱斯梅拉达”“聋子法官审案”“克洛德刺杀弗比斯”“卡西莫多劫法场”“爱斯梅拉达母女相认”“卡西莫多殉情”等经典片段，都是值得学生仔细品读的。在学生选取文段后，笔者用一个课时来具体指导学生圈点批注，赏析选段中的人物形象和情节安排，让学生写出有关人物语言、动作、神态和心理的片段评述。

2. 编写课本剧

通过多媒体给学生展示小说改编剧本的基本格式，让学生学会如何编写剧本。笔者选取的是欧亨利的著名短篇小说《麦琪的礼物》小说与改编剧本。通过将两个文本进行对照，教会学生编写课本剧的基本格式：（1）分场/幕，标记好每场的时间、地点、场地和场次。（2）删除心理描写和作者观点，通过人物语言动作来表达。（3）改编对白，尽量通顺、口语化。（4）人物动作描写精确具体，方便表演。（5）尽量删除不推动剧情发展的桥段，也可适当添加内容，完善剧情发展……在利用两节课的时间教授完剧本改编基本要求后，请学生自行选择感兴趣的桥段编写课本剧，既可自行完成，也可多人合编。最终笔者进行评定，选出其中改编最佳的改编课本剧《刺杀弗比斯》《卡西莫多劫法场》《母女相认》。

3. 舞台剧表演

学生利用课余时间自行组队排练表演选出的三个课本剧，可在放假期间自行准备舞台剧所需的简易服装道具。笔者利用晚自习时间，将学生统一带往学校小报告厅进行文艺表演。在表演中，这群小演员们不仅充分还原了小说人物形象，而且在台词对白中还注入了自己丰富的情感，此外还加入了一些现代元素，让整场表演精彩纷呈，掌声不断。

出色的舞台剧表演不仅需要学生有好的记忆力，能够背下台词，更需要学生对所表演的人物有准确细致的理解，爱斯梅拉达的善良，克洛德的虚伪等都需要仔细品读方可通过其语言和动作神态展现在舞台上。而舞台剧这种新颖的阅读形式不仅极大提高了学生的阅读兴趣，而且还培养了学生剧本创作能力和舞台表演能力，真正地将阅读融入活动，融入生活。

三、研读《巴黎圣母院》，论述人物的“美丑对照”

《巴黎圣母院》中成功的人物形象塑造历来是为人称道的，而对其中人物形象的成功刻画产生至关重要作用的便是这位积极浪漫主义作家维克多·雨果所运用的“美丑对照”原则。1827年雨果在他的理论著作《克伦威尔序》中提出了其著名的美学主张，即“美丑对照”原则。他说：“丑就在美的身边，畸形靠近着优美，粗俗藏在崇高的背后，恶与善并存，黑暗与光明相共。”其核心便是优美与丑怪的对立统一。

“《巴黎圣母院》如何忠实体现雨果的‘美丑对照’原则”这一问题是所有阅读鉴赏这部小说的读者必须要深入研读并回答的。因此，在帮助学生完成略读文本了解大意，精读文本理解内涵之后笔者有意识地引导学生探讨书中的“美丑对照”。

1. 在课程讨论中感受人物与人物间的美丑对照

《巴黎圣母院》这部小说紧紧围绕着克洛德、卡西莫多、弗比斯、甘果瓦这四个男人与吉卜赛女郎爱斯梅拉达的爱情关系而展开，作品中重点刻画了爱斯梅拉达这一中心人物，她是人性理想的化身，是人间的精灵，而围绕在她周围的四个男人也各有特点。分析这五个人彼此身上所体现的“美丑对照”有利于更好地把握小说中的人物形象。

在讨论课上，笔者将学生分成四个大组，分别探讨爱斯梅拉达与克洛德的对比，爱斯梅拉达与卡西莫多的对比，爱斯梅拉达与弗比斯的对比，爱斯梅拉达与甘果瓦的对比。要求每组负责相关讨论的学生找到原文依据，通过原文来总结对比他们身上存在哪些美与丑。如举例克洛德劫持爱斯梅拉达未遂后又刺杀弗比斯并嫁祸于她，甚至在圣母院避难期间，克洛德又试图强行占有她等相关情节，总结并体会克洛德的这种丧失人性、阴险毒辣与爱斯梅拉达的正义、坚贞和嫉恶如仇形成的鲜明强烈的善恶、美丑对照。

通过两节课的讨论与分享，在强烈鲜明的美丑对比中同学们了解了爱斯梅拉达的正义善良、舍己救人、嫉恶如仇以及对爱情的忠贞不渝；领略了克洛德的阴险毒辣、丧失人性；看到了卡西莫多的奇丑外貌和正直善良、默默奉献；更见识了弗比斯的放浪轻浮与甘果瓦的忘恩负义。对于几位主要人物形成了鲜明而深刻的印象。

2. 在“人物独白”中体会人物自身的美丑对照

真正优秀的具有永久生命力的人物一定是多重矛盾对立统一的。雨果在塑造人物时，除了注重人与人之间的美丑对照，还在人物的前期后期、人物的外表与内心方面体现人物自身的美丑对照原则。

在前面的课堂上已经讨论过人与人之间的美丑对照，为了避免过多的课堂讨论，笔者设计了“人物独白”这一新颖的课堂活动，在活动前请同学自行选择自己最想扮演的角色，选择完毕后为自己的角色写一篇独白，主要讲述自己所选人物生平、主要事迹以及相应的心理活动。写完后交由教师阅读评分。评分完毕后挑选出写得最好的有关小说中主要人物的独白稿。最后在课堂上，配上背景音乐，让相关同学以独白的形式进行表演。

同学们在观看并聆听“爱斯梅拉达”“克洛德”“卡西莫多”和“弗比斯”的“人物独白”后，不仅能对主要人物的生平事迹有了解，更能够从心灵独白中感受到这几位小说人物身上的美与丑。他们见证了学识渊博、神学院的优等生、深受人们敬仰和尊崇的克洛德爱上爱斯梅拉达以后，精神变得扭曲，充满病态的情欲和占有欲，变成残暴的魔鬼。这一过程看到了卡西莫多奇丑的外表下藏着一颗忠贞、感恩、无私、纯洁的心，印证着那句“丑就在美的旁边”。同时看穿了虽然一表人才、风流潇洒，是威武勇猛的队长的弗比斯实则又是一个拈花惹草、攀附权贵骗取少女感情的纨绔子弟。同学们除了深刻把握《巴黎圣母院》中的人物形象外，更是开始学会冷静观察我们身边的世界，尝试去肯定一些原本认为丑的东西，批判否定一些原本认为美的东西，从美中辨别丑，从丑中发现美。

笔者在《巴黎圣母院》整本书阅读中注入系列活动，实则是希望能以活动促阅读，通过系列活动，增强学生阅读兴趣，保证学生阅读质量，提升学生写作与表达能力。在相关的语文实践活动中进一步巩固学生的阅读认知，让同学们能感受到书籍的魅力，沉浸于阅读之中，做一个真正的阅读者。

名著导读中优秀传统文化元素的渗透
——以《西游记》阅读指导为例

杨启华　潘　峰　潘红胜①

《西游记》（人民出版社1980年版，以下简称《西》）是部编本七年级上册名著导读必读书目，全书故事引人入胜，鲁迅、林庚、李贽称之为“神魔小说”“童心之作”“游戏之中暗传密谛”。初中语文教师在指导名著导读中挖掘《西》中所蕴含的传统文化元素并赋予时代内涵的解读，能促进学生养成“多读书，好读书，读好书，读整本书”的良好读书习惯，有利于学生“提高思想文化修养，促进自身精神成长”。笔者将从《义务教育语文课程标准（2011年版）》② 出发，拟讨论《西》中所蕴含的传统文化元素及其对初中生的有利影响，以及语文教师指导导读《西》渗透传统文化元素的有效方法。

一、《西游记》中所蕴含的传统文化元素

通读全书不难发现，《西》中蕴含着丰富的中华传统文化元素，下面笔者将从取经个人、取经团队、取经事业三个角度来分析。

---

① 作者简介：杨启华，男，黄冈师范学院文学院2020级硕士研究生；潘峰，男，黄冈师范学院文学院教授、硕士生导师，主要从事语言学研究；潘红胜，男，湖北省罗田一中高级教师、硕士生导师。

② 中华人民共和国教育部：《义务教育语文课程标准（2011年版）》，北京师范大学出版社2012年版，第23页。

（一）取经人：履职尽责的个性修为

就取经个人而言，唐僧是肉体凡胎，对西天求取真经的高尚信仰有着履职尽责的个性修为。

从广义上讲，《西》中凡是帮助完成取经事业的所有人和菩萨都可以称作取经人，包括唐王和五方揭谛、四值功曹、六丁六甲、护教伽蓝等。从狭义上讲，取经人就是唐僧。唐僧被唐王封为“御弟圣僧”（第一二回），这一声口称将他取经的个人行为上升到官方认定许可的国家层面。与其说唐僧为取经人是忠君，还不如说是对西天求取真经的履职和东土大唐国的尽责，换句话说，他为取经人是把个人的信仰、责任与国家理想完美融合，“忠心赤胆大阐法师”便是对这种履职尽责的个性修为的最好阐述。

西行取经路上，唐僧历经着各种妖魔鬼怪的阻挠，相比遇到的各种外部困难，最难克服的就是自己的心魔。《西》中有两次心魔让他感到非常困扰，第二三回“四圣试禅心”和第五四回“法性西来逢女国”有详细的描写。

“四圣试禅心”发生在西牛贺洲之地的松林里，黎山老母化成寡妇，以“水田三百余顷，旱田三百余顷，山场果木三百余顷……一生有使不着的金银”的丰厚物质条件来坐山招夫，又以真真、爱爱、怜怜的美色作诱饵。面对突如其来的诱惑，唐僧“好便似雷惊的孩子，雨淋的虾蟆，只是呆呆挣挣，翻白眼儿打仰”，人性本我中的心魔也在作祟，最终以“出家立志本非常，推倒从前恩爱堂”的取经职责和国家使命感，战胜“内五欲”中的财欲和色欲。

尤其是进入西梁女国后，女王用“一国之富，愿招御弟为王，我愿为后，与他阴阳配合，生子生孙，永传帝业”的诺言，以身相许唐僧。相比“四圣试禅心”中的诱惑，女王对他“情不知所起，一往而深”的真情可谓是终极诱惑。当与女王初次见面时，“诚然王母降瑶池”的女色使一旁的八戒看的是骨软筋麻，唐僧是“耳红面赤，羞答答不敢抬头”“战兢兢立站不住，似醉如痴”“止不住落下泪来”“揩了眼泪，强整欢容”“移步近前，与女主：同携素手，共坐龙车”，心魔也一直在挣扎，想着“世上安得两全法，不负如来不负卿”对策，最终以“女帝真情，圣僧假意”方式选择忠于自己的国家，不辜负自己的责任，回绝西梁女王的真情好意，这种选择正是取经人履职尽责的个性修为的完美表现。

（二）取经团队：合作共赢的大局意识

就取经团队而言，孙悟空铜头铁臂，性格高傲，炼魔降怪有功；猪八戒贪睡好色，挑担有功；沙僧憨厚老实，保护唐僧、牵马有功；白龙马驮负唐僧和经书有功。他们虽然各有长处和弱点，各自有不同的追求，但是都忠于西天取经这个核心事业，在磨合中逐渐形成了合作共赢的大局意识。

取经团队的总目标是西行取经，但团队成员的目的是有所不同的。唐僧从起点长安出发，为了自己的信仰和责任，向西行取真经，意志坚定。孙悟空在五行山下加入团队是为了重新获得自由，猪八戒、沙僧、白龙马分别在高老庄、流沙河、鹰愁涧加入团队，都是为了个人的前程。团队成员先后加入，做事分工明确，想法求同存异，一路向西都以取经事业为重，这种大局意识造就了团队合作与共赢的精神。这种默契的合作不是一开始就能形成的，而是在经历了很多困难和磨合后才逐渐形成的，第五八回“二心事件”象征着取经团队合作精神的完全形成，也是整个团队由内斗走向合作的重要转折点。

“二心事件”以前，唐僧与孙悟空是相互不信任的，合作的过程中常常充满不愉快。最能体现这一点的是孙悟空三打白骨精后，白骨夫人变成一堆粉骷髅，唐僧听了悟空的解释便信了被打死的老公公是妖精。然而在猪八戒的挑唆下，唐僧发誓“再不要你做徒弟了！如再与你相见，我就堕了阿鼻地狱”（第二七回），狠逐孙悟空离开团队。这可以看出，不仅唐僧不信任孙悟空，猪八戒也讨厌孙悟空，原因是八戒看不惯孙悟空称呼他“呆子”的傲慢作风，同时也嫉妒“大师兄”的位置，直到在黑松林遇到黄袍怪（第二八回）后，才懂得“当家才知柴米贵，养子才知父母恩”的道理，于是到花果山义激孙悟空回来。

“二心事件”之后，“三藏遵菩萨教旨，收了行者，与八戒、沙僧剪断二心，锁阱猿马，同心勠力，赶奔西天”（第五九回），这样团队在艰难磨合后走向合作，成员再无二心。当唐僧经过凌云渡脱胎换骨后表示感谢三个徒弟，这时孙悟空的一番话道出取经团队共赢的真谛：“两不相谢，彼此皆扶持也。我等亏师父解脱，借门路修功，幸成了正果；师父也赖我等保护，秉教伽持，喜脱了凡胎”（第九八回）。取经团队的大局意识就体现在这种“彼此皆扶持”的合作过程中，最终达到了共赢的效果。

（三）取经事业：矢志不渝的爱国情怀

就整个取经事业而言，求取真经是为了弘扬佛法、普度众生，目的是“保我王江山永固”，唐僧这种矢志不渝的爱国情怀，成就了东土大唐王及国民，也成就了自己及团队。

取经事业发起人主要有两个：东土大唐王和灵山如来。纵观《西》整体情节，如来才是幕后的取经主人，唐王是现实中对取经事业官方许可的认定者，这个事业的本身就属于国家的意志，是一种爱国行为，更体现了“尽忠报国”的传统文化。从文本来看，取经事业可分为东土大唐国的事业和灵山大雷音寺的事业。

就大唐国事业而言，取经人唐僧忠于现实的唐王，体现在对大唐国的爱国情怀上，体现在唐僧对唐王的尽忠上。作为长安城化生寺的一名大阐法师唐僧，求取真经来弘扬佛法、普度众生是其本职，也是他毕生的责任和信仰。面对内心求取佛法的个人理想和唐玄宗的知遇之恩，明知“程途遥远，跋涉山川，虎豹妖魔众多，渺渺茫茫，吉凶难定”（第一二回），他将“法轮回转，愿圣主皇图永固”作为个人理想的组成部分，立下“不取真经，永堕沉沦地狱”的“弘誓大愿”，将个人理想与国家理想高度融合，把取经事件由个人行为升华成国家事业。唐僧也因此成了尽忠报国的典型形象，也揭示了他对东土大唐的爱国情怀的深刻内涵。

就灵山大雷音寺事业而言，取经人忠于如来。直观来讲，唐僧本是“如来之二徒，名唤金蝉子”（第一〇〇回），“只因他不听佛祖谈经，贬下灵山，转生东土，教他果正西方，复修大道”（第五七回）。当取得真经后，皈依佛门，秉如来迦持，对佛门从不忠到忠的转变就是完成这一国家事业的表现，如来的良苦用心便是教会“轻慢如来之大教”的二徒金蝉子拥有矢志不渝的爱国情怀。如来和灵山分别是神界的人物和国度，从象征的角度来看，灵山在每个人的心里是人的理想与信念，“只要你见性志诚，念念回首处，即是灵山”（第二四回）。灵山大雷音寺的国家事业象征着每个人心中的国家事业和爱国理想信念，“佛在灵山莫远求，灵山只在汝心头。人人有个灵山塔，好向灵山塔下修”（第八五回），这段孙悟空与唐僧的对话便是最好的解释。

二、《西游记》中传统文化元素对初中生的有利影响

《西》中的传统文化元素对初中生的有利影响是极其深远的，通过阅读原著能够促进学生形成言语经验、提升思维品质、获得审美体验、增强文化自信，有利于提升其核心素养。①

（一）形成言语经验

《西》是部传统文化思想贯穿全书的文本，其中丰富多彩的诗词语言是促进学生“语言建构与运用”的优质教学资源。文本里多是描人、绘景、叙战、传佛或开篇等诗词，语言凝练，富有韵味。比如第五九回的描人诗：“头裹团花手帕，身穿纳锦云袍。腰间双束虎筋绦，微露绣裙偏绡。凤嘴弓鞋三寸，龙须膝裤金销。手提宝剑怒声高，凶比月婆容貌。”这首诗将罗刹女的外貌、着装、形态、动作活灵活现地描绘出来，人物形象呈现立体化特征，具有较好的审美价值。学生获取原著中诗词信息，积累原著中诗词语言，梳理诗词意象，整合诗词描写方法，想象补白，再现诗词的意境美，培育阅读古典诗词的语感，通过对原有认知结构的刺激来达成第四学段阅读目标，即“品味作品中富于表现力的语言”。同理，将贯穿《西》全书的优秀传统文化元素作为新材料在学生头脑中形成一个内部知识结构，有着与文本中诗词语言同等的功效，也能有效地促进个体言语经验的形成。

（二）提升思维品质

教师引导学生运用“分析”“综合”“评价”等高阶思维，理解《西》中传统文化元素的内涵，可以发展学生思维水平，提升思维的品质。

第一，分析人物，培养形象思维。受现代影视剧影响，取经人唐僧这一形象往往给人一种“软弱无能、遇事就哭”的刻板形象。然而，学生通过读文本后

① 中华人民共和国教育部：《普通高中语文课程标准（2020 年修订）》，人民教育出版社 2020 年版，第 4 页。

会发现，唐僧是一个意志和信仰坚定、有责任心和使命感的形象。作为肉身凡胎的唐僧，面对自己的取经责任与信仰，在“明知不可为”的现实面前“而为之”，将取经事业作为生命的意义所在。每当处于“已自分必死，莫可奈何”的困境时，便悲从中来，在自我即将牺牲与使命还未完成的矛盾中涕泪横流，这种将生命的意义视为“保我王江山永固”的爱国主义形象，便是对唐僧人物形象的最好阐释。

第二，综合情节，培养逻辑思维。长篇小说《西》情节跌宕起伏，许多情节并不是非常的连贯，学生阅读时需要运用逻辑思维将小说前后情节进行梳理，形成自己的理解与思考，获得思想的启迪。如“二心事件”中，学生对真假孙悟空的判断就需要运用逻辑思维。六耳猕猴所表现的是不忠于唐僧和取经团队的行为，可以说是孙悟空本身的另一种想法。当孙悟空拜师菩提祖师门下，打破菩提祖师盘中之暗谜后，说了这样一句话：“此间更无六耳，止只弟子一人”（第二回），这已经说明六耳猕猴并不存在。还有两处细节也可以证明（第五八回）：一是观音菩萨和唐僧念“紧箍儿咒”，二人一齐叫苦；二是幽冥神的法力不能擒拿妖精，不敢当面说破真相，而如来佛法无边，慧眼便识得真假，却说假孙悟空是六耳猕猴，目的在于让孙悟空能够重新回到取经团队。设想如来直接说出来六耳猕猴就是孙悟空，那就是承认孙悟空有“二心”，意味着他就不能回到取经团队，在各自为政与顾全大局之间巧妙地运用移花接木的手段，化解危机，这也是作者写作的高超之处。学生通过这样的逻辑思维将情节综合起来思考，自然会理解文本的深层含义。

第三，评价主题，培养辩证思维。评价主题是培养学生辩证思维的途径之一。“游戏之中暗传密谛”的《西》是部主题丰富的小说，是培养学生辩证思维的教学资源。传统文化元素贯穿《西》的主题，从不同的角度可以阐释出不一样的主题。从取经事业的角度来说，其主题是宣扬爱国主义思想：取经事业既能让东土大唐国江山稳固，又能让灵山佛法得到传播；从取经团队的角度来说，其主题是宣扬团队合作共赢的大局意识：团队里的每个人虽然都有优缺点，但都是不可或缺的一员，只要团队内部有着大致相同的奋斗目标，有着足够的包容境界，就能完成单枪匹马所不能完成的任务。从取经人的角度来说，其主题是每一个人的奋斗史：任何事情想要成功，都不可能一蹴而就，需要经历长久的磨炼，由梦想和磨难交织成的每一首人生乐章，在细节之处都会有所不同。只要人不是醉生梦死、浑浑噩噩，而是有所追求的，那么这个人心头就会有一座灵山，人生就是一部《西》。与传统教科书式的解读相比，从不同角度进行解读，会让学生耳目一新，发现与教材不一样的解读，让学生产生阅读兴趣，培养学生用辩证思维看待问题的基本素养。

（三）获得审美体验

审美体验是人在客观世界中创造与自己心理结构相契合的审美意象，获得领悟审美对象的特殊感受力。这表明想让学生获得整本书阅读的审美体验需要以文本为载体，创造与自我认知相符合的审美意象。如阅读第五九回罗刹女的外在"丑样"形象描写就可以学会审美鉴赏。罗刹女是小说中代表丑陋、凶恶的女人。"丑……是与美相对立而存在的一种生活样态，吸收丑是为了美而不是为了丑"（罗森克兰兹《丑的美学》）。这表明审丑是以审美为目的，理解文本中罗刹女凶恶的样子，就可以理解中华传统文化中的人性美。

审美体验具有时代性，内容要符合当代人的审美观，才能让学生感受到美。课标对于第四学段阅读教学建议为："阅读教学应引导学生钻研文本，在主动积极的思维和情感活动中，加深理解和体验，有所感悟和思考，受到情感熏陶，获得思想启迪，享受审美乐趣。"①《西》的内容本就具有审美价值，语言凝练但苦涩难懂，须赋予其以时代内涵的解读，才具有审美的可能，否则美难以被初中生所接受和理解。

（四）增强文化自信

中华传统文化积淀着民族最深层的美德与智慧，为民族生生不息、发展壮大提供丰厚的滋养。《西》是优秀的古典文学作品，弘扬其优秀传统文化，不是回到过去、守旧复古，而是要立足新的实践，顺应时代潮流，用优秀的传统文化引领社会主义先进文化的建设和发展。

《西》中的优秀传统文化在历史的洗礼中被赋予了丰富的新内涵，不仅表现

① 中华人民共和国教育部：《义务教育语文课程标准（2011 年版）》，北京师范大学出版社 2012 年版，第 11 页。

出古代传统“德育”教化的精华，还表现出当代社会主义核心价值观的精神内涵，包括自强不息、爱岗敬业、诚实守信、团结友善、文明和谐、爱国主义等元素，这些有利于学生对自身文化价值充分肯定，增强对自身文化生命力的坚定信念。在《西》的阅读过程中，学生可以“认识中华文化的丰厚博大，汲取民族文化智慧”，理解取经人、取经团队、取经事业所蕴含的履职尽责、合作共赢、爱国情怀的传统文化元素，符合社会主义精神文明视域下立德树人的要求和语文课程思政的教育理念，有利于学生“培养爱国主义、集体主义、社会主义思想道德和健康的审美情趣，发展个性，培养创新精神和合作精神，逐步形成积极的人生态度和正确的世界观、价值观”。

三、教师指导《西游记》导读是渗透传统文化元素的有效方法

虽然阅读原著会产生积极影响，但是初中生对整本书的理解能力有限，对传统文化元素的把握会停留在字面，往往不得真谛，影响语文核心素养的发展。《课标》阅读教学建议：“教师应加强对学生阅读的指导、引领和点拨，但不应以教师的分析来代替学生的阅读实践，不应以模式化的解读来代替学生的体验和思考”。为此，语文教师需要对初中生阅读原著进行导读指导，可以运用“项目化学习”① 的原理，以驱动性问题来将学生引入情境化的课堂氛围中，设置故事选讲、章回温故、自主讨论等教学环节，有机渗透《西》中优秀的传统文化元素，“防止学生逐字逐句地过深分析或远离文本的过度发挥”，将名著导读课变成人文课程，追求立德树人润物无声的教学效应，帮助初中生形成正确的社会主义核心价值观。

（一）故事选讲，渗透履职尽责的个性修为

部编本七年级（上）名著导读《西》的专题一就是取经故事会，张劲老师

① 夏雪梅：《项目化学习设计：学习素养视角下的国际与本土实践》，教育科学出版社2018年版，第53页。

选取邮票上描绘的五个故事情节来设置驱动性问题,① 给了我们较大的启示。导读指导可以以取经人为线索创设“故事选讲”的课堂情境，试图设计渗透履职尽责的驱动性问题供学生选择：

（1）取经人是谁？

（2）唐僧作为取经人之一，与唐王和唐国之间构成一种怎样的关系？

（3）从原著中哪些内容可以看出，取经行为是一种有“官方参与的行为”？

（4）“四圣试禅心”（第二三回）事件对取经人而言有怎样的意义？

（5）比较阅读“四圣试禅心”和“情阻女儿国”（第五三至五五回），尝试评价唐僧这一人物形象。

上述五个驱动性问题是围绕取经人唐僧这一特定对象设计的，问题之间相互联系，层层递进。取经人既可以特指也可以泛指，这里采用特指是为了引导学生分析唐僧这一人物形象，他对取经的履职与对大唐的尽责通过人物形象的分析得以呈现，学生联系生活实际与实现民族复兴的历史使命和社会责任，明确作为学生的本职工作，学习认识自我、规划人生，懂得履职尽责为中华民族伟大复兴而努力。在“故事选讲”课堂情境中，学生根据五个问题中的一个或几个问题选择所对应或相关的故事进行讲述，教师始终处于主导的位置，积极引导学生吸纳传统文化的积极元素，摈弃消极元素，避免“以模式化的解读来代替学生的体验和思考”。

（二）章回温故，渗透合作共赢的大局意识

《西》是部章回体小说，共一百回，篇幅如此之长，因此需借助提纲挈领的“回目”理清取经团队的人物、地点和中心事件。引导学生对整本书“回目”温故，以取经团队为线索，创设“章回温故”的课堂情境，梳理出取经团队的成员组成关系及协作状态，设计渗透合作共赢的驱动性问题供学生思考，追求达到

① 张劲：《用项目化学习推动名著导读——以〈西游记〉为例》，载《中学语文教学》2020 年第 8 期。

“温故而知新”的学习效果。问题可以设计为：

（1）取经团队有哪些人物组成？谁是团队的核心人物？

（2）取经团队的奋斗目标是什么？团队中每个成员的奋斗目标又是什么呢？

（3）取经团队的成员有着怎样的分工与协作？

（4）“二心事件”中真假美猴王的情节设置的用意是什么？

（5）回顾第九八回，唐僧经过凌云渡脱胎换骨后，感谢三个徒弟，此时孙悟空对唐僧的回答是“两不相谢，彼此皆扶持也”，这句话道出怎样的真谛？

上述五个驱动性问题的设计目的是帮助学生梳理“回目”，明确取经团队从形成合作到彼此共赢的磨合历程。“章回温故”的课堂情境创设，避免“以教师的分析来代替学生的阅读实践”，让学生根据问题寻找“回目”，温故情节，尝试以高阶的思维分析团队成员、综合小说情节、评价人物对话，将团队成员的目标与总目标联系起来思考，可以看出一种大局观：一旦团队的大愿景得到实现，团队成员的小愿望也就得到了实现。问题（5）中“两不相谢，彼此皆扶持也”的含义，更是直观地表达出取经团队内部合作共赢的理念，学生明确取经团队的“合作精神”，知晓做人做事的基本道理，为此《西》中优秀传统文化元素便得以有效渗透。

（三）自主讨论，渗透矢志不渝的爱国情怀

取经事业在《西》中是爱国的事业，不论是从东土大唐国还是灵山大雷音寺的角度来看，都属于国家层面的事业。为此，导读指导可以“取经事业”为主题创设“自主讨论”的课堂情境，“创造展示与交流的机会”，交流阅读心得，促进“合作学习”，领悟取经事业所体现的爱国情怀。自主讨论给了学生很大的自由思考空间，为了避免学生天马行空的讨论，有必要设计驱动性问题来限定讨论范围：

（1）取经事业的发起人是谁？

（2）如何判定取经事业的性质？

（3）东土大唐国的爱国情怀是怎样体现出来的？

（4）灵山大雷音寺的爱国情怀是怎样体现出来的？

（5）从象征的角度来说，灵山代表着什么？

上述五个驱动性问题，有利于加深学生对取经事业的内涵理解，明确取经事业是爱国行为，对学生爱国主义价值观的形成起到潜移默化的渗透作用。从对取经事业发起人的追问到对取经事业价值的判断，学生逐渐走入“讨论取经事业”的课堂情境。通过自主讨论东土大唐国和灵山大雷音寺对待取经事业的态度，分析其中体现的爱国情怀，从而将《西》中矢志不渝的爱国情怀有机融入社会主义核心价值观，发挥课程思政的育人功能。在此过程中研讨灵山的象征意义，使学生树立起“人人有个灵山塔，好向灵山塔下修”的奋斗信念。

综上，传统文化元素在《西》中呈现出履职尽责、合作共赢、忠诚爱国的时代内涵，具有较高的育人价值，对初中生“培养爱国主义、集体主义、社会主义思想道德和健康的审美情趣”，“形成积极的人生态度和正确的世界观、价值观”起到促进作用。初中名著导读教学利用经典名著《西》设置故事选讲、章回温故、自主讨论等合理的课堂情境，挖掘传统文化所蕴含的思政元素有机融入课堂教学，“汲取民族文化智慧”，规避传统文化的消极影响，让经典名著中所蕴含的优秀传统文化元素赋予新时代的新内涵，将语文名著导读课程变成人文课程和课程思政，为学生阅读整本书提供优秀文化的熏陶感染以建设当代社会主义精神文明。

文本细读

《孔乙己》研读

韩朋丽　等①

韩朋丽：《孔乙己》作为鲁迅最有代表性的小说之一，入选了部编版初中语文教材。鲁迅写这篇小说侧重表现知识分子的心灵创痛和精神裂变，通过塑造孔乙己既善良可怜又迂腐可笑的形象，揭露了当时科举制度对知识分子精神的毒害和封建制度“吃人”的本质。通过分析孔乙己的人物形象，也能看到酒客（看客）对穷人、弱者的凉薄，反映出当时社会普遍存在的势利与冷漠，表现出作家对弱者、失败者的同情和怜悯。

小伙计只是一个孩子，他在文中也是一个纯粹的看客吗？鲁迅常在文学作品中提到孩子，比如《狂人日记》中的“救救孩子”，个人感觉《孔乙己》中的小伙计这个人物形象，应该是鲁迅悲悯情怀的载体。

鲁迅小说的叙述视角是后来的文学理论及相关研究中常提到的一个亮点。在这篇小说中，如果直接让孔乙己成为叙述者，就是第一人称，不太合适，因为孔乙己的悲剧只有旁人才能看得出来；如果完全采用第三人称视角，像上帝一样全知全能，对人物所有的心理无所不知，什么都可以叙述，会缺少一种现场感，稍有疏忽就会显得空洞和浮泛。而用小伙计这个与孔乙己有很多交道要打的观察者和行动者这个旁观者角度来叙述，就很巧妙，从小伙计的个人成长（从不会掺水的诚实到心理上对孔乙己的蔑视）出发，更加凸显出孔乙己的可怜。

鲁迅是以笔为枪的“战士”，喜欢论争，论争把所有的阶层都作为对手，论争才能排解内心创痛。他似乎是冷漠无情的，少年的创伤让他有了洞悉人性的敏

---

① 作者简介：韩朋丽、邓希纯、吴珊珊、邹兴、刘杨、阮汝佳、罗琼、刘子莹、王贺杰、张亦坤、王慧琴、熊苒君，黄冈师范学院文学院东坡国学良师班1807班学生。

感心灵，但他在本质上又是一个温情的人，“俯首甘为孺子牛”，照顾家庭，真心待友，也会在爱情里撒娇亲昵。他之所以能被称为“民族魂”，绝对不仅仅是因为他的冷漠，他的批判性，更多的是关于悲哀国民性之中的悲悯情怀。在最后一次小伙计见到孔乙己时，通过小伙计的眼睛，我们看到了“黑且瘦，穿破夹袄，盘两腿、草绳挂着蒲包”的孔乙己这样一个很细致的破落形象，如果小伙计对孔乙己完全蔑视，就不会有这么细致的观察，“原来他便用这手走来的”，我读“原来”这个词，心里会有一种悲伤的触动，这是小伙计的心理活动，我认为这是鲁迅悲悯情怀落实在小伙计身上的体现，包括文章末尾最后一句“大约孔乙己的确是死了”，可能性之中又用了确定性的词语，值得细细琢磨。“大约”二字结合现实丢失物品的语境来说，“大约”似乎还包含着对孔乙己有“还活着，还能找到，还能见到”的希望的一种肯定，“的确”是二次确定，鲁迅是希望社会中孔乙己这类人真的不再有。我想，文中的小伙计形象和完全麻木冷漠的其他酒客是不同的，他是鲁迅绝望色彩的悲剧作品中，带有矛盾的悲悯情怀的希望所在。

鲁迅深刻而痛苦的生命体验，宽广而博大的精神人格，丰盈而略微偏执的人格构成为后人提供了一份研究中国人精神状况的标准。鲁迅并不希望自己的小说长久被人记住，因为他希望社会中真的少些“孔乙己”“阿Q”式的人物，国民性不容易改变，可幸的是在鲁迅这样的有识之士的呐喊下，人们在进与退中已经择善而从。

邓希纯：《孔乙己》较为突出的一个特点就是，它运用喜剧融入悲剧的写作手法，形成一种悲喜交融的写作效果，以喜剧的氛围反衬出孔乙己悲剧的一生。作家经常以社会中普通人的典型事例来反衬出当时社会普遍存在的问题，而鲁迅则以孔乙己的喜剧揭露和鞭笞了封建社会科举制对读书人以及社会底层劳苦大众的摧残。鲁迅的文学作品中常以喜剧融入悲剧之中，以突出其文学作品的悲剧性。

《孔乙己》以“笑声”为线索，从小说开头到结尾，都显示出笑声的讽刺意味。笑，作为喜剧不可缺少的重要因素，在《孔乙己》中恰好能够反衬出孔乙己在那个世态炎凉、人情冷淡的社会中的现实悲剧。文中作者用一连串的“笑声”，以喜剧的形式充分显现和强化悲剧的内效果，以别人的笑来反衬孔乙己的迂腐愚钝、穷困潦倒。孔乙己在人们的不断嘲笑中出现，又在人们漠不关心中离开，充分地表现出当时社会封建礼教对读书人的戕害。

《孔乙己》中的笑声，在某种意义上就是孔乙己的伤疤。酒客和掌柜对孔乙己的取笑，实质上是拿孔乙己的不幸和痛苦来作乐。作者以这些人对孔乙己的取笑充分勾画出这些人麻木不仁、趋炎附势的嘴脸，在众人的笑声里蕴含着孔乙己人生中无限的悲凉气氛。这些人的笑，更加体现出喜剧融入悲剧的效果。

吴珊珊：鲁迅先生，写《孔乙己》的“主要用意，是在描写一般社会对于苦人的凉薄”。这“一般社会对于苦人的凉薄”，在此篇作品中，就表现为那些“愚弱的国民”所组成的“一般社会”对于酒店小伙计“我”与孔乙己的“侮蔑”——这种“侮蔑”却正是经历过“从小康坠入困顿”的先生当年从质铺和药店及“寄食”的亲戚家里所受到的那种“侮蔑”：这种“侮蔑”被少年鲁迅所“深味”，更在“迅哥儿”成为“鲁迅”的途路之中发挥了不可估量的作用。

质铺、药店和酒店一样是一个能够看见“一般社会”的所在，只不过酒店这个所在能够看得“更集中、更典型、更有普遍性”，所以先生选择了酒店作为“我”与孔乙己活动的场所。虽然有“情面大”的荐头，可是，“我”到店伊始，即遭到掌柜赤裸裸的“侮蔑”：“样子太傻，怕侍候不了长衫主顾，就在外面做点事罢。”能够找得到“情面大”的荐头，说明“我”不是普通的贫乏难存的家庭的孩子，而最大的可能正是如先生这样“从小康坠入困顿”的人家的孩子。困顿人家的孩子，当然少有不“样子太傻”的，特别是在那些“愚弱的国民”的眼里。正因为这赤裸裸的“侮蔑”，才有“掌柜是一副凶脸孔，主顾也没有好声气，教人活泼不得”的处境。

“站着喝酒而穿长衫”可谓是对孔乙己形象的经典描述。一般都认为这表现了孔乙己放不下读书人的架子，不屑与短衣帮为伍的自欺欺人的心理。然而，细细一品味，我们认为，上述说法不免失之于表面。进一步品味，我们完全可以推测出的是，这件长衫很有可能是“不会营生”的孔乙己唯一的一件外衣了，所以才会“又脏又破，似乎十多年没有补，也没有洗”。更重要的是，这件长衫显现的正是一个“彷徨”于“短衣帮”和“穿长衫的”之间的形象。

孔乙己靠替人抄书换一碗饭吃，鲁迅先生也曾经“寓在这屋里钞古碑”，于一个传统社会成长的不得志的读书人而言，被命运或环境所逼迫，从事着非本意所在的工作，个中之单调、郁闷乃至于无聊应该是先生深有体会的。所以孔乙己“坐不到几天，便连人和书籍纸张笔砚，一齐失踪”。又岂是一个简单的“好喝懒做”。所以，所谓孔乙己的“好喝懒做”只不过是“听人家背地里谈论”而已，而这种“背地里谈论”在很大程度上正是来自“一般社会”的对于孔乙己的“侮蔑”。

孔乙己给孩子们吃茴香豆则更可以证实我们的这一分析。从“多乎哉？不多也”这孔乙己张口就来的话语中，我们可以看出，孔乙己将儒家经典《论语》读得颇熟，而给孩子们吃茴香豆，更可以看出儒家的核心思想“仁”对其影响颇深。我们完全可以想象，一文钱一碟的茴香豆本来就是“不多”的，可就是这“不多也”的几颗茴香豆，孔乙己还能给孩子们“一人一颗”，这又岂是“好吃”之徒所能为之。或许，很多时候，“不会营生”的孔乙己——这个身材高大的成年男人，就需靠着这区区一碟茴香豆聊以果腹充饥呢？对比一下那些“阔绰”因而可以“踱进店面隔壁的房子里，要酒要菜，慢慢地坐喝”的长衫主顾们对于一个为自己提供服务的孩子尚且“没有好声气”的情形，“愈过愈穷，弄到将要讨饭了”的孔乙己身上其实具备着仁义善良的品格。

小伙计和孔乙己都是不被这个“一般社会”所宽容接纳的人，相较于希望孔乙己这样困于科举、进取无门的人消失，更应该思考如何让社会有更多的包容性，产生如何样子的人。希望社会越来越进步，能让每一个人都能勇敢地站起来在光明里走路。

邹兴：孔乙己的名字，按照小说的说法是取自“上大夫孔乙己”，取得很随便，体现了人们对孔乙己的不在意，体现了孔乙己的生存状况。我猜想孔乙己可以解释为“孔子一己之身”，这篇小说就是为了批判那个被封建思想残害的时代，当然鲁迅先生不是反对孔子，而是反对统治者们利用孔子思想，把它作为愚民的工具。而孔乙己就是那个时代一个典型的人物。

小说以十二岁小伙计的视角来叙述这一切，文中说小伙计因为不聪明而不能侍候长衫主顾，又被掌柜说不能干伺候短衫主顾的活，成了一个温酒工。也许不是小伙计太笨和干不了，可能是掌柜的忌惮，这说明了小伙计也是一个被时代所迫害的人。就算小伙计是真的不聪明，那么也可以证明他开始是憨厚的，而就是一个憨厚的小孩，却也看不起孔乙己，证明了孔乙己的地位很低。同时小伙计的漠视与同化也说明了吃人的社会对人性的迫害，使一个单纯的人成为一个麻木的人。

小说中酒客们的言语步步逼近，一刀见血，是杀死孔乙己的刀。叫、嚷都是奚落和嘲弄，明明没有约定好说出的话却步步推进，推波助澜，逼得孔乙己走向死亡。由浅入深，最后的“你当真识字么”和“你怎的半个秀才都捞不到呢”，一刀见血，直刺孔乙己的心。他们轻松的谈吐里，蕴含着无尽的恶意。仿佛让别人痛苦可以让自己开心一些。这也说明了那个时代的人们内心的痛苦无法抒发，只能恶意地去看别人更加痛苦，以此来安慰自己。这也反映了那个时代对普通百姓的毒害。

刘杨：孔乙己要教“我”茴字的四样写法，但“我”对此十分不以为然，因为“我们掌柜也从不将茴香豆上账”。其言下之意就是，孔乙己并不知道“我”和“我”所厕身其中的广大人民需要什么样的文字，这或许也是后人得出“他们又何尝具备真才实学”结论的原因之一，也即，读书人孔乙己和“我”及“我”代表的人民群众之间存在着文化认知上的隔阂。

再谈《孔乙己》的叙述人问题，作为第一人称回顾叙述，“我”是“可以悄悄移位的叙述者”。一个是二十多年前的“我”，即“小伙计”，一个是二十多年后的“我”，即成年人。整个《孔乙己》的复调叙述者结构及其过程，就是由前一个“我”和后一个“我”或者二者在交替自由转换中共同完成的。从小说文本的叙述话语来看，《孔乙己》的叙述者是二十多年后的“我”。“这是二十多年前的事了”“所以至今还记得”“到现在终于没有见”等，是过去追忆的叙述形式。

关于叙述角度的理论有很多，如热奈特的聚焦模式，在这我们又学习到了法国叙事学家兹韦坦·托多罗夫的叙述体态。所谓叙述体态，即叙述者观察故事的方式。人物与叙述者的关系主要有三种形式：叙述者>人物（从后面观察），叙述者=人物（同时观察），叙述者<人物（从外部观察）。《孔乙己》的叙述角度是叙述者>人物。严家炎也说：“有时用不谙世情的小伙计身份面对孔乙己，把镜头推近，叙事显得活泼、有趣、亲切；但有时又可以把镜头拉远，回忆中带有极大的悲悯、同情，更易于传达作者自身的感情和见解。”随着“镜头”伸与缩的移位，孔乙己的故事和小伙计的心事穿插连接，叙述者于咸亨酒店中的人与事了然于胸。

阮汝佳：心理敏感的人能更好地感受和把握人的心理，鲁迅先生作品中对人物形象塑造得非常好，他们行为的支撑就是心理活动。弗洛伊德有一个非常重要的理论，他认为人格结构分为三个部分：本我、自我、超我。本我，本能的我；自我，社会中的我；超我，理想中的我。

我主要想从心理学来分析孔乙已这个人。他是一个非常复杂的人，爱偷东西，迂腐，却又让人可怜。孔乙已好吃懒做，喜欢偷东西，最后还因为偷东西被打断了腿，这就是他的本我。明明能读会写，但就是因为自己自命清高，无法踏踏实实做事，所以选择了被原始冲动和欲望，也就是“本我”操纵进行偷窃。文中描述了“偷了何家的书”“偷到丁举人家里去了”。看起来他好像就是这样一个由原始欲望支配的，没有社会道德的人，但实际上并不是这样。文本中描述，他自以为是读书人，所以即使长衫破了，他也要穿着长衫站着喝酒，自认为要保持着读书人的骄傲，虽然生活贫困，但“他在我们店里，品行却比其他人都好，就是从不拖欠”。他遵守着基本的社会道德，而且在咸亨酒店做得很好。这说明他的自我是正常的。即使是偷东西，从文中描写的两次偷窃可以看出，他偷的很有可能是书，第一次直接写偷的书，第二次说偷的丁举人家的，作者虽然没有明说偷书，但丁举人也是个读书人，而这位举人，却让人打断了孔乙已的腿，对孔乙已没有丝毫同情，冷酷无情。

相比之下，孔乙已也读过书，虽然没有考中，但却显得温情了许多，文中讲述了他教“我”写字，给孩子吃茴香豆，这其实都有着作为一个文人的关怀，或者说，是作为一个人的闪光点。点点善良，甚至很淳朴。但是，文中描写的最重要的就是他本我与超我的矛盾。他渴望得到尊重，渴望考取功名，却又不愿意努力，甘愿活在别人的嘲笑中浑浑噩噩地度日。别人说他一定是因为偷东西被打了，他争辩，“窃书，读书人的事，能算偷吗？”因偷东西，被打断腿，他用恳求的神情说，“跌断，跌”。这可以看出他已经完完全全被科举制度、封建思想毒害，到死还在坚守着自己的一点点自尊，但是自己却没有能力去维护自己的理想状态。

偷窃，好吃懒做的自我，压倒了他人格中的超我，最后剩下那一点点的自我，却也只能体现他的善良一面，无法拯救他自己。这里让我很有感触，除去孔乙己所在的时代背景，他要是能控制住自己的本我冲动，或许可以活得更好。这也给了我们生活中一点警示，即要克制本我冲动，培养自己的超我人格，做到自律才有自由。

罗琼：从前的语文课堂都说孔乙己被封建腐朽思想和科举制度毒害，精神上迂腐不堪，麻木不仁，但长大后再看，却觉得孔乙己是可怜多于可恨。他的所有悲剧性的来源都是他的生不逢时，他所接受的思想灌输使他与社会不相容。他不像俄国19世纪文学中那些既无法与上流社会同流合污，又不能和人民站在一起的贵族知识分子。孔乙己并未考取功名，无法成为一个纯粹的“长衫主顾”，又不愿与底层“短衣帮”的劳动人民相提并论，所以他是“站着喝酒而穿长衫的唯一的人”。他性格中有不少弊端，但都不如“善”给他带来的悲剧效果鲜明。

我们首先看看他的价值观，他打心底里认为“窃书”不算“偷”，封建时代的读书人认为书的价值不可与一般物品相提并论。譬如韩愈写阳城时说：“好学，贫不能得书，乃求入集贤为书写吏，窃官书读之，昼夜不出。”但这里有一个问题是为何丁举人同为读书人却对孔乙己“窃书”的行为丝毫不容忍，将他打致残疾呢？这大概是由于那个社会就是一个“爬上去吃人，爬不上去被人吃”的腐朽社会，孔乙己没有功名，只能做个底层读书人“被人吃”，而丁举人通过读书爬到上层社会，就开始随意“吃人”。为何孔乙己想借抄书来糊口，但最后却窃纸笔呢？《论语》有云：“富而可求也，虽执鞭之士，吾亦为之。如不可求，从吾所好。”孔乙己抄书并不能让他过得好，所以于他，笔墨纸砚仍是最有价值的东西。

孔乙己分茴香豆这一情节十分能体现其善良，细看之下有那么一点孟子所说“达则兼济天下，穷则独善其身”之意，只是孔乙己在独善其身的同时还将自己的一丝善良洒满周遭。从孔乙己教小伙计“茴”的四种写法来看，孔乙己并非在卖弄知识，他是真的明白知识的重要性，他说“这些字应该记着，将来做掌柜的时候，写账要用”，是真心想让小伙计学习知识。可“我”却“毫不热心”，他只得极惋惜却毫无法子。另外，从孔乙己不拖欠酒钱，在将死之时也表示“酒钱下次还清吧”，也可看出他固守的是“人而无信，不知其可也”。

再看文章中悲剧性更深的似乎是那些酒客们，文中通过对酒客“有的叫道”“故意高声嚷道”“当真认识字吗”“连半个秀才也捞不到”等描写，以及其与孔乙己的神态和语言描写相映衬，突出了看客们极力想通过揭人伤疤来得到廉价低等的快感的卑劣心态。甚至于小伙计，他也只是“附和着笑”，将孔乙己当作压抑工作间隙中的一个笑柄。

这篇文章写满了时代弊病，对知识的鄙弃，底层人民的相互歧视，社会的麻木冷漠僵化，鲁迅先生似乎想用深刻的文字来医人，警醒世人。拿到现实中来说，我们也许不是孔乙己，但不要成为一不小心“杀死”孔乙己的看客们，更不要被慢慢同化，成为将来的小伙计。

刘子莹：韩同学从叙述的视角切入文本，有自己的理解，我持不同意见。首先关于采用小伙计视角的原因，我认为《孔乙己》中虽也有想反映国民性格中看客意识的残忍性的意图，但归根结底是重在突出科举制度扭曲了读书人的灵魂，但不幸的是他们往往又自命清高、自欺欺人，作者将矛头指向制度本身，所以淡化了对个体原因的检讨，运用了非主人公的外部叙述视角，否则难免要刻画主人公的心理状态。作为非主人公的人物其实还有一个掌柜，不选择以掌柜作为叙述者，是因为他本身也是一个被扭曲者，为他所见的一切人事也必然是扭曲的，因此作者在批判科举时也要批判掌柜所代表的反面思想，这是一篇短篇小说难以胜任的。

其次，关于韩同学说的采用全知视角会显得空洞，以及《孔乙己》中视角切换的问题，我认为这并不是视角切换，而是采用了一种复合形态的第一人称外视角，就是“第一人称叙述中‘我’追忆往事的视角”与“见证人叙述中观察位置处于故事边缘的‘我’的视角”。鲁迅先生在创作中也有意避免了视角切换，例如在插叙交代孔乙己过去的遭遇时，作者特意用“听人家背地里谈论”来引领下文，假如略去这句话，就会变成全知叙述视角，无所不知，无须交代从何处听来。这种刻意避免，并不是由于全知视角的空洞，而是因为会产生叙述越权或者视角混乱，显得不协调、不完整。

酒店为各种不同的现实际遇的人暂时提供了一个相对宽松的生存和话语空间：人们可在一天的劳动后买碗酒，休息一会儿。虽然酒客中有长衫和短衣帮之分，有靠柜台站着喝和坐在房里慢慢喝之分，酒店充斥着人们精神上的冷漠，但酒店更多表现了其社会属性。

孔乙己的人生磨难固然是因自己性格弱点所致，也有封建科举制度和思想的原因，但这都是在另外场合发生的事。在心理学的范畴上，孔乙己来喝酒，实质是“迷逃症”，其实是双重人格的现象，迷逃是一重人格，现实中又是另一重人格。有不少学者认为，孔乙己外在死因是挨打和饥寒交迫，内因其实是精神分裂。心理分裂学派认为，意识所感受的经验原来是一盘散沙，因为“自我”把他们综合起来，才联贯成一个完整的人格。在孔乙己心中有两种自我：一个是品行端正，在科举中成为人上人的理想世界，一个是苦读多年的失意穷书生的现实世界。他一碗热酒下肚，在想象中进入另一个自我。虽然在所有看客眼中，是“讨饭一样的人”，但孔乙己不放过在酒店里寻求失落的价值和被损害的尊严的机会，比如喝酒之后有了说话的欲望，与小伙计谈读书写字。但他最终没有成功地完成精神迷逃，阻力主要是酒客和掌柜的狙击，面对无所顾忌的奚落和取笑，他在迷逃的路上步步退守，孔乙己到酒店本为求得一点温暖和安慰，但承受的却是一般社会对于他的排斥。

王贺杰：在这篇小说里，咸亨酒店不仅仅是个地名，也象征着整个旧社会。读这篇小说你会发现人与人之间在当时的小社会里并不是平等的，短衣帮只站立在柜台外喝酒，而长衫客则可以走进屋里的雅座，“我”（小伙计）连笑都要看掌柜的脸色。顾客与掌柜、小伙计之间也不信任，因为掌柜唯利是图，卖酒要羼水以牟取利润。掌柜、长衣衫嘲笑他（孔乙己）、短衣衫侮辱他，孔乙己好心教“我”识字，“我”认为他是“讨饭的人”。这里展示出的不仅仅是一个酒店的形态而是一个社会的形态，咸亨酒店中人与人的关系，反映出国民精神的麻木愚昧、冷酷无情，被压迫者和压迫者的不幸，反映了当时病态的社会。鲁迅把当时的社会浓缩成一个鲁镇，又把焦点放在咸亨酒店，旧社会的各种症结都通过酒店这个象征表现出来。象征主义手法的运用提高了作品的思想性和战斗力。

张亦坤：“孔乙己是一个被封建腐朽思想和科举制度毒害，精神上迂腐不堪，麻木不仁，生活上四体不勤，穷困潦倒，在人们的嘲笑戏谑中混度时日，最后被封建地主阶级所吞噬的悲惨形象。”这是一般性的解读，高度集中地批判封建科举制度，极力鄙视孔乙己这类读书人。可是真的是这样吗？孔乙己难道就没有一点“优根性”吗？

有几回，孩子们围住孔乙己，他不恼，一人一颗分豆子给他们吃。茴香豆虽不是什么珍贵的东西，但对于他这样穷困的人算是奢侈了，相较那些个长衫客，他们哪个不比孔乙己阔绰，可谁又愿意分豆给孩子们吃呢？最让人忍俊不禁的是当孩子们再次把目光望向碟子，孔乙己不是谩骂，不是恼怒，而是着了慌似地伸出五个手指将碟子罩住，摇头晃脑地说："不多哉，不多哉。"此刻，我仿佛看到一个心性透明，以善待人的老头子，可爱极了。自己尚且不富裕，却仍能与小孩子逗趣，给他们茴香豆吃，在那个年代实属不易。但"孔乙己是这样的使人快活，可是没有他，别人也便这么过"。确实，于旁人，他不过是茶余饭后闲谈的笑料罢了，他从未被人放在过心上。我认为他最后是被众人的冷漠逼死的。

孔乙己是那个时代的"边缘人"。他既不能挤进那些"穿长衫"的阔绰的人们的圈子里去，可又不乐意脱掉长衫，放下架子，与那些做工的"短衣帮"为伍。紧接着的"君子固穷""之乎者也"之类的语言，原本是他自我标榜的标签，却成了他人口中的笑料。而当人家说他偷了书时，他那句经典的"窃书不能算偷……窃书！……读书人的事，能算偷么？"则更是他人对他揶揄讽刺常说常新的老段子。当旁人质疑孔乙己是否识字时，他露出不屑的神色。当听到"为何连秀才也捞不到"，孔乙己此时的脸色瞬时发生变化——"立刻显出颓唐不安的模样，脸上笼上一层灰色"，问题一针见血，显然他对秀才这事是在乎的，被揭开后充满挫败感。当时孔乙己虽不算一个正统的读书人，但有点文墨，在当时"惟有读书高"的阶级社会中，地位、社会的承认度总还是比"我"，一个酒店小伙计高，"我"亦是把他看作笑料，把他看作讨饭一样的人，不屑于他考我。我们在纸上也触摸得到孔乙己的悲凉与凄苦。

王慧琴：从叙事学来看这篇小说，鲁迅先生从一个咸亨酒店小伙计的视角进行叙述。通过"我"的所见所闻来阐述孔乙己的背景故事，充分表达了鲁迅先生对孔乙己悲惨身世的哀叹之情。在这篇文章中可以充当"我"这个角色的人物有很多，但他有一个限定条件就是这个人必须是真正在现场，看到一些场景的人才行。而在场的人有：酒客们、掌柜、孔乙己、小伙计，等等。若从孔乙己的角度叙述，将会隐藏一些孔乙己落魄时的事情，淡化矛盾；若从酒客们或掌柜的角度叙述，会使整个故事充满一种冷漠感，鲁迅先生所要表达的思想就会被埋没在他们的麻木不仁之中；若从全称视角进行叙述，不但容易造成视角混乱，而且会丧失一些神秘感；而从小伙计的视角出发，在极度还原情节的同时，还会有极强的代入感、认同感。"我"（小伙计）的真正意义在于，随着故事情节的展开，小伙计的性格也在随之改变。“我”与孔乙己、酒客们、掌柜的关系是微妙的。开头“我”是一个冷漠的旁观者，保持着冷漠与客观，但从小说的字里行间，我们也能体会到“我”并不是一个冷酷无情的人。如：“样子太傻，怕侍候不了长衫主顾。”“在这严重监督下，羼水也很为难。所以过了几天，掌柜又说我干不了这事。”从这些话语里面，我们也可以看出小伙计是一个憨厚老实的人。可最终他也变成了一个冷漠无情的看客，如：“在这些时候，我可以附和着笑，掌柜是决不责备的。”“我愈不耐烦了，努着嘴走远。”“我温了酒，端出去，放在门槛上。”小伙计也加入了嘲笑孔乙己的行列。从小伙计的性格变化里，我们看到了一个“吃人”的社会，即使一个人的本质再纯粹，他也逃不掉“被吃”的命运，最后化成一个恐怖的“怪物”。

科举制度毒害知识分子的精神，封建制度荼毒人们灵魂的时候，也在让“人吃着人”。孔乙己一直自命清高，性格迂腐顽固。在穷苦潦倒的生活环境下也要身穿长衫，留着长长的指甲，不愿劳动。酒客们自己也是被剥削者，也有自己的心酸无奈，但他们为了自己的开心而频繁地挖苦孔乙己。从某种角度上说，他们是在“杀人”。

熊苒君：我更多的是关注鲁迅先生的人物描写的手法。在《孔乙己》这篇文章里，鲁迅用十分精练的笔墨，勾画出孔乙己生动的形象。从叙事方式上说，一方面小说并没有一般化地叙述和交代孔乙己的悲剧，而是通过第一人称的“我”的表述来侧面展现这个人物。这种看似第一人称，实则第三人称的手法，可以让读者直接感受到孔乙己这个人物的性格。这种经典的表述，包括但不限于文章一开始“站着喝酒而穿长衫的唯一的人”，还有接下来的动作描写、语言描写、神态描写等一起使读者脑海中构想出立体的人物形象——一袭破旧长衫，青白面颊，皱纹间夹些伤痕，乱蓬蓬的花白胡子上沾着几点酒渍，茕茕孑立，腰杆却挺得笔直，不急不慢，清啄酒碗，若有所思，这就是孔乙己的人物形象。从长衫的叙述中，我们已然能够读出孔乙己作为一个悲剧人物所具有的矛盾，他既不能挤进那些“穿长衫”的阔绰的人们的圈子里，可又不乐意脱掉长衫，放下架子，与那些做工的“短衣帮”为伍。紧接着的“君子固穷”“之乎者也”之类的语言，原本是他自我标榜的标签，却成了他人口中的笑料。而当人家说他偷了书时，他那句经典的“窃书不能算偷……窃书！……读书人的事，能算偷么？”更是他人对他揶揄讽刺常说常新的老段子。

另一方面，小说中“我”对孔乙己的观察，更是强化了读者对孔乙己的同情。孔乙己还活着的时候“我”就在这个茶馆做事了，那年才12岁。鲁迅借助一个12岁孩子的眼光来看孔乙己，而孩子往往是可靠的，令人信赖的，不会撒谎的，所以更能与读者产生共性。文中还直叙孔乙己的“品行却比别人都好”并用了350个字来论证这句话。而这段话也成为小说在情感上的高潮。主人公的悲惨命运和酒客们发出的阵阵笑声形成了极鲜明的对比。贪婪的掌柜，冷淡的酒客，天真的孩子，冷酷的丁举人等构成了麻木、不觉醒的看客形象。孔乙己是一个被他自己信奉的封建思想和拥护的科举制度所束缚毁灭的人，但这个命运悲惨的读书人在咸亨酒店内外都得不到人们的同情。相反，他的不幸成了人们茶余饭后的笑料。咸亨酒店有着极强的等级制度，有阔绰学过习的长衫顾客，也有粗鄙穷苦的短衫顾客，他们平时并不一起喝酒，但在对待孔乙己的态度上，他们却是一致的。孔乙己一来，他们就哧笑，店内外都充满着快活的空气。这里可以反映那个时代国民的劣根性——嘲笑比自己过得不好的人，以此换取短暂的满足感。这种冷漠刻薄和麻木，就像严冬里的寒气，笼罩着当时的社会。我想，鲁迅也是想通过这篇文章说明环境造就人，在等级森严的封建秩序下，民众的活力、热情、同情心会被扼杀，变得麻木不仁，自私冷漠。最后也就造成了那个结局——孔乙己大约的确已经死了。

不可否认，旧时读书人迂腐愚昧、自命清高的习性确实在孔乙己的身上得到充分体现，可在那个“爬上去就吃人，爬不上去就被人吃”的时代，孔乙己难能可贵的人性温情，却是最大的闪光点。他穷极一生追求自己的人生理想，渴望通过读书、考取功名改变自己的生活方式和社会地位，可还是没能成功。

这篇小说反映了封建文化和封建教育对读书人的毒害，控诉了科举制度的罪恶；揭示了封建社会的世态炎凉，人们冷漠麻木、思想昏沉的精神状态，从侧面反映了封建社会的腐朽和病态。比如“孔乙己”这个名字，本是个外号，但却成了常用名。这除了说明外号跟人的贴切之外，从另一个角度来看，或许更有深意。儒家最重正名，而孔乙己偏偏一辈子都没有正名，这个名字本身既是一种讽刺，也更激发了读者的同情。

《边城》研读

张亦坤　等①

张亦坤：何为边城？文章写道："两省接壤处，十余年来主持地方军事的，注重在安辑保守，处置极其得法，并无变故发生。水陆商务既不至于受战争停顿，也不至于为土匪影响，一切莫不极有秩序，人民也莫不安分乐生。这些人，除了家中死了牛，翻了船，或发生别的死亡大变，为一种不幸所绊倒，觉得十分伤心外，中国其他地方正在如何不幸挣扎中的情形，似乎就永远不会为这边城人民所感到。"汪曾祺先生这样理解："为什么这个小说叫'边城'？这是个值得想一想的问题。'边城'不只是一个地理概念，意思不是说这是个边地的小城，这同时是一个时间概念、文化概念。'边城'是大城市的对立面。这是'中国另外一个地方另外一种事情'。"

随着工业与经济的发展，人类的生存环境每况愈下。现实生活中渐渐难以找到一片真正纯净的天地。然而，沈从文却用他手中的笔和心中的画为我们构建出了一个最天然、最纯美的如田园牧歌般的湘西世界。在那座远离尘嚣的小城里，一切似乎依然保持着最原始、最真实的自然状态，处处透露着美的气息。

"边城"，一座如桃花源似与世隔离、宁静祥和的小镇。在《边城》展现的世界里，翠色逼人的秀竹在晴朗的阳光下投下斑驳的影子，一阵轻风吹过，留下婆娑曼舞；清澈透明的白河，鱼儿游来游去，如浮在空气里；桃花盛开在春季里，阵阵清香迎面入心；黄昏落日时，一层薄雾将河面轻锁；细雨淅沥，溪面一片烟……没有经过任何人工雕琢的天然之美，朦胧、清幽、秀丽，使人心旷

① 作者简介：张亦坤、刘子莹、阮汝佳、韩朋丽、吴珊珊、邹兴、王慧琴、罗琼、王贺杰、熊苒君、刘杨、邓希纯，黄冈师范学院文学院东坡国学良师班1807班学生。

神怡。

翠翠是一个爱情悲剧结出的令人伤痛的果实。翠翠的母亲，也就是老船工的女儿，在十七年前同一个茶峒屯防军人因唱歌而结下缘分，二人私订终身，却由于各种原因不能走在一起，因为男人不愿意违背军人的责任，女人也不愿意就此抛下孤独的父亲。翠翠的父亲因为情与忠不能两全所以服毒自尽，翠翠的母亲在生她之后到河边吃了许多冷水死去了，留下了这个可怜的孩子。翠翠近乎奇迹般地活下来了，并长大成人。翠翠的名字鲜亮、动人，焕发着勃勃生机。这个别人眼里的孤女，似乎受到了自然的眷顾，在和煦的风中，在温暖的阳光下，健康而美丽地成长着。“翠翠在风日里长养着，把皮肤变得黑黑的，触目为青山绿水，一对眸子清明如水晶，自然既长养她且教育她。为人天真活泼，处处俨然如一只小兽物。人又那么乖，和山头黄麂一样，从不想到残忍事情，从不发愁，从不动气。”翠翠的个性也是淳朴自然的，虽然有着小女孩的娇怯，但是一切行为都是发乎于心的。例如翠翠对爷爷的依恋，她同爷爷形影不离，撒着娇让爷爷陪着去不远处的茶垌城看热闹，同爷爷一同撑渡船，一同歇息，与爷爷共同“对付”硬要给钱的摆渡客，甚至拉着人家的衣角说：“不许走，不许走!”当爷爷问道：“翠翠，你得了多少鞭笋?”翠翠把竹篮向地上一倒，除了十来根小小鞭笋外，只是一把肥大的虎耳草。老船夫望了翠翠一眼，翠翠两颊绯红跑了。翠翠对傩送的爱从未宣之于口，但是她的行动细节、微妙心理中无不流露出一个少女娇羞而隐秘的心思。

刘子莹：《边城》中的复调叙事，其实是讲述了两个爱情故事，一个是翠翠与天保、傩送的爱情纠葛；另一个是翠翠父母的爱情悲剧。母亲的爱情观念是老船夫不想让翠翠效仿的。从叙述结构上来看，将翠翠母女两段爱情在现实中衔接起来的，是老船夫。老船夫在处理翠翠婚事上的态度和行为非常复杂，翠翠母亲爱情悲剧的见证者这一身份使他最初在考虑翠翠婚事时优先考虑的是“翠翠若应当交与一个人，这个人是不是适宜于照料翠翠，以避免悲剧的重演，之后当他意识到翠翠爱的是傩送而不是天保时，作为‘翠翠的祖父及照料者’，他希望将翠翠的婚事安排得对一点儿，方合道理，一切有个命”，然而这样的动机以及动机下的行为（取悦大老，暗示二老）却导致自己和顺顺，大老、二老、翠翠的关系都出现了裂痕。从这个意义上说，上一代人的悲剧又影响着下一代人的故事，两个故事经历相呼应，翠翠的柔情和母亲的热烈是两个极端，但在情深这一点上却相同。翠翠的父亲和翠翠的心上人，一个放不下军人的荣誉而自杀，一个放不下对哥哥死亡的愧疚而出走。沈从文通过这种隐性的复调叙事，刻画了他理想的世界：虽不免有遗憾，但纯情，重义轻生。

《边城》中的水原型有两个层面的意义，第一个层面，水原型代表的是女性意义，人与水的关系是孕育和依赖，边城中的人们大多靠水生活，他们与外界联系的唯一方式是渡船过河，欢庆节日也都是在水上举行大大小小的活动，是水哺育着这里的人们。翠翠是在水边长大的孩子，她从小失去父母，和爷爷相依为命，爱在水边玩耍，水也赋予了她灵动感。沈从文描写水以及水一样的姑娘，实际上也包含着他对水所对应的女性形象的期盼。第二个层面，水也代表着死亡和猛兽。翠翠的爷爷就是在一个暴雨之夜去世，洪水泛滥，渡船被冲走，换来的是翠翠爱情的希望，顺顺对她慢慢消除心中的芥蒂，甚至把她接回家住，在这里，水是夺走生命的猛兽，又是翠翠生命中重要的界点。

阮汝佳：审美理想是以理念形式存在的鉴赏原型和最高典范，翠翠这个人的形象融合了作者对于纯洁少女的审美理想。边城里面人物相处很善，作者创作有其“内在的尺度”。兄弟情体现在：大老二老通过唱歌竞争，轮到大老唱歌时也由二老唱。竞争写得很含蓄，最后二老出走也说明了这种兄弟情的真挚。

韩朋丽：大一的写作课，老师要求必读《边城》，着重体会语言特色和结尾的安排，至今记忆最深的还是那一句意味深长的结尾，“这个人也许永远不回来了，也许‘明天’回来！”留白，意味深长，言有尽而意无穷，引起无限思索。张琴琴老师另外提到了自己的硕士论文研究的就是《边城》的水，水贯穿着全篇，这一点老师并没有展开细说，仅仅作为一个方向提点，后来再看《边城》时，我都会多关注一下文章中关于水的描写。

这一次研讨作品《边城》，我对故事已经很熟悉了，于是就去思索沈老那样健康自然清新优美的小说，描绘了乌托邦式的乡土社会，这清新朴素的表面之下，为什么留存在心中的是一种悲剧的挥之不去的哀伤。仅仅是因为结局没有大团圆，翠翠等不等得来傩送是未知的事情？

查看论文时发现很多人研究《边城》都注意到了水这个意象，水与那个地方的生活紧密联系在一起，水是流动的，生活是变化的，生命也在这水的静与动中浮沉。水安静的时候是快乐源泉，记忆最深刻的是端午节赛龙舟捉鸭子的活动描写。可水会暴涨，暴雨过后，船冲跑了，牲畜浮在水面上，大老天保因为水而死，爷爷也在雷雨交加的雷声水声中死去，水也在见证着生命的痛苦。白塔也是一个值得关注的意象，开头写溪边有座白色小塔，塔下住着爷爷、翠翠，还有一只黄狗，爷爷死的时候白塔塌了，结尾写白塔重新修好了，可还会是原来的白塔吗？似乎白塔就是老船夫的化身，塔在我们的文化心理上是一种黑暗之中的希望，是带有方向性质的，结合沈老的自身生活经历，感觉这里面有很深的情感寄托。沈老作品的价值重新被人认可，一定是这种深层次的，和人性、民族精神品格相关的东西被人们发掘出来了。如果说鲁迅是战士、思想家、革命家，那沈老是诗人、道德家、哲理家，希腊小庙里供奉着人性，追寻着、丰富着一个美丽的世外桃源的理想社会。翠翠名如其人，与自然融为一体，住处多篁竹，平日帮忙拉竹缆，在竹林里采笋，清新自然之气令人怜爱。可翠翠是理想的化身，那种自然之美世外桃源般只能想象出来，在写作这篇小说的那几年，沈老回到过家乡，也提到说一切都已经变了样，而他笔下的带着乡情的自然世界只把记忆的以及联想的所有的美好汇聚在一起，回避了一切的失意，塑造了一个乌托邦式的乡土美丽世界。可现实并不完满，表面看很美，美的下面流动着悲哀，这种悲剧美是沈老面对现实和理想之间的矛盾所决定的，是作品通过水、白塔、竹林等突出意象联系人物命运表现出来的。

吴珊珊：沈从文写作《边城》的目的是描写一种美好的人生，亦即“一种优美、健康、自然而又不悖于人性的人生形式”，而边城人也是固守着本真意义上的善和美，打造了超越生死，凌越苦难的理想精神世界。

《边城》中的写景是对“仙在山野”的民间信仰的逼真写照，是对潜蕴于中国民间中如蓬莱与瑶台的“仙源”仙境的追忆和构拟，这也是边城的“山水画”表面后隐伏的密码。茶峒的构设看似虚幻，但在《边城》中其描写十分生动：“小溪流下去，绕山岨流，约三里便汇入茶峒大河”“溪流如弓背，山路如弓弦”“若溯流而上，则三丈五丈的深潭可清澈见底”“两岸多高山，山中多可以造纸的细竹，长年作深翠颜色，逼人眼目，近水人家多在桃花里。”在这样的环境中能够真实地孕育出一群纯善美好的“自然之子”，他们是未被耽于物利私欲的所谓“文明”所异化的慈祥厚道、善良质朴的长辈和勤劳朴实、感情真挚的小辈。

爷爷在洪水中失去了生命，这是读者在故事中第一次直面强烈的情感震动。洪水，在民间叙事中既是一次浩劫，也是一次生命再造的契机，由此也就毫不奇怪，老船夫的生命，特别是他那种呵护孤雏的长辈精神或保护神角色，在顺顺和杨马兵身上得到了承续和复活。而对于被视为爷爷的“化身”的白塔，人们尽力捐献想要使其重建，以期继承这善良的人性，这也是人们基于古代神话，四季循环这种体验，构拟出生死轮回和自然循环，表达了人类最深潜的生命希冀，即对有限的生命的超越。

而对于这故事中的主角翠翠与傩送，虽然彼此相貌未见清晰，话语还有误会，但情缘却由此牵定，更表现在翠翠与傩送的这种情缘所遭遇的种种磨难上，而这种磨难所导致的爱情悲剧也与翠翠父母那一辈的爱情悲剧有相似之处。这种难婚的悲剧，是人类生命体验中最深切也最普遍的一种，但“难婚之难”不仅不会消解对美好爱情和理想异性的向往，相反会更强烈地刺激或唤起人们对这种美好的向往和追求，这种热烈的期待通过千百年来人们对诸如许仙白蛇、牛郎织女、董永七仙女的故事的传颂便可见一斑。

邹兴：翠翠父母，一对真心相爱的人，一个茶峒军人和一个湘西女子携手迈入死亡。一个怕违背军人的责任，毁去军人名誉；一个不忍离开自己孤独的父亲，女的在男的死后不忍腹中一块肉，对小生命的不忍强过做出这件不贞洁事情带来的羞惭，而生下小孩后她还是追随男人而去。翠翠的爸爸是一个汉族军人，妈妈是苗族女子，他们的悲剧是文化的差异导致的，而正是这样一个悲剧，让读者发现茶峒并不是完全美好的。促成老船夫死亡的最后一个原因是中寨人的奸诈。他歪曲二老的意思，又引发老人的负罪感，在旁敲侧击中残酷地断送了老人残存的信念。

翠翠在吊脚楼下听到两个水手议论卖唱的妓女：“她爸爸在棉花坡被人杀了十七刀。”由此可以看来边城不是没有恶，反而如此美好的边城有那么一点恶倒更显可怕了。《边城》中描述了翠翠的天真与腼腆的矛盾。翠翠喜欢傩送，却不能勇敢表达心意，是天保离开人世的一个重要因素。她的天真导致了她的羞涩与矜持，但又是她的矜持导致了她和傩送不能在一起。边城不是一个绝对理想的地方，因为它还是在现实世界里，做不了隔离外界、完全不来往的桃源。

《边城》中描述了老船夫在孙女婚姻里态度的矛盾。老船夫始终对翠翠的婚姻有一种说不清道不明的矛盾心态，他既希望翠翠将来有一个很好的归宿，又希望翠翠得到她喜欢的爱人。所以船总顺顺家托城里杨马兵来说媒时，翠翠爷爷显得不知如何是好。他希望翠翠自己处理这个问题，又希望翠翠嫁给大老天保，他说："大老是个有出息的人，为人又正直，又慷慨，你嫁了他，算是命好！"但同时又想把婚姻的自主权交给翠翠本人，希望喜欢翠翠的人"在日头下唱热情的歌，在月光下唱温柔的歌，像只洋鹊一样一直唱到吐血喉咙烂！"自从那天晚上二老在碧溪岨对面的高崖上唱情歌之后，就再也听不到二老的歌声，这使老船夫很失望。由于大老天保走车路，婚姻不成，下桃源，掉到茨滩淹死了。而二老又因为天保的死而不向翠翠唱情歌求婚。老船夫在双重打击下病倒离开人世，剩下翠翠一个人孤独地守着渡船等着二老傩送。

《边城》中描述了傩送勇敢与不勇敢的矛盾。傩送也是导致天保离开人世的一个重要因素。傩送与翠翠相遇后，都对对方充满了信心。当大老天保也喜欢上翠翠，甚至托人做媒，他很自信地说："大老，你信不信这女子心上早已有了个人。"爱情本身有"排他性"，他明知翠翠喜欢他，却没有把话挑明，阻止这场单相思的发展。如当时他就说出来的话，大老也不会因为陷得太深而要远离茶峒乡。傩送不但不反思自己的言行，反而还说是翠翠爷爷害死了他哥哥，如二老说："老家伙为人弯弯曲曲，不利索，大老是他弄死的。"他可以勇敢地去唱山歌，却不能勇敢地承担自己的责任，最后逃避现实，离开了茶峒。

人物性格里的矛盾推动了小说情节的发展，但也不可否认，是人性里"恶"的一面导致了悲剧，矛盾始终存在，结局的不确定也是对矛盾犹存的情况下最好的结局了。

王慧琴：翠翠的母亲是一个烈性女子，在生下翠翠后，决然奔赴死亡，去追随那位早已服毒自杀的男子。翠翠母亲的爱情悲剧仿佛也预示着这个家庭艰难的爱情之路，翠翠身世的残缺性，无疑也预告了这位可怜的女孩子爱情注定不会平顺。茶峒里的人情如水，却不似水那般淡薄，而是如湘西水那般明澈纯净，面对这一对可怜的爷孙，茶峒的人们都在想着办法去帮助他们。卖肉的不让爷爷付钱，船总顺顺在端午时送给爷爷鸭子、粽子，等等。从这些行为中都流露出人性的芬芳。爷爷和翠翠一起守着渡船，相依为命，彼此关怀。爷爷意识到自己年老，担心着自己孙女的未来，总操心着孙女的婚事。十五六岁的年纪正是女孩子心思敏感细腻的时候。祖孙之间的代沟，爷爷对于有些事情的隐瞒，翠翠的害羞，导致一系列的误会和偶然事件发生。翠翠和傩送的爱情悲剧产生了。

整篇小说将三年的时光浓缩成三个美丽的端午节。三年前的夜晚，翠翠与二老不期地相遇，埋下了一颗种子，年少的懵懂，初开的情愫就在那晚歌女的声音里慢慢飘散开。第二年，翠翠与爷爷因躲雨邂逅了天保，爷爷对天保十分满意。这场相遇为翠翠的爱情埋下了一场危机，谁也不知道，兄弟俩会因一场相遇，同时爱上一个女孩。爷爷担心孙女会重演女儿的悲剧，一直在两兄弟之间周旋，好心办了坏事。车路与马路的不同方式让大老失掉自信心，决然出走，最终淹死在他方。二老因大哥的死浇灭了一半追爱的热情，内心充满自责与对爱情的不自信。终于在一个寂寞的早晨，二老也走了，远离这个伤痛之地，不知何时会回来。其实夹在翠翠与二老爱情里的隔阂不止这一个，对爷爷的误会，一座碾坊，嫁妆，等等，这些都是一条天堑，是翠翠和二老都没能跨过去的天堑。

在故事的最后，暴风雨席卷，洪水蔓延，爷爷也走了，渡船也不知去哪了。那座立在半山腰的白搭也倒了，仿佛一切精神支柱也倒了。死亡原来一下子就来临了，没有征兆。翠翠心里爱的那个人也走了，他可能永远不会回来，也许明天就会回来。也许绝望里藏着一丝希望，这就是最美好的结局了吧！在等待中怀着希望，在希望中怀着等待。

罗琼：《边城》的故事，自始至终都是一个关于等待的故事。故事以倒叙的手法讲述两年前的端午，那个悲剧开始的地方，是翠翠和傩送相遇之际。这样说未免过于苛刻，两个热情地正当美好的青年人相遇了，实则不应成为一个悲剧的诱因。许是每个人生来就有原罪，故事确乎从此处开始了。

白塔下一户单独的人家，只一个老人，一个女孩子，一只黄狗，一条渡船，就是一辈子。老船夫他在坚持着许多现代人无法轻易理解的小事，且不将这位可怜的老人上升到一个人性节操的高度，单单只说这位老船夫就可将沈从文先生笔下湘西人的质朴、纯善表现得清楚分明，可以说是以小见大地表露出了湘西边城人民原始的、内在的、本质的人性美。

世间所有牢固的社交结构，但凡扯上了情爱，便会迟早松散了。翠翠如小兽般过分的天真单纯，爷爷的再三推托使得几人之间频生误会，走车路的天保也因此路不通溺水而死。从这一刻起，翠翠和傩送的感情不再是阳光下纯粹生长的纯洁花朵，他们的悲剧也有了基调。

边城的人无疑都是真诚朴实的，但读着沈从文描述的文字，我会觉得有一丝拘谨缠绕在心中，我能感觉到在小城人民的心中还萦绕着的一份保守固执，抑或说，在边城这个僻远、远离大城市的小乡村，人们依山傍水地生活着，周围的山和水似乎相隔了他们思想中的某一个成分，使他们变得封闭自守且孤寂起来，让人读来心中不由得升起一丝悲伤。这份悲伤不是没由来的，最终，爷爷还是“被死亡抓走”，在雷雨将息时死去。傩送“也许永远不回来了，也许‘明天’回来”，独留翠翠孤独一人守着渡船和白塔。

边城人的“等”是让读者抓心挠肝却又无可奈何的，可以看出边城人天生有一种令人捉摸不定的固执。这不仅表现在爷爷守船渡人的平常事上，也能在翠翠面对爷爷对她感情的误解时的不言语、不沟通，一味地避让和害羞上体现出来。而翠翠，这位如山林精灵一般的女孩子，她思想的保守和固执让她没有得到自我的感情，这亦是必然的。他们只懂得等待，却不会去争取和解释，纵使他们有着近乎原始的单纯生活，淳朴自然的民风，善良敦厚的本性，也不能教那温柔的河流、清凉的山风、满眼的翠竹去化解他们的悲剧。

但是，我们依然不能否定沈从文先生“美”与“爱”的美学理想，以及他作品中人性美的光辉面。《边城》中人与人心灵之间真挚古朴的爱，湘西自然明丽的景，是要相对于现实生活中古老美德、淳朴价值观缺失的现象来看的。充溢着浅薄的金钱物欲的现实，始终是比不上小小茶峒中人心的明净美好，“这些人重义轻利，又能守信自约，即便是娼妓，也常常较之知羞耻的城市中人还更可信任”。

沈从文是怀着写散文的情感与思维来写《边城》的，他并不急于将整个故事一口气展现在我们眼前，而是在故事中穿插了很多看似对小说情节无关紧要的环境描写与抒情语言，但这是沈从文的聪明，也是我们的财富。一支笔落在纸上，总是缓缓地淌出细腻、抒情的语言来，正是这些抒情的语言让我们的心灵放慢了节奏，暂时脱离烦扰的社会，到一个没有被污染的世界中小憩一会儿。小说的散文化、抒情化和诗化特征，展现了一幅牧歌式的湘西画卷。沈从文先生的语言表达和描写手法的广泛运用，更向我们展现了一个别具特色的湘西风土人情。作者用白描的写作手法，将回环婉转的莺啼、繁密的虫声、如水的月色，如画卷般展现在读者眼前，美不胜收。这些外在事物又都随着人物感情世界的波动而自然展开。美绝的黄昏衬托出女孩子内心的温柔情意和淡淡凄凉，或是柔和的月光、溪面浮着的一层薄薄的白雾，虫的清音重奏，烘托出翠翠对傩送情歌的热切期待，以及少女爱情的纯洁和朦胧。最后，忧伤的基调给予了作品深入人灵魂的悲剧美。这样的悲剧色彩，是《边城》与生俱来的。

或悲或喜，我们既然或深或浅地了解到了这样一个纯洁保守的世界，就应在现实中尽力去守护这样的美好。所谓“毕竟几人真得鹿，不知终日梦为鱼”，且不论世界多污浊，现实多残酷，我们始终是现实人，必须守住我们心灵中最后一份明净和真诚，不管是在追逐的路上，还是在等待的途中，我们都要驻足观望，看看人类内心的“美”。

王贺杰：“边城”是一个时间概念、文化概念。“边城”是大城市的对立面，是“中国另外一种地方另外一种事情”，是沈从文先生在体会上流社会的腐朽生活和城里人“庸俗小气自私市侩”的风气之后，对其故乡未完全被现代物质文明摧毁的淳朴民风的怀念。

人物在环绕着他们的特殊环境中形成。《边城》中“善良淳朴”的翠翠，就是环绕她的典型环境的产物。她自小在大自然中成长，外部环境山水、民风的淳朴，从小与爷爷相依为命，居住在溪边的小白塔下面，塑造了翠翠天真善良、温柔清纯的小女孩的形象。文中有描写翠翠的句子：“翠翠在风日里长养着，把皮肤变得黑黑的，触目为青山绿水，一对眸子清明如水晶。自然既长养她且教育她，为人天真活泼，处处俨然如一只小兽物。人又那么乖，如山头黄麂一样，从不想到残忍事情，从不发愁，从不动气……”翠翠自幼父母双亡，内心无比孤独（这一种外在环境造就了翠翠没有办法说），虽然有爷爷无微不至的照顾，但是爷爷并不能真正理解她作为一个青春少女的情怀，没有人能体会一个思春少女的感情，她为这无奈的生活而痛苦。爷爷不能理解她内心的哀痛，文中有一处写翠翠的哭泣，爷爷说：“不许哭，做一个大人，不管有什么事都不许哭。要硬扎一点，结实一点，方配活到这块土地上！”很显然地可以看出爷爷不了解翠翠的内心世界。同时翠翠面对感情的时候的那一种含蓄，受她所生活的环境的影响，生活里很少接触异性，而且基本上不把感情说出，所以当她刚见到傩送时就喜欢他，但是当爷爷多次问她时她又一句话不说。

典型环境不仅是形成人物性格的基础，而且还逼迫着人物的行为发生，制约着人物性格的发展变化。她与傩送的爱情忽然受到严重挫折，傩送的远走，爷爷的死，让翠翠仿佛明白了所有事情的一切，一夜之间“长大成人”。典型环境与典型人物的关系有相互依存的一面，失去一方，另一方也就不复存在。如果没有茶峒那美丽的环境，淳朴的民风，就不会有善良的翠翠，以及各种美的人物形象。

熊苒君：《边城》描绘了湘西地区特有的风土人情，借船家少女翠翠的纯爱故事，凸显出了人性的善良，美好与心灵的澄澈纯净，但是也更加表现了这部作品的悲剧色彩，增加了作品的厚度。《边城》的悲剧不仅体现在翠翠与傩送的爱情故事里，更早地表现在翠翠父母的爱情故事里。

“‘边城’不只是一个地理概念，意思不是说这是个边地的小城。这同时是一个时间概念，文化概念。”明清以来，“边城”所处的湘西就是块官民冲突与苗汉争夺交织的地盘。湘西“可以见到的城堡和已不复可见的戍卒官吏，是中央政权侵入苗蛮地区的象征物，也是大小民族文化之间争斗征服和融合互生的极好说明”。《边城》中的人物、故事的身份与特征的苗族指称虽然被隐去了。但正如凌宇所说：“《边城》内蕴的苗族文化内涵，却是不言而喻的。《边城》在骨子里，是一场苗汉文化冲突的悲剧。”

《边城》完成于 1934 年，而在明代以后民国以前，官府严禁苗汉两族通婚。雍正三年（1725 年）曾经有过禁令，对苗汉通婚者“照违制律杖一百，仍离异”，对促成婚姻的媒人则“杖九十”。因为沈从文的亲祖母就是一位苗姑，所生第二子过继给官员的亲戚为嗣，自己却被远嫁他方。沈从文 1922 年离开湘西时，才从父亲口中明白这件事情：“祖父本无子息，祖母为住乡下的叔祖父沈洪芳娶了个苗族姑娘，生了两个儿子，把老二过房做儿子。照当地习惯，和苗人所生儿女无社会地位，不能参与文武科举，因此这个苗族女人被远远嫁去，乡下虽埋了个坟，却是假的。”沈从文应该是从这件事中感触颇深，由此创作了翠翠母亲这一人物。

在《边城》中，杨马兵和翠翠的父亲都列身军籍，驻扎在城里；而翠翠的爷爷没有过从军记录，他和女儿，也就是翠翠的母亲住在城外，可见爷爷、翠翠母亲和翠翠都是苗族人。当时为了镇压苗族等少数民族，清朝朝廷设绿营兵驻防湘西，“该军因系招募汉人编成，以绿旗为标志，故称绿营兵。”这说明了身为绿营兵的翠翠父亲是一个汉族人。

文化是人类的一种存在方式以及由这种存在方式所创设的一切物质和非物质成果。文化具有地域性、民族性和规范性。作为地域文化的湘西文化同时包容了苗族文化和汉族文化。这两种文化各自带有独特的民族特色，具有较强的社会规范性特征。作为一个苗族女子，翠翠的母亲当年不理会牵了马匹过碧溪嘴来唱歌的杨马兵，而与翠翠的父亲对唱、相爱，并情愿为翠翠的父亲献身、殉情，她的行为、观念和价值取向没有违背苗族文化的规范性要求。倒是翠翠的父亲在苗汉文化的对立与冲突中陷入了两难境地而不能自拔。作为一个汉族人，一个清绿营戍兵，翠翠父亲的责任是随时准备参与所谓“苗民暴动”。但恰恰在这种时代背景下，翠翠的父亲爱上了一个苗族女并使她有了身孕，“见她无远走勇气，自己也不便毁去作军人的名誉，就心想：一同去生既无法聚首，一同去死应当无人可以阻拦，首先服了毒”。这便有了翠翠母亲在生下翠翠后便去河边喝了很多冷水死去的悲剧。翠翠从此失了父母的关爱，只在爷爷的照顾下长大，自然没有像母亲和其他苗族女子开朗大方的性格了，也间接造成了与傩送之间的爱情悲剧。

可见，翠翠的爷爷并不是造成这种结果的主要原因，而翠翠与傩送的爱情悲剧的叙述，更是真实地再现了清朝末年和民国初期，苗汉文化的冲突与融合对湘西社会底层人物的深刻影响，揭示了翠翠母女爱情悲剧产生的根本原因。

沈从文曾指出：“这些事从老船夫说来谁也无罪过。只应‘天’去负责。”“翠翠的母亲十五年前同一个茶峒军人明歌相熟后，很秘密地背着那忠厚爸爸发生了暧昧关系”，这说明老船夫并不知情。当“事情业已为作渡船夫的父亲知道，父亲却不加上一个有分量的字眼儿，只作为并不听到过这事情一样，仍然把日子很平静的过下去”。作为翠翠母亲的父亲，他还能怎么做呢？不就只有心疼女儿，避免提起她的伤心事，等着她安心把孩子生下来，再好好照顾她们娘儿俩。所以，翠翠父母的悲剧其实是苗汉文化对立与冲突的产物。

刘杨：对于《边城》，沈从文先生自己说道：“可是没有一个人知道我是在什么情绪下写成这个作品，也不大明白我写它的意义。”在我的理解里，还是用先生的一句话来解释：只想造希腊小苗，这庙里供奉的是人性。要表现的本是一种“人生的形式”，一种“优美健康自然而又不悖乎人性的人生形式”。《边城》

是一首热烈的生命赞歌，充分展现了人性中的真善美，而这部小说也成了“湘西文学”风格中具有里程碑意义的作品，流露出了湘西世界的自然景观美、人性人情美和社会风俗美。

首先看它的自然景观之美，作者从生态环境和小镇独特的建筑物入手来进行描写：“溪流如弓背，山路如弓弦，故远近有了小小差异。小溪宽约二十丈，河床为大片石头作成。静静的水即或深到一篙不能落底，却依然清澈透明，河中游鱼来去皆可以计数。”自然景观很美，美在它的水，清澈见底，不受污染，仿佛隔绝的桃园一般，直接给人一种很清新自然的美感。作为湘西世界，它的建筑带有浓厚的地方特色，也显示着别样的风情。“秋冬来时，房屋在悬崖上的，滨水的，无不朗然入目。黄泥的墙，乌黑的瓦，位置永远那么妥帖，且与四周环境极其调和，使人阴面得到的印象，实在非常愉快。”如诗如画般的融合，直接给以人审美感受，获得审美快感，无处不使人神往倾心。作者刻画出了一个乌托邦式的小镇，干净纯洁，未受世俗侵扰。

其次，边城的美体现在人性人情的美，也就是沈从文先生要供奉的人性和不悖乎人性的人生形式。作为女主人公，翠翠仿佛是自然的产物。“在风日里长养着，把皮肤变得黑黑的，触目为青山绿水，一对眸子清明如水晶。自然既长养她且教育她，为人天真活泼，处处俨然如一只小兽物。人又那么乖，如山头黄麂一样，从不想到残忍的事情，从不发愁，从不动气。”仿佛是自然中的一个精灵一样，充满着孩童的稚嫩和童真，那种美好和纯净在翠翠的身上得到充分体现。另外，在《边城》中的其他人物形象，如尽职尽责的老船夫、忠肝义胆的顺顺、朝气蓬勃的大老二老兄弟二人，以及出现的形形色色的镇民，都营造出一种和谐友爱互助的氛围。人情人性体现得淋漓尽致，就像陶渊明桃源中的“黄发垂髫，并怡然自乐”的融洽社会氛围。

最后，社会风俗也是美的，对边城淳朴自然的民风民俗的描写刻画，足以打动读者的内心。“由于边地的风俗淳朴，便是妓女，也永远那么浑厚。”她们也有了真情实意，而不是只有“隔江犹唱后庭花”的薄情与冷淡。老船夫、来来往往的过渡的人、城里的小贩都是有血有肉，有温情的人。没有人与人之间的隔阂与冷漠，阡陌交通，鸡犬相闻。

虽然《边城》带有爱情的不幸，但沈从文先生所要表现的人生的形式和优美健康自然而又不悖乎人性的人生形式已经建构起来了，也给了许多读者以心理满足和情感补偿。从这一方面来讲，《边城》作为供奉人性的小庙，它是成功的。

邓希纯：翠翠是一个刚出生就父母双亡的孩子，生长于相对封闭独立的湘西，她的成长历程中缺少来自异性长辈的照顾，而爷爷的存在恰好弥补了这一情感缺陷。对于父亲这一角色所缺失的情感，翠翠将其转移到了一起生活的爷爷身上，这种潜在的依赖就是她恋父情结的外显。同时，翠翠并不是单纯地依赖爷爷这个身份，而是渴望来自异性的情感。于是在得到傩送帮助返回渡口后，翠翠“便平添了一份不能明言也无法明言的心事”，对于异性情感的渴求又转移到了傩送身上。

沈从文曾说，“一切充满了善，充满了完美高尚的希望，然而到处是不凑巧。既然是不凑巧，因之素朴的善终难免产生悲剧。”湘西是沈从文先生理想的乌托邦，他将人性全部的善与美赋予了翠翠这一角色，但是他并不清楚湘西的未来会在何处。因此在这充满善与美的湘西，充斥着如此之多的不凑巧，导致了故事的结局必然走向悲剧性。书中的白塔意象也是一个重要存在，白塔随着祖父的逝去而坍塌。回首小说结尾处翠翠凝望守候的背影，在溪水边等待那个男人的归来，等待重造心中的塔与其归于和谐的一天。从这样的角度看，白塔重建便是女主人公翠翠内心恋父情结的延伸，她渴望重塑父性，而新的生活秩序也有待于傩送去建立。深深根植于旧的封建婚姻习俗和社会地位不平等基础上的一场看似偶然实则必然的误会导致了这场爱情最终走向悲剧。

《我与地坛》研读

阮汝佳　等①

阮汝佳：有些作家说现在年纪越大，越是不敢写散文，为什么呢？因为写散文总是呕尽自己的心血，将自己心里最真实的最痛苦的最迷惘的东西写出来才算得上一篇真正的散文。《我与地坛》正是这样一篇倾尽了作者心血的散文。史铁生将一座废弃的地坛当作自己的心灵归属，在地坛沉思，在地坛观察其他人，与地坛对话。

他与废弃的地坛一起，他说，地坛等待着我，他说，有宿命的味道。废弃的地坛，瘫痪的"我"在一起是这么的相似，就像社会的边缘人，无人打扰。曾经有人说，中国的残疾人数跟姓李的人数差不多。生活中我们多容易见到姓李的人，但是残疾人呢？我们见过几个？歧视和同情，对于一位在最意气风发的时候瘫痪了的人来说，都是痛苦的。所以作者把地坛当作自己的避风港，从某种程度来说，他在地坛里沉溺于自己的思想，也是为了逃避社会，不愿意接受自己瘫痪的事实。

心理学上说，人在青年的时候，会有一种自我定位，我是谁，我渴望成为什么样的人？但是，史铁生在这个时期遭遇了巨大的挫折，此生无法站起来。他的自我定位崩塌了，所有幻想理想都破灭了，过去几十年的自我世界消失了，他陷入了轮椅的枷锁……于是，他反复地想到了死亡，想要解脱，但是，"先别去死，再试着活一活"。在他独自在地坛思考的时间里，遇到了许多人：只打过一次招呼的爱唱歌的小伙子，一起散步的夫妻，一位优雅的女工程师，随着时间的流

① 作者简介：阮汝佳、吴珊珊、刘杨、邓希纯、刘子莹、王贺杰、熊苒君、韩朋丽、邹兴、罗琼、王慧琴、张亦坤，黄冈师范学院文学院东坡国学良师班 1807 班学生。

逝，他们有的离开，有的慢慢衰老，他也明白，时间是一直往前走的，死亡不是一件非要着急去做的事情。那么，就选择生命吧。世界上处处充满着矛盾，矛盾是事物发展的动力，没有了矛盾，生活哪有美丑之分，既然世界上有这么多健全人，也必定会有一些残疾人。命运就是这样，不用去抱怨。我的身体残缺了，但是我的精神却可以永远太阳高照。生活还是要继续，可以寻求别的东西，就像史铁生先生说的，比如，爱情，个人价值。

从生理上说，当一个人失去了某个感官，他的其他感官必然要敏感于其他人。史铁生失去了双腿，无法行走，但从文中的描写可以很明显地看出，他的观察力要比一般人敏感得多。于是，他写了园中的雨燕，写了园中孩子的脚印，写了园子中植物生长，四季流转。

最后谈到史铁生的母亲，他对母亲是悔恨的。树欲静而风不止，子欲养而亲不待。对于他母亲的描写，在我们熟知的另一篇《秋天的怀念》这篇散文中是更加深刻的。文中写到作者问一位写作的年轻人为什么写作，年轻人很老实地回答说为了母亲。我们知道一个人的行为动机有内部和外部之分，想要让母亲骄傲而写作，这是最单纯的外部动机。实际上，作者从事写作也是无意识的，想让母亲感到高兴。在这本书里，对母亲的怀念以及对当时自己的不懂事而感到惭愧，是《我与地坛》中另外一个命题。

把握当下，不畏苦难，努力生活，这是作者想要告诉我们的。

吴珊珊：读《我与地坛》，我读出的两个最大的感受就是坚持和珍惜。

正如史铁生本人所说："死应该是一件轻松的事，生才是严峻的。"对于每个人来说，死都是确定的最后一件事情，只是在这趟向死而生的单程线上，我们每个人和死亡的距离不同而已。史铁生 20 岁残疾，在本该挥斥方遒昂扬向上的年纪却停留在一张轮椅上，但他并没有放弃，他说："不是因为写作才活着，是因为活着才写作。"即使遭受了莫大的苦难，史铁生也没有选择潦草地结束自己的生命，他开始了写作，他推着轮椅进入地坛的那一天，也是他选择坚持的那一天。尼采说过："不曾起舞的日子都是对生命的辜负。"坚持活着，坚持每一个今天都好好地度过，这是对明天最好的馈赠。马尔克斯也说："永远有一个明天，生活给我们另一个机会把事情做好，可如果我搞错了，今天就是我们的全部了。"活在当下，在我们还能跑能跳能有无限可能的今天，让我们把每一个今天都圆满度过，去做我们想做的事情，哪怕会出错，但至少不会留有遗憾。

散文中让人记忆深刻的还有史铁生与他的母亲，那个站在巷子口望着孩子而迟迟没有挪动的母亲是多少人的母亲的真实写照。关于母亲的记忆对一个人来说是内心最柔软的地方，母亲总是给予了我们全部的温柔、全部的耐心和全部的等待。史铁生病重，母亲四处求医，用上了各种偏方，治疗反被烫伤，母亲还自责不已；为了让史铁生能重拾信心有活下去的勇气，母亲替他问了许多工作，被工作人员冷冷回绝但却没有停下询问的脚步；史铁生情绪不稳定，母亲轻声询问能不能出门赏花，想以此缓解史铁生的心情，但突然去世的母亲再没能等到那天，母子俩之间也留存了许多遗憾和误会。读到这里的时候，我的心情沉重又自责，想起我和我的母亲，我也总是对她大吼大叫，总是发一些莫名的脾气，也很少为她着想，但是每当我拨通她的电话时，电话那头的声音总是笑着问我天气冷不冷，有没有吃饱，在学校过得怎么样，我每次回答得都很随意，因为觉得这样的电话这样的关心是一直存在的，但忘记了父母和死亡的距离更近。当我们还在一起的时候好好珍惜吧，因为父母值得我们以更多的温柔和耐心相待。

刘杨：地坛，一座破旧的皇家祭坛；史铁生，一个残疾的作家。然而，这两个“残破”叠加后却碰撞出了不平凡的火花。地坛因为他而为人们所知，而他也因为地坛而坚强。在双腿残疾的沉重打击下，在找不到工作，找不到去路，忽然间几乎什么都找不到了的时候“走”近地坛，从此以后史铁生与地坛结下了不解之缘。直到写这篇散文的15年间，“就再也没有长久地离开过它”。从这座历经400多年沧桑的古园那里史铁生获得了某种启示，汲取了顽强生活与奋斗的力量。还写了在古园中的见闻和所遇到的人与事，述说了自己的所思所想，其中更多的还是抒发自己对命运和生死问题的感悟。

《我与地坛》是史铁生充满哲思又极为人性化的代表作之一，前两部分注重讲地坛和他对母亲的后悔。地坛只是一个载体，而文章的本质却是一个绝望的人寻求希望的过程，以及对母亲的思念。从文本内容来看，《我与地坛》具有浑融的结构与深邃的主题。明线是“我”与地坛的缘分；暗线是对人生的思考。行文奔放洒脱，却不失严谨。“我”与地坛，以景物描写为主，表达作者对生命的感悟，作者在地坛中思考了三个问题：关于死；为什么出生；怎样活。“我”与母亲，采用追忆回想的方式，表达了作者对母亲的怀念，主题深邃，引人深思。

再突出的一点是细节化的景物与传神的虚写，景物描写动静结合，生动新奇细腻。“蜂儿如一朵小雾稳稳地停在半空；蚂蚁摇头晃脑捋着触须，猛然间想透了什么，转身疾行而去；瓢虫爬得不耐烦了，累了，祈祷一回便支开翅膀，忽悠一下升空了；树干上留着一只蝉蜕，寂寞如一间空屋；露水在草叶上滚动，聚集，压弯了草叶轰然坠地摔开万道金光。”细腻而又生动。同时，史铁生的语言具有哲理性，“死是一件不必急于求成的事，死是一个必然降临的节日”，对死和生命看得很透，所以字里行间充满着对深邃主题探讨的哲理性。

另外，令我感触很深的是《好运设计》。史铁生说随心所欲地设想一下（甚至是设计一下）自己的来世，将来世的幸福美满作为现实的寄托。这与诗人海子自己孤寂地面朝大海，春暖花开是两个截然不同的选择。海子将现实的美好东西留给世人，自己选择自杀；史铁生将来世的幸福作为鼓舞现实生活的一个动力。在《好运设计》里面，作者感悟出生命的意义在于能创造这过程的美好与精彩，生命的价值在于能够镇静而又激烈地欣赏这过程的美丽与悲壮。在对生命的思考中，作者领悟现实人生的真谛。参透生活，感悟生活，尽管生命充满劫难，但苦难的人生也能创造辉煌和灿烂。

母爱、时间意识、生命意识、生与死的思考交织在一起，透露出史铁生在绝望中坚强寻找希望的过程，所以生命也就因此而更显可贵和美丽。

邓希纯：读史铁生先生的文字，不难察觉到字里行间的古朴典雅之气。《我与地坛》中有一句话我甚是喜爱：“园子荒芜但并不衰败。”地坛是史铁生常去的地方，园子内的景色并不惊艳，倒是十分朴素常见。荒芜的园子容纳了大家，从中年步入暮年的眷侣，练习长跑的人，吹奏唢呐的人，等等，都各自分散在园内。这便给荒芜之景增添了几分鲜活之气，否则就太过衰败。地坛也是一个历史的见证者，它容纳了斑斓的生命，每个人或多或少有着荒芜的人生片段，本着不同的心境来到了地坛，探索与感受着地坛带给自己的密语。史铁生先生在文中多次提到了生死之问，也阐释了关于活着的故事。按时来到这个世界，也按时离开这个世界，一直都是生命的常态。在地坛的时间里，史铁生先生的文字的的确确地记录下了或存在或虚构的故事，并传达了庄重的情感。读罢此文，我也对生活有了更多的感悟与思考。

刘子莹：以前读《务虚笔记》总觉得史铁生有存在主义倾向，尽管行文习惯和话语气氛完全不一样，但隐约看出了加缪的影子。这次读《我与地坛》更加深了自己的想法。谈到人的存在，我们往往会想起加缪、萨特。加缪认为荒谬是人与世界之间联系的唯一纽带，荒谬是不可能被消除的，人只能带着裂缝生活，但是人必须要超越荒谬，在生活中获得意义。史铁生也是这样，他认识到人生的困境和残缺，却将它们看作生命意义的应有之处。

通过自我选择才能决定自我存在的意义，这可以剖析出三个层面：存在、选择、存在的意义。史铁生因为苦难和心理创伤走向写作，他的残疾和尿毒症这样的裂痕已经存在，无法被消除，这是存在的第一层。他将写作作为救赎，有人问他为何写作，他答，为了不自杀。他整个创作的历程，思考的方向是他贯穿全程的创作线索，是找寻意义。他很少去追问苦难为什么会发生，而是把思考的方向投向苦难的意义，这是他的自我选择，人的自由是绝对的，但人可以选择生的方式，可以自由地选择思考的角度，没有绝对的控制作用。而他寻找多年的生命意义也有了结果，无论是《我与地坛》中母亲的爱，还是《务虚笔记》中渴望爱，害怕爱，失去爱，抑制爱，寻找爱，毁灭爱，欺骗爱和丢弃爱，几乎承载了史铁生所有的思维程序以及他充满苦难的人生旅途，那些人物是否懂得爱，史铁生始终在审视那些爱，残疾和爱是史铁生摆脱不了的人生命题，让人回归人本身，这是存在主义的最终导向。

王贺杰："地坛"作为一个意象对史铁生来说不仅仅是个地名，也是他看书以及承载自己满满回忆的地方。《我与地坛》中大部分内容是写史铁生自己的经历或者所见的别人的故事，内容上具有一定的真实性，从历史的角度来看你会发现它符合那个特定的历史环境。里面集中思考和表达了对"生命"的困难与意义的思考。《我与地坛》中描写了作者最亲近的人——母亲，《合欢树》是史铁生先生的另外一部作品，以"合欢树"为意象，以母亲为着力点展开来写，构思平朴自然又不落入俗套，充分体现出了散文"形散而神不散"的特点。"合欢树"在文中不仅仅是一棵树，它还寄托着作者的思想，也是母亲"在场"的象征，更化成作者与往昔岁月的一个通道，见证着作者一步步的成长。结尾处写一个孩子看着树影的反应，想到这个孩子可以健康地成长，但却不知道这个树是谁种下的，显示出一种时光流逝、物是人非的感伤。

熊苒君：读《我与地坛》这篇文章，我觉得四个字足以概括它的主题——

“生命体验”。生命只有一次，从小我们就被教育着珍惜生命，但是我们也仅仅停留在珍惜生命的表面，没有做到不浪费生命。拥有健康的身体，过着程序式的上学生活，被手机等电子产品牵引着思想……相比史铁生先生虽身体残疾，但却拥有思想虚无广袤的精神空间，似乎我们才是那个没有实现生命意义的人。在《我与地坛》中我感受过思维的无垠，感受到作为思维的“我”的存在，妙不可言。轮椅限制了他的行动，于是他的思想就延伸到了常人所不能及的远处。

二十多岁的年轻人正是爱幻想的时候，但是双腿的残疾打破了一个少年对未来的期待，那段时间，史先生经历了徘徊无助，甚至想过放弃生命，但是他终是坚强活下去了，我觉得是读书和写作给了他力量，给了他重生的机会。所以写这篇文章的时候，我相信史先生的心中已经对生命有了新的理解和体验了，所以他才能以一种平和的心态去回忆过往，去回忆当年自暴自弃时的自己，去回忆陪伴自己的朋友们，去怀念母亲对自己的关爱，由此写下如此真挚的、真实的对生命的体验。这使得他的文字灵透逼人，温朴醇厚，实在珍贵。

《我与地坛》里春华秋实，一草一木，陌生的情侣，古老的地坛……一切有生命的无生命的，在史铁生的笔下与心目中都是那样温和而有触感，他温情地用纸笔描述他眷恋着的世界，也教会我学着静下心来与自己对话，关心自己，关心自然，关心周围的人，关心社会，体会生命的美好，实现生命的价值。即使我们没有经历过那样的磨难，但是我们可以通过他们的文字去体会那种心境，去试着学习他们对待生命的态度，就如他在文中写的——“有些事只适合收藏。不能说，也不能想，却又不能忘。它们不能变成语言，它们无法变成语言，一旦变成语言就不再是它们了。它们是一片朦胧的温馨与寂寥，是一片成熟的希望与绝望，它们的领地只有两处：心与坟墓。比如说邮票，有些是用于寄信的，有些仅仅是为了收藏。”

韩朋丽：一万多字的阅读量，对于文科生来说不算什么，用不了太多时间就能看完。可这一万多字的知识，却是我们吸收不尽的。看文章时我好像在读小说的故事，又好像在体悟散文的语言，反复看结构上的七节，寻找一种情感和内容上的丰盈。我本来想从结构布局和语言的内涵美来说《我与地坛》，在查阅资料时也注意到了文章有很大的格局，很大的气象，很深刻的思考。在这一过程中我体会到一种对于生命的思索，感受到作者对母亲深深的爱与悔，也会为史铁生在绝望中碰触希望，在沧桑地坛中找寻新鲜生机的心路历程所感动。

能说的点太多，可研讨需要大家共同交流，所以还是课前有所准备、课上有感而发最好，我在听了阮汝佳的主讲后，谈论了三点内容：一是一个漂亮而不幸的小姑娘的故事是否太虚了？我突然想到关于发表这篇文章时，报社想要作为一篇小说发布，史老不同意，他坚持自己的散文立场。最后小说没有明确标明文体进行发布。小说可以虚构，那些形形色色的人物故事似乎都可以是作者笔下的精灵，可真也可假，可散文更加真实，更加注重有感而发，我是比较认可史老所写的故事都是真实的，因为他在地坛徘徊了十多年，总有些值得记录下来的人和事。这里涉及散文和小说的真实性，我们该如何理解？散文写的都是真事？这是文体上值得探究的地方。

二是写作是为了母亲吗？当听到别的作家说写作是为了让母亲骄傲时，作者心里一惊，这个“惊”是突然意识到自己写作也是为了让母亲骄傲吗？我以为“惊”的背后更多的是悔恨吧！史铁生写作的这篇文章已经是回忆性质的散文了，回想 21 岁突然失去双腿的自己，脾气暴躁，自暴自弃，苦苦思索着生命，思考着苦难，他已经自顾不暇了，作者写作的动机是思索太多，观察的东西多了，有些东西想要用文字记录下来，母亲在其作品获奖的时候已经不在了，他追问上帝，得到的回答是母亲太苦了，上帝看她受不住了，就召她回去。她的母亲对他有着深深的爱——不阻挡他去地坛，又一次次慌里慌张忍受着焦灼去地坛寻找儿子，那些场景浮现在作者脑海，心里是后悔自己当初的倔强，心疼母亲艰难的命运的，这一惊，可能使我脑海中更加明晰了母亲深深的爱对我潜移默化的影响，我心里悔恨当初为什么不能好好爱母亲。

三是命运的苦难——21 岁残疾的双腿让他少了太多外在的活动（阮汝佳提到心理学上处于这个年龄的大多数人进入了一个展望自己要干什么，充满斗志和活力的阶段），面对现实如此，史铁生开始深深地向内探索，探索苦难、生活、生命、母爱、人生等，留下如此深情精彩有格局的文字。司马迁发愤著书，李煜国家不幸诗家幸，还有海伦·凯勒对世界的独特感受……似乎都可以归结到发愤著书的一类，苦难看似会把人压垮，可总有人会在苦难中超越自我。

在苦难中更应该学会让生命起舞。

邹兴：我就我印象最深刻的，说三个点：一是母亲。在关于母亲的这篇文章中，作者写到，他摇车出了小院，临时返回，发现母亲仍然站在原地，保持送他时的姿势。简单的几句话，让我想到了朱自清的《背影》，无论是母亲的望还是父亲的步履蹒跚，都深刻地体现了作为父母亲的那种于细微之处的爱与关怀。

作者在前期，也就是母亲仍活着时，是以一种逃避的态度去对待母亲的，他整天去地坛，母亲寻找他，他躲着不出现。种种行为都是逃避，逃避自己已经瘫痪的事实，逃避母亲的担心，他渴望是一个正常人，希望成为一个独立的人，而母亲的太过在乎，让他时刻明白自己的残废，他痛苦，他自卑，甚至想死。等到他的母亲去世，他有了一些作为，他又开始后悔和愧疚，正是前期作者自己的自卑和绝望，伤害了母亲，母亲死后，那种悔意越发浓烈，灼人心肺。“子欲养而亲不待”的痛苦使作者无法抒发。

二是生与死。“所以死是一件不必急于求成的事，死是一个必然会降临的节日”是作者在思考了一段时日后得出的结论。作者瘫痪后，所有的曾经美好的期待化为泡影，他无法接受，想要死去。他整日在地坛里思考，思考人生的生和死，思考人生的欲望和苦难。为什么生，为什么死，他寻找活着的意义，而人一旦有了希望，就有了活下去的东西。我们在这本书里可以感受一个处于黑夜里的无助的人一直在光明前面徘徊，最终寻找到了去往光明的道路。人生的苦难不能说是好的，但有时苦难后的一扇窗，会打开一个也很美的世界，所以有时候命运在一定意义上是公平的。

三是永恒。“宇宙以其不息的欲望将一个歌舞炼为永恒，这欲望有怎样一个人间的姓名，大可不计”是最后一篇末尾的句子。在这里作者已经有些释然，或者说有了活着的动力了。他把个人的生命有限过渡到了人类的永恒，这是一种更深层次的境界。作者已经逝去，作品和故事却留了下来，给后人的启发和感触却永远多彩，这就是一种永恒——精神上的永恒。

罗琼：如古人“发愤著书”一般，史铁生在经历了生活降下的莫大苦难之后，寻求到了一个心灵的避难所，“我”与地坛的偶然相遇，兴许是因“我们”都曾经历过沧桑，从而能产生无限共鸣，才能一拍即合。若说苦难是好事，那倒不至于，只是如第五篇讲小女孩的故事时所提出的观点所说，愚钝与机智、丑陋与漂亮、残疾与健全，它们是对立也是统一的，有其中一方，才能突显出另一方的存在。苦难与人生应如是，有了苦难才叫人生，若没有苦难，只能算活着。正是有了苦难，史铁生才能有机会在地坛处思考生命的本质。

史铁生在地坛对母亲的回忆，是一种思念、一种愧疚，是对无处安放的爱和过去寻求一个安身之所。包括史铁生对来到地坛的各类人的描写，那是他在寻找生命的真谛，寻找一个关于命运偶然性的答案。这些人或许与他无关，但于史铁生来说，皆是一种灵魂上的救赎。

第六篇中史铁生提出了三个问题，关于生与死还有写小说，这是对第一篇中他关于生死问题的延续。在此，他开展了一系列自我与内心的辩论和对话。说到欲望，其实也是一种生存的动力，就像他认为自己“活着为了写作”，这就是他寻求心灵与生活和解的过程。最终得出结论：每个人都是生活的人质，要用心投入生活，参与其中。自此，地坛在史铁生的心中担当了三个角色：避难之所、回忆之所、自我反思之所。

最后，他表明了自己的心绪：“我什么也没忘，但是有些事只适合收藏。不能说，也不能想，却又不能忘。它们不能变成语言，它们无法变成语言，一旦变成语言就不再是它们了。它们是一片朦胧的温馨与寂寥，是一片成熟的希望与绝望，它们的领地只有两处：心与坟墓。”他经历过的种种，无论是人生的苦难带给他的痛苦，还是他与生活和解的过程，这都是无法用言语表达出来的，无处诉说，只有自己的心明白，这最终要么只能留在心底，要么带入坟墓。若说他对生活的种种已经释怀了，也并非如此，他只是寻求到了自我救赎的方法，说服自己，如何从中解脱。最后，史铁生借由牵牛花和太阳，说明了死亡中蕴含着生机，想必也是他从苦难中解脱了。

王慧琴：《我与地坛》有人评价说是一部充满哲思又极为人性化的作品。文章的本质是，一个绝望的人寻求希望的过程以及对母亲的思念。全文共七节，可分为三部分：一是在地坛里得到的生命启迪以及感悟；二是对母亲的后悔与怀念；三是自己与地坛不可分割的联系与经历。

我从这部作品中读到了两个词——“人生和角色”。史铁生开篇就点出了自己双腿残疾，找不到工作，找不到出路的窘迫状况。原文说“活到最狂妄的年龄上，忽的残废了双腿。找不到工作、出路，忽然间什么都找不到了”。这句话流露出他当时那种痛苦、迷茫、无助与彷徨。一场车祸将他原本的平静生活一下子全部搅乱了，他从一个健康的人突然就变成了一个残疾人，命运对他是如此的不公平。在这本书里史铁生提出了三个问题：要不要去死，为什么活，我为什么写作。这三个问题让我想到了哲学的三个问题：我是谁，我从哪里来，我要到哪里去。这里面有很多相似之处。《我与地坛》这本书，里面的语言也充满了古朴、典雅之美，尤其是里面的比喻、夸张等修辞手法将四季的美表达得极富有诗意，值得去细细品味。

我觉得这部书对我最大的影响是里面表达的人生观与世界观。人即便遇到再大的挫折，也是可以用自己身上那种自强不息的精神去打败它的。面对生还是死？有时候选择只是一念之间。海子在写完“面朝大海，春暖花开”这首诗后，选择了卧轨自杀。法国著名作家莫泊桑最终用剪纸刀割开了自己的喉咙。而史铁生在面对残酷的现实之后，他选择努力地活下去。在《我与地坛》这本书前几节中，作者也表露出自己的迷茫，他说自己也曾一连几个小时都在想关于死的事情，也以同样的耐心和方式想过自己为什么要出生？后来作者想通了，死并不是一个急于求成的事，死是一个必然降临的节日。他选择努力地活着，而不是让生命提前结束。因为地坛的存在，作者收获到了一处栖息地，也获得了一份写作素材。

人的一生会扮演很多角色，在《我与地坛》中，我认为他最重要的两个角色是儿子和作家，这两个角色都在他失去双腿后，给予了他活下去的动力。我记得书里面，他曾经问过另外一个作家问题，“为什么要写作?”另一个作家回答，为了让他母亲感到骄傲。史铁生听到这句话后，非常感动。他想到了自己，对自己曾经对母亲做过的事感到后悔，非常思念自己去世的母亲。“树欲静而风不止，子欲养而亲不待”是一件非常令人痛苦的事情。书里面有一句话让我印象非常深刻，“自己是世上最不幸的一个，不知道儿子的不幸在母亲那儿总是要加倍的”。父母亲永远都是最关心我们的那个人，永远不会抛弃我们的那个人。我们要趁现在还有机会，要去珍惜。不要让日后的自己后悔。

张亦坤：一座园，成全了一个人；一个人，造就了一座园。

在《我与地坛》中，地坛，如同北方一样，是一个平实并且厚重的字眼。在这里，春天是祭坛上空漂浮着的鸽子的哨音，夏天是冗长的蝉歌和杨树叶子哗啦啦地对蝉歌的取笑，秋天是古殿檐头的风铃响，冬天是啄木鸟空旷的啄木声。地坛就这样以热烈的姿态荒芜着，直到有一天，一个摇着轮椅的年轻人进入了园中。他孤独而倔强地行走，走过生，却渴望死；走过绝望，却寻找希望。后来，这个人开始写作，将地坛的故事融进他的每一段叙述，从此走进一场文学的大雾中，耽迷数十年而不知其返。这个人，就是史铁生。这样的故事只有他能写，令人读的时候想，沧浪之水清兮，可以濯吾缨。

常常觉得只有看过了死亡的灵魂才能够有那样深沉顿郁的叙述，每一句都像是用尽了所有沉积心底的情感汩汩而出。没有繁复华丽的辞藻，没有故作高深的技巧，每一个词语、每一个句式都自然地仿佛是最纯澈的璞玉。令人总是要忍不住猜想，在那些不惊不懈如风如流的年岁里，那个轮椅上的思索者是怎样用思想代替双脚，艰苦卓绝地去企及每一个遥不可及的瞬间；又是怎样，将目光一次次漫漶至遥远，在天地永恒的注视中，炼成一曲不朽的歌舞。

“要是有些事我没说，地坛，你别以为是我忘了，我什么也没忘，但是有些事只适合收藏，不能说，不能想，却又不能忘……”每当此时，神思便由这短短的几个句子流向世界，仿佛置身于每一个黎明中自由的到来。我想，在一次次文字的浸浴之中，那个“我与你一同笑看”的智者，终于站在了死中，去回望生的淡然，在不息的宇宙之中，找到了一个哲思的绝妙平衡点，而每一个阅读过这些书页的读者，也会为之深深动容。是的，在那之后，每一次熹微的晨光来临，每一条绵长的道路走到尽头，每一次候鸟的迁徙，每一层水雾最终幻化成虹，我仿佛能看到宇宙天地以其生生不息造化出了一个多么精湛神奇的世界。文字中所述的哲思世界与人情冷暖织就了一张精巧博大的网，你的任何所思所想都被其轻巧地包纳其中。从那样的情感起点出发，万物都似乎有了生命有了性灵。然后，你将获得一种力量，这样的力量从文字中汲取却又远高于文字，它存在于这个行星运转、树叶飘零的世界里，存在于每一个轮回带来的经久不息的感动之中。

中语视点

一名乡村教师的成长“三原色”

毕传高①

成长，是一个很厚重的词，它不单是指年龄的不断增长、身高的不断增加、体重的不断增速，更多的是指心灵的日渐丰盈、精神的日渐丰实、思想的日渐丰满。岁月的列车缓缓驶过，成长的脚印深深留下。从代课老师到蕲春“双名师”，再到市级骨干教师；从备受质疑的“另类教师”到全省农村先进教师，再到全国“优秀教育园丁”，回首17年来的从教生涯，我一直立足三尺讲台，扎根教育沃土，像小草吸纳阳光，像雄鹰向往蓝天，我不断积蓄向上的力量。在乡村，尤其是在偏远闭塞的乡村，成长的过程其实是一个没有外力作用下的自我约束、自主发展的过程，这过程虽然充满艰辛，但生命在左冲右突中拔节、成长，思想在反复淬炼中提纯、成熟。

一、从男老师到“懒老师”，“三项原则”擦亮另类教师的底色

我似乎从一出生就被贴上了另类的标签。半岁时，一场高烧让我患上了小儿麻痹症。后来，为了能像正常孩子一样上学读书，我开始练习走路，右脚先后两次骨折。再后来，在父亲的陪伴和爱心人士的资助下，我以优异成绩完成了九年义务教育，自学了高中到大学的相关课程，深入攻读了教育学和心理学，最终，我顺利拿到了大学本科文凭。

2004年9月1日，村里的小学缺少教师，聘请我去做代课老师。我是一个不

---

① 作者简介：毕传高：男，湖北省蕲春县思源实验学校教师。

安分的人，在班级管理和课堂教学中喜欢搞些小花样，以至于被同事称呼为“另类教师”。我的“另类做法”具体体现在我所坚持的“三项原则”上。

在课堂教学中，我坚持“三个不讲”。我教过的学生都知道我有“三不讲”：“学生已经弄懂的，不讲；学生自己能够弄懂的，不讲；讲了学生还是不懂的，不讲。”课堂是教师的生命线，我认为一堂好课至少应该有五个标准：扎实，课堂有意义；充实，课堂有效率；厚实，课堂有生趣；真实，课堂有生成；平实，课堂有常态。这“五实”的标准一直是我追求的教学境界。

我将游戏经过改良用在课堂上，孩子们特别愿意参与。课上开展“班级好声音”鼓励孩子们读书，用“扫雷游戏”来检查读课文。翻转课堂，师生角色互换。多给学生新刺激，让他们对学习常保持新鲜和兴趣。

我充分发挥小组合作的优势，引导他们把握课文重点进行自学，将那些略读课文放手让学生自己备课自己去讲。陶行知先生说：“要给学生一杯水，教师就得有一桶水。”而我做的似乎恰恰相反，就是用老师的一杯水引出学生的一桶水。事实证明，学生兴趣上来了，方法掌握了，语文成绩自然会大幅度提高。我所带的语文学科，几乎每年期末考试及格率都是100%，高分率均在90%以上。我辅导学生写出来的作文，有400多篇公开发表，105人次在各级各类作文竞赛中获奖。我总结提出的“快乐作文四步教学法”和“四点式语文教学法”在全镇、全县推广。

在班级管理上，我坚持“三级联动”。我积极探索学生自治的班级管理方法，制定了一系列班级规章制度，还将人才选拔机制和监督机制引入到班级管理中来，对所有班干部实行竞争上岗和末位淘汰制，同时赋予各个班干部一定的权限，大胆放权给他们，让他们自己去管理班级一切事务，真正成为集体的主人。我在班上推行“三级联动”的管理法，如图1所示。

从图上看，我只需要盯住一个人就好，那就是班主任特别助理，盯住一人，就能牵一发而动全身，班级各项事务由班主任特别助理领头，然后层层落实，各个部门相互协调，班干部之间相互监督，谁积极主动，谁消极怠慢，我都了如指掌。我的这种“懒人管理法”不仅把老师从繁琐的事务中解脱出来，也锻炼了学生的自我管理和沟通协调的能力，也因此被老师们争相模仿，在推行“双减”政策的今天，其仍有推广的价值和意义。

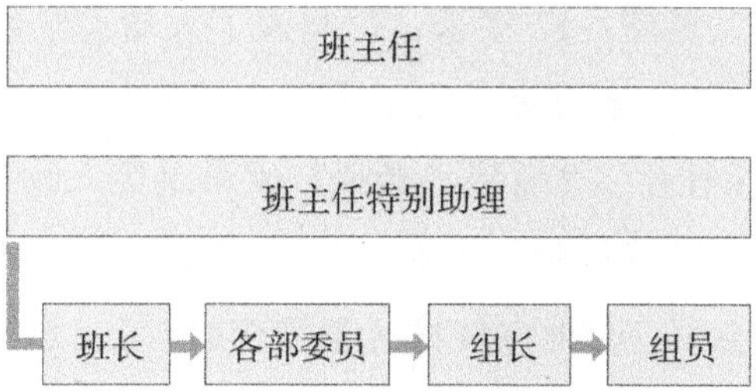

图 1　“三级联动”管理法

在教育学生时，我坚持“三多三少”。在农村学校，学生中多半是留守儿童、贫困学童，他们的心灵很脆弱，特别需要赏识、呵护和关爱。为此，我总结出“三多三少”的赏识教育法，即：对学生多一些鼓励，少一些斥责；多一些尊重，少一些成见；多一些宽容，少一些挑剔。我将这种方法渗透到教育教学的各个环节，教育和引导学生发现自己的闪光点，帮他们树立学习和生活的信心，收到良好的效果。

二、从“民师”到“名师”，“三化目标”提炼专业成长的成色

2004 年，我成为一名代课老师；2016 年，我成功考取教师编制；2018 年，我被评为“蕲春名师”；2019 年，我被评为“蕲春教育名师”。从民办老师到蕲春县为数不多的“双名师”，这条路，我走了整整 15 年。何谓“名师”？我的理解是：能用自己的一言一行影响一群学生一生的老师，可以称之为名师，名师是教师形象在学生心目中的升华，是学识的象征、人格的榜样、精神的偶像。名师的成长源于内心、始于课堂、成于课外。从踏上三尺讲台那天开始，我就迫切渴望能成为一名研究型的教师，为此，我给自己定下“三化目标”：课堂教学问题化、教学问题科研化、科研成果教学化，催促自己在实践中学会反思，在反思中优化实践。

一个人业余时间的爱好和习惯，决定了他事业的高度和人生的层次。在“三化目标”的指引下，白天，我带领学生一起漫步书山，畅游学海；夜晚，明亮的

灯光又给我开启了另一个幸福天地，一本好书、一杯浓茶、一台电脑让我在 8 小时之外的生活变得摇曳多姿。17 年来，我阅读了大量文学经典和教育专著，在 120 多种报刊发表文章 200 余万字，我率先发现并采写的“最美资教生”群体、“最酷‘朱模班’”朱桂生、“荆楚好老师”宋琳琳等人物典型在全国和全省产生强烈反响；我主编或参编教师用书和教辅图书 226 本；2018 年，我耗时 3 个月，独立编写了蕲春县第一套地方教材《我爱李时珍》，该书已由湖北少年儿童出版社出版，并在全县各中小学全面普及；我的教育专著《国培背景下农村小学语文教师能力培训研究》已经出版……

鸡蛋从外打破是食物，从内打破是生命。名师的成长需要外因和内因的同时作用，但更多的是从内而外的自省、自主和自觉。回首过去，是这“三自精神”和“三化目标”改变了我，是阅读和写作成就了我；未来，我将继续深耕细作，在充电和放电中不断前行，在不断前行中遇见更好的自己。

三、从“被引领”到“做引领”，“三个千万”增添乡村教育的亮色

有一个段子曾刷爆网络：“教师像把盐，吃着有点咸，家家离不了，就是不值钱。”言外之意，说的是老师很穷。贫穷与富裕并没有绝对的界限，关键在于你是从什么层面去理解。我教书 17 年，当了 12 年的代课老师，工资最低时一个月才 150 元，但我从来没有觉得自己穷，相反，我一直觉得自己很富有——因为我有“三千万”，这“三千万”让我找到了作为教师的幸福感，让我完成了由“被引领”到“做引领”的转变，让我在欣赏风景的路途中不自觉地成了风景。

千万要有情怀。教育事业是一份良心的事业，没有情怀，良心何安？教师的情怀归根结底就一个字——爱，要发自内心地热爱学生，热爱学校，热爱自己所从事的这份神圣的职业。生在大山，长在大山，我清楚山里孩子需要什么。我为之着急，并付诸行动。从教以来，我一直坚持家访，足迹踏遍了每一个学生家中，共劝回辍学生 26 人，为贫困学生争取到的爱心物资和助学金已超过 45 万元。2018 年，我荣获“马云乡村教师奖”，在颁奖典礼现场，马云先生亲自为我佩戴花环，称赞我是“有教育理想和情怀的乡村教师”。

千万要有光芒。心中有光芒，脚下有力量；心中有光芒，必能达远方。多年的教育实践告诉我，一个优秀的教师，身上至少要有三道光芒：有智慧的光，做一名教育的创新者；有赞赏的光，做一名快乐的“淘金人”；有人格的光，做学生成长的引路人。一个有光芒的老师，会有满满的正能量；一个有光芒的老师，教出的学生也一定会闪闪发光。

千万要有担当。相对城市而言，农村还比较落后，但越是落后的地方越需要把教育搞上去；搞教育离不开教师，谁去农村当老师——这就是一种担当，一种纯粹的教育人才有的担当。因为这种担当，我在农村一待就是17年，其间，有多家演艺公司、培训机构和县直部门向我抛来“橄榄枝”，都被我一一拒绝；因为这种担当，我四处“化缘”，筹资金、拉赞助、跑项目，让乌沙畈小学和青草坪小学这两所蕲春县最偏远的山区学校焕发生机和活力；因为这种担当，我每年都帮特困学生推销农产品，帮大学在读的贫困学生找兼职……

人生最大的快乐，就是选择自己热爱的，热爱自己所选择的。我很庆幸，能够选择教师这一项我愿意为之奋斗一生的事业。如今，教育局一纸调令将我调到了县城。变换的角色，不变的是初心，我没有离开，只是换了一个地方，继续战斗。

奋斗没有休止符，我的成长故事还会继续写下去。

基于学科融合的中学美育创新实践研究
——以武汉市常青树实验学校为例

魏诗颖　吴晓凡　吴婷婷①

中共中央、国务院印发《关于深化教育教学改革全面提高义务教育质量的意见》强调要增强美育熏陶。2020 年全国教育工作会议上，时任教育部部长的陈宝生提出，把美育纳入督导评估和考核体系，让“软任务”成为“硬指标”。美育不仅仅指美术教育，它还是培养学生认识美、爱好美和创造美的能力的教育，是全面发展教育不可缺少的组成部分，所以每个学科都存在着美育元素，美育是学科融合的具体体现。但目前，美育工作在实施过程中存在着一些问题：一是理念与意识层面的缺乏，美育缺乏与各学科之间融合的理念引领；二是实践层面的缺乏，美育缺乏与各学科之间融合的机制。

武汉常青树实验学校是一所极具教育创新的实验性学校，其美育在全国享有盛誉，并且在理念和实践创新方面都较为先进，是美育工作较为优秀的学校之一。学校因坚守课改，成绩显著，被教育部评为“全国课改先进学校”，校长万玉霞被评为“全国课改杰出校长”“中国十大好校长”“全国先进工作者”，得到习近平总书记等中央领导人的高度评价。重要媒体《中国教育报》《中国教育周刊报》《未来教育家》等纷纷报道了该校的办学成果。武汉常青树实验学校基于学科融合的理念，积极推行新生态下生命发展教育，在美育创新实践上进行了积

① 作者简介：魏诗颖，女，黄冈师范学院文学院 2020 级硕士研究生；吴晓凡，女，黄冈师范学院文学院 2020 级硕士研究生；吴婷婷，女，黄冈师范学院文学院 2020 级硕士研究生。

基金项目：黄冈师范学院研究生处项目“基于学科融合的中学美育创新实践研究——以武汉常青树实验学校为例”（编号为 5032021005）。

极而有效的探索，为其他学校提供了可资借鉴的“范本”。

一、新生态体系下的生命发展教育理念

国家“十三五”规划中提出全面推进和落实创新、协调、绿色、开放和共享五大发展理念，在这五大理念的指导下，武汉常青树实验学校提出新生态体系下的生命发展教育理念。“新生态生命发展教育”理念包含“三观”一圈，即生命对象观、生成发展观、创价教育观和“生命发展生态圈”。生命对象观突出该校办学理念的核心——教育对象化，把学生视为一个完整的生命体。生成发展观突出学校教育的核心目标——学生的发展，学生自己决定自己的发展方向和水平。创价教育观突出学校新的教育观——不断提升学生个体生命质量的过程。以上“三观”为学生提供了一个良好的成长环境，这也正体现了校名中“常青树”的寓意——为生命之树常青。“常青”本指青翠，不枯黄，不凋零，形容花草树木四季都青翠碧绿。在该校理念中，“常青”一方面契合校园植被丰富的特点，另一方面喻指学生生命的创造力和个性潜能的蓬勃发展，人的精神生命生生不息。① 在该教育理念下学生在优美的环境中更全面、自由地展现生命的活力，他们每天欣赏着校园中“美的环境”，精神上得到“美的熏陶”。所以，“三观”体现了“美育”的元素。而“一圈”——生命发展生态圈，是以学生生命个体为核心，通过合理的理念引导、良好的师生关系、健康的家庭影响、积极向上的团队精神等方面的影响，最终促进学生生命发展。在“生命发展生态圈”中也渗透着“美育”，比如：良好的师生关系中学生可以看到教师美好的师德，从教师身上发现学习的美；健康的家庭关系中学生可以看到父母严肃之余的人性之美，从父母身上学习生活的美；积极向上的团队精神中学生可以看到班级和谐的氛围，从同学身上领会同学关系美的真谛。所以，“三观一圈”的“新生态生命发展教育”理念蕴含着“美育”，并通过各种方式向学生传播着“美育”。

武汉常青树实验学校的校长万玉霞提到该校的“新生态生命发展教育”理念的理论基础是：以马克思关于人的全面、自由、充分发展的学说为指导，以人

① 万玉霞：《为了生命之树常青——基于核心素养培养的课程体系建构》，载《教育家》2017年第4期。

本化教育理论为基础，以学生为中心，从哲学、生命学、社会学、教育心理学等理论视角，关注学生的发展，关注学生的生命及生命过程、生命质量与价值，深刻阐述生命成长与学生的能动、生成发展的关系，并赋予它愉悦性、主体性、人文性、创造性、发展性的特征。① 这与学科融合理论背景相契合，学科融合作为面向未来的教育变革，已经越来越成为教育的热点和重点。《基础教育课程改革纲要（试行）》指出，基础教育课程改革的具体目标包括“改变课程结构过于强调学科本位、科目过多和缺乏整合的现状”，要“体现课程结构的均衡性、综合性和选择性”。这就是说要打破学科界限，将两种或者两种以上的学科结合起来，围绕一定的主题、问题、任务、概念和学习内容，通过学科的交叉与渗透，培养学生理解和综合运用知识解决实际问题的能力，最终达成培养“全面发展的人”的目标。② 所以武汉常青树实验学校的办学理念是基于学科融合理念背景的想法。

总的来说，新生态体系下的生命发展教育理念是把一个个学生当作一棵棵常青树，学校是绿洲和生态森林，学生在这样一个自由发展、生机勃勃的环境体系中茁壮成长，最后成为真正的、有意义的社会人。该理念蕴含着“美育”元素也体现了学科融合的特点，为学科融合下的美育创新实践提供了方向和指引。

二、学科融合下美育创新实践

在新生态体系的生命发展教育理念下，武汉常青树实验学校的课程体系建设完整，从课程目标、课程结构、课程实施管理等方面均体现美育创新实践的学科融合特性。

1. 以培养“中国人格”为核心的课程目标：以审美的方式育德，塑造美的人格

2014 年 4 月，教育部颁布《关于全面深化课程改革　落实立德树人根本任务的意见》，该文件十分重视核心素养体系，进而提出各学段学生发展应遵循核

① 万玉霞：《为了生命之树常青——基于核心素养培养的课程体系建构》，载《教育家》2017 年第 4 期。

② 钟传祎：《学科融合视域下的作文教学探索》，载《江西教育》2021 年第 26 期。

心素养体系，明确学生应具备适应终身发展和社会发展需要的必备品格和关键能力，突出强调个人修养、社会关爱、家国情怀，更加注重自主发展、合作参与、创新实践。为了更好地落实核心素养体系，武汉常青树实验学校将培养身心健康、智慧生活、楚汉气度、中国人格和国际视野作为课程目标。其中“中国人格”教育是学校办学理念的核心目标，建构人格教育，是几千年来中国人价值取向的人生目标。“中国人格”教育其实质上是培养具有民族精神血脉的学生，是培养具有中国灵魂的人，本质上讲是将中国精神、中国气节融入人的生命成长关键的教育，是整个教育的灵魂，统摄并渗透在全部教育过程之中。为了让“中国人格”的精神在学生身上“生根发芽”，学校的各种建筑都蕴含着这种精神，以审美育德的方式，塑造学生美的人格。

首先，从弘扬中华优秀传统文化出发，为师生心灵烙上“中国印”。学校“圣德厅”“书香阁”“君子道”“仁义礼智信”书雕等环境布置处处蕴含着学校传承与弘扬中华优秀传统文化的理念，为每一个常青树人烙上浓浓的“中国印”。“圣德厅”是学校的第一个大厅，放有先秦文化名人孔孟等人的画像和雕塑。“君子道”是地上特殊的一条道，是美术老师带领学生们亲手制作的“梅兰竹菊”的剪纸，希望学生们有着“四君子”的精神。学校大门口雕塑——“生命莲花”，是一朵花、水、人共同铸就的生命莲花，莲花花瓣托起了来自世界不同国家“你好”的问候语，其中最醒目的是用中文写的“你好”二字。① 这个雕塑寓意着把孩子放在莲心的位置，对孩子们进行精心的呵护，给予他们全部的爱；时刻提醒着学生们自己是华夏子孙，流淌着有浓浓的温情、亲情、家国情和友谊情的血液；凸显了中华民族文明礼仪之邦的优良传统，不仅拉近了人与人之间的交往距离，也寓意学校培养的学生是拥有开放的心态、合作的精神、友善的心灵、文明的举止的学生。

其次，从现代化出发，促进学生人文素养的养成，塑造追求科学精神的品质。在弘扬中华传统文化的基础上，学生也应该结合时代去吸收接纳现代化的人文科技，这也是“中国人格”在当今的体现。所以，学校修建了“启智园”“宇宙厅”“达·芬奇创意馆”，巧妙地将传统与现代化、人文与科学和谐统一。在

① 万玉霞：《围绕“中国人格”培养核心素养——对武汉市常青树实验学校办学实践的思考》，载《成才》2016 年第 12 期。

"启智园"里面到处都是科技智慧元素，其中有棵苹果树非常显眼，代表了牛顿发现"万有引力定律"之源。园里面还有"数学桥"，它模仿了牛顿桥，原型位于英国伦敦大学的剑河上，整个桥身利用力学修建，没有用一颗螺丝和钉子。"启智园"旁长廊则把自然界当中的季风环流、水循环等常见的地理现象以电子闪烁灯的动态方式呈现给了孩子们，让孩子们在动感中加深对地理现象的认知。①

不论是充满中国风的"圣德厅"还是现代化的"启智园"，这一系列建筑都为师生营造了一个潜在的育人环境，这种育人方式是潜移默化的，从审美角度出发，让师生产生一种价值认同感和归属感，从而形成一种强大的凝聚力。

2. "四维"课程结构：建立审美化教学情境，多维渗透美育

根据上述的课程目标，武汉常青树实验学校将"一主两翼"课程（一主：国家课程和地方课程为主体的必修基础性课程；两翼：校本课程和国际教育课程为主的选修拓展型课程、特色课程）加以重组，将新生态生命课程体系建构为"人与自我""人与社会""人与自然""人与世界"四个维度。从多维度来建立审美化教学情境，培养学生健康的审美情趣。

首先，在"人与自我"维度下，学校开设了身心发展类和思维创造类课程，旨在促进学生身体、心理、思维的全面发展。比如：身心发展类包括《足球》《乒乓球》《田径》等体育类课程，还开设了《心理健康教育》《心灵向日葵》等培养学生健康心理的课程。思维创造类包括《头脑 OM》《云端技术》《精彩未知》《奇妙世界》等课程。这些课程有利于学生关注自我，做到身心脑协调、全面发展。

其次，在"人与社会"维度下，学校开设了生活实践类和地域文化类课程，旨在促进学生提高观察生活、热爱生活、懂得生活的意识，增加对家乡的了解与热爱，增加对社会生活的了解，有利于以后成为一个真正的"社会人"。比如：生活实践类不仅包括《劳动与技术》《扎染课程》《毛线编织》等促进技能学习的课程，还包括《走进社区环保实践行》《地铁宣传队》《小小安全岗》《爱心小

① 万玉霞：《围绕"中国人格"培养核心素养——对武汉市常青树实验学校办学实践的思考》，载《成才》2016 年第 12 期。

医院》《小邮局大世界》等培养学生职业意识与社会服务精神的课程，培养学生成为生活的主人、未来社会的栋梁。地域文化类包括《武汉之城》《武汉之桥》《武汉之音》《武汉之艺》《常青导游》等，以武汉和常青社区的文化为基础，让学生感受武汉之美，增加对武汉的热爱。

再者，在“人与世界”维度下，学校开设了传统文化类和异域文化类课程，旨在培养学生在立足我国经典传统文化的基础上，开拓国际视野。比如：传统文化类既包括《国学经典》《经典诵读》等介绍我国经典思想文化的课程，也包括《软笔书法欣赏》《茶艺茶道》《古筝》《二胡》等介绍我国经典技艺的课程。这些课程为学生营造了传统之美的氛围。而异域文化类包括国际课程和国外游学。这类课程并非单纯的外语学习，更多的是对外国文化的理解与思考，在为学生建立审美化教学情境的同时，给予丰富的文化熏陶。

最后，在“人与自然”维度下，学校还开设了生物探索类和科学创客类课程，旨在培养学生热爱自然、保护自然、敬畏自然的品质以及科学创新精神和能力。比如：生物探索类包括《观鸟》《植物生态研究所》等课程，让学生通过实地观察的方式，学习动物与植物的相关知识。科学创客类是该校重点打造的课程类型。在校园中尽可能为学生创造创新实践环境，开设“树常青创客梦工场”等，运用STEAM教育理论，综合培养学生的创新和实践能力等核心素养。这两种课程为学生提供良好的环境，让学生近距离了解自然、科学，在审美与自然、科学关联中，激发学生创造灵感。

以上的“四维”课程结构从多维度为学生创造了审美环境，有利于提高学生对不同美的欣赏力和创造力。同时，这要求教师在带领学生实践的过程中，应时刻提醒并引导学生对不同美的发现，并从不同角度去解读、感受美。

3. “四合”实施路径：依托地方特色，实行“大美育”

根据以上课程结构，武汉常青树实验学校提出了“四合”实施路径，依托地方特色和学校资源，实行“大美育”。这里的“大”与“四合”的“合”相契合，就是相融的意思。在各方面融合之下实施课程，更有效地推进美育工作。

首先是学科融合。学校探索实施“学科打通，重心下移”的策略，根据九年一贯制的教育教学资源及学生的认知规律，整合相近学科及同科异段的教材资源，重新构建知识体系，确保在开足开齐国家课程基础上有效提升学生的发展质量。① 学科整合主要是关注学科内上下联通与前后联系的整合。课程整合重点是关注学生，把握学科上下贯通的知识、技能的迁移和横向的联系，还有局部与整体的联系，切实强调教学的整体性。比如：数学方面，学校教师研发本土《湿地教材》，体现整科学习的层次性、趣味性与刺激性。语文方面，教师从大语文、大阅读出发，以一篇带多篇的主题阅读方式教学，这与“1+X”理念相似，有利于师生把握语文的规律，更系统地学习知识。其他学科也开展了主题学习，这种学习不仅减轻了学生的学习负担，增加了学习的主动性，而且学生有更多时间和精力去发现各学科的“美”以及享受学习之外生活的“美”。

其次是学段融合，因为学校分为小学部和初中部，所以学校对两个学段进行统筹安排，采用小学“五点五”学年，中学“三点五”学年的学科与校本教材过渡衔接策略。学段融合让以前“骨感”的教学变得“丰满”，隐性的知识点的衔接是思维方式的互补。教师在带领学生学习时，从知识点切入向思维更深处探索，这有利于学生更有效地学习，从而徜徉在知识的海洋里，实现自我学习。这种学段融合的方式也为“大美育”的实施提供了强有力的动力。

再者是学时组合，主要是探索长短课时和班界学时的时空重组，从而提高学习效率。主要体现在：统筹增补微课、长课。增设上午 10—15 分钟微课时间以诵读类课程为主；中午 10—15 分钟微课时间以技能提升型课程，如习字、运算、单词、理化周练等为主。整合周一、周二、周四下午 40—50 分钟为“自主时空”，用于当天的学生自主作业、教师面对面辅导，切实减轻学生的学业负担。周三下午则是学校传统的“无作业日”时间，给予学生参与综合社团、校本课程的个性发展时空。这样学时重组的安排，为学生参加校本课程提供了充足的时间，也有利于“大美育”更高效地开展。

最后是学生分合，学校充分尊重学生的个体差异性探索走班制，这种走班制是一种开放、自主、动态的学习方式。主要分为以下三种：第一种是分类课程小走班，学校将国家规定教学内容和课时进行科学优化和重新整合，形成（基础+拓展）分类课程。第二种是分层课程走班，学校在初中数学、英语和物理这三门

① 万玉霞：《新生态体系下生命发展教育课程的实施与评价》，载《教育家》2017 年第 8 期。

课程中推行分层教学，即根据学生学情将相邻的三个教学班，以“兴趣激励”“巩固拔高”“综合提升”三层学力标准，提供并指导学生自主选择适合自己的学习团队。第三种是校本课程大走班，每周三下午，学校的校本超市全面开放，让全年级每一个学生根据自己的兴趣爱好自选，进到不同的特长空间活动。这三种走班制以培养学生选择意识、选择能力为宗旨，让学生能把握自己的主动发展，并做适宜的选择。

“四合”实施路径以学科融合为主，学科融合为“四维”课程提供实施路径，而其他“三合”路径又为学科融合“保驾护航”，同时也是实行“大美育”的重要保障和动力。其中从学段、学时、班级上来合理制定计划和策略，整体上体现了从内到外、从局部到整体的科学性。

武汉常青树实验学校基于学科融合的理念背景，贯彻新生态下生命发展教育理念，以学生为本，让每一个“生命”都得到全面、自由、充分的发展。在这样的理念下，学校树立以培养“中国人格”为核心的课程目标，修建蕴含德育的各种建筑，以审美育德，帮助学生塑造美的人格；建构“四维”课程结构，在跨学科美育探索中，除了要突出美育功能、提升学生审美综合素质外，更重要的是加强学校美育与社会美育、生活美育、自然美育的对接，营造美育情境，多维渗透美育；实施“四合”路径，为课程目标、课程结构提供动力和支撑，有效实现“大美育”。

语文教育理论界又一锐意创新的论著

——杨道麟博士的《语文教育学新论》序言

曾祥芹①

记得1998年8月，我曾给华中师范大学的语文教育学专家杨道麟的第一本个人专著《语文教育学导论》写过一篇题为《甘当出色的语文教育学学科的“法师”》的序言，该书由湖北人民出版社1999年1月出版后，又于2001年8月出版了修订本，前后印刷近2万册，被全国30多所高等师范院校中文系或用作本科生与研究生的专业教材，或用作本科生与研究生的选修教材，也被不少语文教育工作者和语文教育研究者选用，反映较好，因而被语文教育理论界的方家董菊初先生赞誉为一部很有“厚重感”“新颖感”“畅快感”的大著。20多年过去了，这位已闻名于海内外的语文教育理论界的博士、教授、博导又推出近40万字的独著《语文教育学新论》（北京大学出版社出版），书名虽只换了一个字，但这是一部熔语文教育哲学、语文教育伦理学、语文教育美学于一炉的层楼更上的适应全球化语文教育改革趋势的锐意创新的论著。全书的上、中、下三篇共14章，按语文教育“原理—技术—应用”的三级体系布局，并以“语文教育学的神圣使命”为绪论和“语文教师的继续教育”为余论。学界周知，“语文教育学”本来是“语文学”和“教育学”相结合的产物。作者通过调研发现，“语文教育学”背后与“教育学”相交叉的“语文学”仍未成为一门显科学，对“语文”这个核心概念的解说含糊不清，游移不定，或释为“语言文字”，或释为“语言文学”，或释为“语言文章”，或释为“语言文化”，均存在“一语一文

① 作者简介：曾祥芹（1936—　），男，湖南洞口人，河南师范大学文学院资深教授，主要从事语文教育学、实用文章学、汉文阅读学的研究。

论”的偏颇，进而痛感“没有科学的‘语文学’作牢固基石，就支撑不起‘语文教育学’的理论大厦”。因此，他义无反顾地扬弃四种“一语一文论”，旗帜鲜明地用“一语双文论”① 来统率全书，不厌其烦地以“语文（语言、文章、文学）”提醒固守“一语一文”旧语文观的语文教育研究者和语文教育工作者，指出“语言教育、文章教育、文学教育”三者与“智慧教育、道德教育、审美教育”彼此交错，两个“三育”相离三害、相融三利。这个科学的“语文学”对于持“语文即语言文学”世纪偏见来主宰语文教育的历史和现实，是一种辩证性否定，一种建设性批评，一种创新性发展。笔者拜读之后，喜不自禁，认为该书既“学而兼术”又“知行统一”，这在当代崛起的语文教育学学科建筑群中，又矗立了一座风格独特的理论大厦。兹概述如下，与同行推介、商兑。

绪论《语文教育学的神圣使命》，实为全书的开端。语文教育学是一门正在建设中的新兴学科，是高等师范院校中文系必修的主干课程，它为受教育者实施并搞好语文教育提供了理论依据和方法指导。语文教育学是普通教育学的分支理论学科，是现代语文学的应用理论学科，以服务于培养未来的语文教育家而塑造“求真”“向善”“崇美”② 的创造性的人才与“健全的人格”③ 为宗旨。但是，目前这门学科尚处在发展阶段，这是摆在每一个立志于从事语文教育的学人面前的一项十分紧迫的任务。作者以打造受教育者“树立热爱语文教育的事业心、建构适应语文教育的知识网、炼就从事语文教育的基本功、蓄积革新语文教育的创造力”为使命，分别就“语文教育学”是什么、“语文教育学”为什么、“语文教育学”怎么样三个方面作了阐发。

上篇《语文教育的基本原理》展开为“语文教育的本质”“语文教育的目标”“语文教育的内容”“语文教育的原则”“语文教育的过程”五章，属于语文教育的“学理”，是全书的灵魂，也是笔者评述的重点。

——语文教育的本质是基础性因素的“求真”、人文性因素的“向善”和审美性因素的“崇美”等三者的和谐统一。

---

① 曾祥芹：《“一语双文”时代渐行渐近——全球化语境下语文内容结构改革的必然趋势》，载《语文建设》2009 年第 11 期。

② 杨道麟：《“真善美融合”的语文教育观摭谈》，载《焦作大学学报》2010 年第 2 期。

③ 中华人民共和国教育部：《语文课程标准（实验稿）》，北京师范大学出版社 2001 年版，第 2 页。

对于“语文教育的本质”的阐释，历来众说纷纭，如“工具性、基础性、思想性、文化性、实践性、情感性、审美性、人文性”等，语文学科属性够多了，然而不明白“本质只有一个”，其诠释失误在于用“一般属性”充当“本质属性”。目下影响较大的观点有：第一，认为它是语言，语言具有工具性，所以语文学科是工具性的学科。第二，认为它是文化，文化具有人文性，所以语文学科是人文性的学科。第三，认为它既是最重要的交际工具，又是人类文化的重要组成部分，所以语文学科是工具性与人文性统一的学科。这只是语文学科的“一般属性”；工具性和人文性并不是一个层面的对立统一关系，而是人文共性寓于语文学科个性的包容与被包容的关系，说“工具性和人文性的统一，是语文学科的基本特点”，也是“特点”不“特”，其他人文社会学科也一样具有工具性和人文性。以共性代替个性，依然揭示不了语文教育的特殊本质。作者认为“语文学科作为一门拥享着坚实的智能品质的学科，这是语文教育的无可争辩的事实。它主要承担着塑造‘求真’‘向善’‘崇美’的创造性的人才和‘健全的人格’的‘真’（智育）即知识传授、能力训练和智力开发等任务，是‘提高智能水平’的不二法门，因而具有基础性”。同时，作者认为“语文学科作为一门洋溢着浓郁的人文气息的学科，这是语文教育的不容置疑的实情。它主要承担着塑造‘求真’‘向善’‘崇美’的创造性的人才和‘健全的人格’的‘善’（德育）即思想净化、情操陶冶和德性涵养等任务，是‘弘扬人文精神’的重要途径，因而具有人文性”。另外，作者认为“语文学科作为一门充满着独特的审美魅力的学科，这是语文教育的不由分说的本相。它主要承担着塑造‘求真’‘向善’‘崇美’的创造性的人才和‘健全的人格’的‘美’（美育）即审美意识增强、审美因素领略和审美能力提升等任务，是‘追求审美境界’的主要方式，因而具有审美性”。如此排除语文教育的非本质属性，凸显语文教育的坚实基础性、浓郁人文性、独特审美性，这就超越“一般属性”深入到语文教育的“特殊属性”。作者站在“真善美融合”的高度，认定“语文教育的本质就是语文教育认知学、语文教育伦理学、语文教育美育学的合金”。我以为这是当下最接近语文教育的本质的崭新阐释。

——推进语文教育的目标的序列化、具体化、实效化，构建“真善美融合”的语文教育的目标创新体系。

语文教育的目标对制定语文教育计划、明确语文教育方向、组织语文教育内容、选择语文教育方法、安排语文教育过程等都起着决定性作用。作者如数家珍般地历述语文学科独立百余年来确立语文教育的目标的演进史，认为这一过程集中地表现为语文教育的目标的理论贫乏，即主观意识的渗透、阶段特质的含糊和现实困惑的凸显。一面总结语文教育的目标的主观意识的渗透最易导致语文教育的规律的违背，一面归纳语文教育的目标的阶段特质的含糊最易导致语文教育的实践的尴尬，一面概括语文教育的目标的现实困惑的凸显最易导致语文教育的本位的湮没。于是明确提出语文教育的智育目标（传授知识、训练能力、开发智力）和语文教育的德育目标（净化思想、陶冶情操、涵养德性）及语文教育的美育目标（增强审美意识、领略审美因素、提升审美能力）的基本要项；并将着力点放在语文教育的目标的阶段预期性、具体指向性、实施可行性、效果可检测性等的有效落实上。其中的攻坚克难是依靠各学段、各年级、各学期、各单元、各课文、各课时的具体教学目标来展示从小学（初小、高小）到中学（初中、高中）层层递进的“分目标”的科学序列，借以步步落实“语言的智育、德育、美育和文章的智育、德育、美育及文学的智育、德育、美育”的“总目标”。

——语文理念的课程化，语文课程的教材化，语文教材的智能化，这是建立语文课程、语文教材、语文教学三级体系必须环环推进、逐步完成的“三化”任务。

语文教育的内容的“课程”是指编制者为了有效地实现语文教育的目标的需要而规定的范围、分量、进程等的总和，即明确语文教育“应该教学什么”的问题。既然语文教育中的“课程”包含“语言、文章、文学”三大板块，那么健康的语文课程结构应该是语言课程、文章课程、文学课程的协同组合。作者认为，语言课程是语文课程的“老大”，文章课程是语文课程的“主干”，文学课程是语文课程的“龙头”，表面看似乎彼此矛盾，实质看意谓三种课程各有优势，像三拉马车要“并驾齐驱”。其中，难能可贵的创见是，文章课程在实践上的主流地位和在理论上的缺席空位，要求我们切实从“双文教育”（文章教育、文学教育）知行统一的高度，保持文章课程与文学课程的平衡席位和协调发展。

语文教育的内容的“教材”是指编制者为了较好地显现语文课程所规定的

诸要素并让施教者有效地传授、受教者很好地掌握而组织的文字材料与非文字材料，即解决语文教育“用什么去教学”的问题。既然语文教育中的“教材”包含“语言、文章、文学”三大部分，那么全面的语文教材结构应该是话语教材、文章教材、文学教材的科学配伍。作者指出“话语作品”是语文教材的“荒原”，这个最陌生的言语“新大陆”，必须引起语文教育界的高度重视；“文章作品”是语文教材的“主体”，这顶天立地、非仰视不可的“大哥”，必将成为语文教育的一大亮色；“文学作品”是语文教材的“主流”，这秀美靓丽、令人艳羡的“小妹”，从总体上宜保持与语言教材、文章教材的平衡发展乃至和谐发展。三类“言语作品”应该相配、相爱、相融，而不能相离、相斥、相害。应该说，这一套语文教材的探赜索隐是革故鼎新、超凡脱俗的。

语文教育的内容的“教学”是指施教者为了更好地完成教学任务而在教学实践中向受教者呈现的各种材料及所传递的信息，即弄清语文教育“实际教学什么”的问题。既然语文教育中的“教学”包含“语言、文章、文学”三大支柱，那么完整的语文教学结构应该是语言教学、文章教学、文学教学的并行不悖。对于语言教学，作者除了通过课文（文章作品、文学作品）学习语音、文字、词汇、语法、修辞、语体等语言知识外，又另辟蹊径，按言语的三种形态——生活语言、文章语言、文学语言，专讲日常语言的教学要讲究“直接”，注重“灵活”，推崇“简洁”；科学语言的教学要遵循“定法”，看重“理性”，崇尚“单义”；艺术语言的教学要追求“活法”，着重“感性”，寻找“多义”。这种着眼语用学的三种语言教学是前所未有的创新。对于文章教学，作者竭力维护其传统“正轨”、现代“正宗”、当代“正课”地位，分类阐释了普通文章（记叙文、说明文、议论文）和专业文章（新闻文、应用文、学术文）及变体文章（纪传文、科普文、杂感文）的教学实施，具体指明了如何把握9种文章的基本类型、大体结构、表达技巧、出色语言。这样针对“弱化文章教学”的偏颇，彰显实用文章教学的主体作用，又是同类语文教育学论著有所欠缺而不自知的。对于文学教学，作者基于其显学的丰富积淀，浓缩了4类文学体裁的教学策略：诗歌教学要明确诗情，运用诵读，进入意境等；散文教学要探寻文脉，识别文眼，品味文句等；小说教学要领略情节，体味人物，感悟环境等；戏剧教学要把握结构、分析冲突、琢磨语言等。这一整套“语言、文章、文学”的教学经验总结，达到了空前的高度。

——*语文教育的原则必须以“真善美融合”的新理念来探求，要贯彻到语文教育的整个过程之中去。*

语文教育的原则不同于一般教育的原则，而是处理语文教育自身的诸种特殊矛盾的行为准则，是反映语文教育客观法则的要求而解决“怎么教学”的问题。简要说，有“相关性的课内外结合原则”“多类型的思维训练原则”和“最优化的自能学习原则”；这些原则必须遵循规律性、时代性、发展性，并辩证运用于语文教育的过程之中。而语文教育的过程又由目标序列、多样手段、实施结果等三种元素有机组成；其过程显示出智育“求真”、德育“向善”、美育“崇美”的现代特征；施教者在语文教育的过程中只有努力做到教育思想的“准确把握”、教育理念的“范式转换”和教育“传统”的“现代”转型，才能真正实现受教者的发展目标的优化。以上所有语文教育的原则在语文教育的过程中的贯彻，都经由“环节”才能参与过程并在过程之中予以体现，其目的是又好又快地把受教者塑造成为“求真”“向善”“崇美”的创造性的人才和“健全的人格”，并进入“人的发展和完整性建构”① 的全新境域。

中篇《语文教育的主导技术》展开为“语文教育的‘语文’能力”“语文教育的‘备课’能力”“语文教育的‘施教’能力”“语文教育的‘评价’能力”“语文教育的‘科研’能力”等五章，属于语文教育的“技能”，是全书的骨肉，也是笔者评述的要点。

——*语文教育的四种“语文”能力，是施教者从事语文教学活动的最基本的“本钱”。*

语文教育的“语文”能力中的阅读能力、写作能力、聆听能力和讲话能力，是施教者引导受教者进行读、写、听、说训练时必须具备的最基础的能力。就“语文”能力中的阅读能力而言，其主要表现在阅读语文教材的能力、掌握阅读方式的能力、指导受教者阅读的能力三个方面，这种能力既是施教者所需要的对语文课程纲要、语文教科书、语文教学资料等的阅读做到理解性、探究性、创造性的一种实践能力，又是施教者所需要的对泛读与跳读、通读与朗读、精读与默读等的掌握做到信息性、积累性、评价性的一种实践能力，还是施教者所需要的

① 曹明海：《让语文点亮生命》，载《中学语文教学参考》2007 年第 9 期。

对训练受教者的普通话阅读、个性化阅读、多角度阅读等的指导做到规范性、体验性、创意性的一种实践能力。就“语文”能力中的写作能力而言，其主要表现在适应教学书写的能力、教学应用写作的能力、指导受教者写作的能力三个方面，这种能力既是施教者所需要的对粉笔字、钢笔字、毛笔字等的书写做到字体美观、行款整齐、布局合理的一种实践能力，又是施教者所需要的对批语评语、教学反思、学期小结等的应用做到概括简约、抓住要领、点面结合的一种实践能力，还是施教者所需要的对训练受教者的展示“下水文”、激发“勤练笔”、鼓励“善修改”等的指导做到拓展思路、释放活力、斧正偏颇的一种实践能力。就“语文”能力中的聆听能力而言，其主要表现在养成“善于倾听”的能力、拥有“学会倾听”的能力、指导受教者倾听的能力三个方面，这种能力既是施教者所需要的对受教者的情感细语、思想抽穗、心灵律动等话语的倾听做到清晰性、接纳性、期许性的一种实践能力，又是施教者所需要的对受教者的争论之音、意外之音、心底之音等话语的倾听做到差异性、同一性、多样性的一种实践能力，还是施教者所需要的对训练受教者的专心倾听话语、耐心倾听话语、悉心倾听话语等的指导做到智慧启迪、精神畅快、美感愉悦的一种实践能力。就“语文”能力中的讲话能力而言，其主要表现在擅长讲普通话的能力、具备教学演讲的能力、指导受教者讲话的能力三个方面，这种能力既是施教者所需要的对语音标准、词汇标准、语法标准等的把握做到目的性、示范性、流畅性的一种实践能力，又是施教者所需要的对把握语旨、注意语境、用好语流等的策略做到意图性、场合性、灵活性的一种实践能力，还是施教者所需要的对训练受教者讲话的强化复述、强化自述、强化语感等的指导做到忠实性、通达性、雅致性的一种实践能力。以上所论的语文教育的四种“语文”能力，指要明核，层递井然，既吸取了现代阅读学、写作学、听知学、演讲学四门“术科”的精华，又综括了特级教师导读、导写、导听、导说四种“教法”的经典。

——语文教育的四种“备课”能力，是施教者的教育理念、思维智慧和行为追求的具体反映。

语文教育的“备课”能力中的驾驭教材能力、了解对象能力、设计教学能力和编写教案能力，是施教者保证课堂教学的有效进行而取得最佳教学效果的必不可少的一种能力。就“备课”能力中的驾驭教材能力而言，其主要表现在施教者把握语文课程纲要的能力、钻研语文教科书的能力、利用语文教学资料的能力三个方面，这种能力既是施教者领会语文课程纲要的基本特征、揣摩语文课程纲要的精神实质、解剖语文课程纲要的编排方法的一种实践能力，又是施教者整体疏通语文教科书、透彻分析语文教科书、辩证处理语文教科书的一种实践能力，还是施教者巧用语文教学辅导资料、活用语文教学教具资料、慎用语文教学音像资料的一种实践能力。就“备课”能力中的了解对象能力而言，其主要表现在施教者知晓对象学习基础的能力、明了对象知识水平的能力、弄清对象成长环境的能力三个方面，这种能力既是施教者了解对象的兴趣爱好、性格差异、智力品质的一种实践能力，又是施教者了解对象的陈述性知识、程序性知识、策略性知识的一种实践能力，还是施教者了解对象的生活背景、文化状况、人际关系的一种实践能力。就“备课”能力中的设计教学能力而言，其主要表现在施教者确定语文教学目标的能力、抓住语文教学要点的能力、讲究语文教学策略的能力三个方面，这种能力既是施教者追寻智育目标、德育目标、美育目标的一种实践能力，又是施教者善于攻克教学重点、勇于突破教学难点、巧于消除教学疑点的一种实践能力，还是施教者选择合理教学形式、采用具体教学方法、拟定可行教学程序的一种实践能力。就“备课”能力中的编写教案能力而言，其主要表现在施教者明确编写教案内容的能力、熟悉编写教案形式的能力、规限编写教案要求的能力三个方面，这种能力既是施教者对所涉及的课题计划、课时计划、教学后记等予以考虑的一种实践能力，又是施教者对所涉及的文字表述式、表格一览式、活页卡片式等予以思索的一种实践能力，还是施教者对所涉及的讲究科学性、强调独特性、突出实用性等予以斟酌的一种实践能力。

——语文教育的三种“施教”能力，是施教者创设充满激情而意味深长的教学意境的重要标志。

语文教育的“施教”能力中的组织能力、表达能力和调控能力，是施教者指引受教者遵循既定的教学计划而组织、表达、调控语文教学活动的一种实践能力。就“施教”能力中的组织能力而言，其主要表现在施教者的语文课堂教学组织能力与语文课外活动组织能力两个方面，这种能力既是施教者引导受教者对所涉及的控制语文课堂教学的目标、把握语文课堂教学的节奏、营造语文课堂教学的氛围的一种实践能力，又是施教者引导受教者对所涉及的确立语文课外活动的地位、抓住语文课外活动的特点、注重语文课外活动的形式的一种实践能力。就“施教”能力中的表达能力而言，其主要表现在施教者的有声语言表达能力与无声语言表达能力两个方面，这种能力既是施教者对所涉及的诉诸受教者听觉的有声语言应做到示范性、灵活性、启发性、感染性的一种实践能力，又是施教者对所涉及的诉诸受教者视觉的无声语言需做到举止从容、仪表优雅、态度和蔼、表情自然的一种实践能力。就“施教”能力中的调控能力而言，其主要表现在施教者善于应变的调控能力与巧于幽默的调控能力两个方面，这种能力既是施教者引导受教者对所涉及的变通教学思路、稳定教学情绪、扫清教学障碍的一种实践能力，又是施教者引导受教者对所涉及的着意发掘幽默源、注意培养幽默感、准确把握幽默术的一种实践能力。

——语文教育的三种“评价”能力，是施教者的理论修养、学业水平和劳动态度等的具体呈现。

语文教育的“评价”能力中的明确重心能力、把握要领能力和提出对策能力，是施教者根据一定的尺度对语文教学中的诸多情形，即准确性、实效性、经济性以及满意度等进行价值判断的一种能力。就“评价”能力中的明确重心能力而言，其主要表现在施教者明确语文教学评价的目标重心的能力、过程重心的能力、结果重心的能力三个方面，这种能力既是施教者在语文教学评价时对所涉及的智育目标予以着力、德育目标予以给力、美育目标予以用力的一种实践能力，又是施教者在语文教学评价时对所涉及的导入过程予以着力、展开过程予以给力、终结过程予以用力的一种实践能力，还是施教者在语文教学评价时对所涉及的效率结果予以着力、效能结果予以给力、效益结果予以用力的一种实践能力。就“评价”能力中的把握要领能力而言，其主要表现在施教者把握语文教学评价的理念要领的能力、资源要领的能力、标准要领的能力三个方面，这种能力既是施教者在语文教学评价时对所涉及的创新理念予以着力、协调理念予以给力、诗意理念予以用力的一种实践能力，又是施教者在语文教学评价时对所涉及的教科书资源予以着力、同行资源予以给力、学生资源予以用力的一种实践能力，还是施教者在语文教学评价时对所涉及的信度标准予以着力、效度标准予以给力、活度标准予以用力的一种实践能力。就“评价”能力中的提出对策能力而言，其主要表现在施教者提出语文教学评价的方式对策的能力、措施对策的能力、方法对策的能力三个方面，这种能力既是施教者在语文教学评价时对所涉及的档案袋方式予以着力、情景性方式予以给力、表现性方式予以用力的一种实践能力，又是施教者在语文教学评价时对所涉及的多元性措施予以着力、开放性措施予以给力、全面性措施予以用力的一种实践能力，还是施教者在语文教学评价时对所涉及的甄别性方法予以着力、反思性方法予以给力、剖析性方法予以用力的一种实践能力。

上述所论及的语文教育的“备课—施教—评价”等能力，是语文教育纵向过程必经的三个阶段。作者从驾驭教材、了解对象、设计教学、编写教案四个方面详细阐释了语文教育“备课”的能力；又从善于组织、乐于表达、巧于调控三个方面具体解说了语文教育“施教”的能力；再从明确重心、把握要点、讲究策略三个方面扼要讲述了语文教育“评价”的能力。其中，“备课”能力中的教材驾驭能力要用课程纲要高照、凭教科书统观、靠参考资料广鉴；“施教”能力中的课堂组织能力要兼顾课内和课外两个课堂；“评价”能力中的明确重心能力要关注目标重心、过程重心、结果重心。如此等等的一切，均熔铸了语文教育的课改先进经验。

——语文教育的四种“科研”能力，是施教者的理论功底、聪明才智和创新意识的集中体现。

语文教育的“科研”能力中的发现问题能力、选择课题能力、集纳文献能力、撰写论著能力，是施教者的“语文”能力、“备课”能力、“施教”能力和“评价”能力等的结晶。就“科研”能力中的发现问题能力而言，其主要表现在施教者发现他人成果中问题的能力、发现教学场景中问题的能力、发现专家交流中问题的能力三个方面，这种能力既是施教者在语文教学活动中开展“科研”时对所涉及的他人成果的语文教育著作予以审读、语文教育项目予以深挖、语文教育资讯予以捕捉的一种实践能力，又是施教者在语文教学活动中开展“科研”时对所涉及的教学场景的语文教育事实予以感受、语文教育倾向予以批评、语文教育偏差予以拨正的一种实践能力，还是施教者在语文教学活动中开展“科研”时对所涉及的专家交流的语文教育热点予以瞄准、语文教育难点予以剖析、语文教育焦点予以追踪的一种实践能力。就“科研”能力中的选择课题能力而言，其主要表现在施教者选择阐释性研究课题的能力、选择综述性研究课题的能力、选择建构性研究课题的能力三个方面，这种能力既是施教者在语文教学活动中开展“科研”时对所涉及的阐释性研究课题的语文教育目标予以察省、语文教育规律予以揭示、语文教育原则予以弄清的一种实践能力，又是施教者在语文教学活动中开展“科研”时对所涉及的综述性研究课题的语文教育历史予以爬梳、语文教育现状予以审视、语文教育趋势予以预测的一种实践能力，还是施教者在语文教学活动中开展“科研”时对所涉及的建构性研究课题的语文教育内容予以厘定、语文教育素养予以明确、语文教育方略予以推进的一种实践能力。就“科研”能力中的集纳文献能力而言，其主要表现在施教者集纳原始性研究文献的能力、集纳检索性研究文献的能力、集纳参考性研究文献的能力三个方面，这种能力既是施教者在语文教学活动中开展“科研”时对所涉及的原始性研究文献的语文教育手稿予以搜寻、语文教育笔记予以查找、语文教育卡片予以整理的一种实践能力，又是施教者在语文教学活动中开展“科研”时对所涉及的检索性研究文献的语文教育书目予以搜寻、语文教育题录予以查找、语文教育索引予以整理的一种实践能力，还是施教者在语文教学活动中开展“科研”时对所涉及的参考性研究文献的语文教育期刊予以搜寻、语文教育图书予以查找、语文教育报纸予以整理的一种实践能力。就“科研”能力中的撰写论著能力而言，其主要表现在施教者撰写争鸣型研究论著的能力、撰写发展型研究论著的能力、撰写开拓型研究论著的能力三个方面，这种能力既是施教者在语文教学活动中开展“科研”时对所涉及的问题或矫正“袭用通说”或更正“苟因旧说”或纠正“异见邪说”而得出鲜活性观点的一种实践能力，又是施教者在语文教学活动中开展“科研”时对所涉及的问题或缀合“交界之区”或弥合“交接之处”或黏合“交汇之面”而得出真理性认识的一种实践能力，还是施教者在语文教学活动中开展“科研”时对所涉及的问题或细掘“空白之点”或耕耘“处女之地”或垦殖“荒原之域”而得出前沿性结论的一种实践能力。这里对于语文教育的“科研”能力的阐发，作者提出“发现问题、选择课题、集纳文献、撰写论著”四项，要在他人成果中、教学场景中、专家交流中发现问题；对阐释性、综述性、建构性课题要恰当选择；对原始性、检索性、参考性文献要充分集纳；特别是对争鸣型、发展型、开拓型论著要竭力撰写。如此在教学实践中开展科研，在科研探索中改革教学，已成为当代语文名师成长的必由之路。

下篇《语文教育的具体应用》展开为"语文教育的智育'求真'""语文教育的德育'向善'""语文教育的美育'崇美'""语文教育的课外拓展"四章，属于语文教育的"运用"，是全书的血液，也是笔者评述的亮点。

——语文教育中智育的"求真"，它必须注重语文教育的基础性，主要指知识传授、能力训练和智力开发。

语文教育中的智育即指语文教育客体和语文教育活动本身对语文教育主体所产生的知识传授、能力训练和智力开发等。这是语文教育的前提，其要义在于"求真"，施教者旨在引导受教者"提高智能水平"。对语文知识，作者批评非科学的字、词、句、篇、语、修、逻、文的"八字宪法"，补充缺漏的"文章知识"，确立了它在语文知识体系中的合法身份；对语文能力，作者将其分别扩展为"阅读的认读能力、理解能力、欣赏能力、评价能力"与"写作的明旨能力、定体能力、用料能力、选技能力"和"聆听的听辨能力、听记能力、听解能力、听评能力"及"说话的组码能力、编码能力、发码能力、用码能力"16种；对语文智力，作者除观察力、记忆力的透析之外，又生发出再造想象、创造想象、审美想象、科学想象4种想象力和扩散思维、集中思维、直觉思维、灵感思维4种思维力。对这些知识、能力、智力的补充和细化都是超越前人的进步，极大地提高了施教者在语文教育的智育中怎样"求真"而促使受教者"探索品质的养成"的程度。

——语文教育中德育的"向善"，它必须注重语文教育的人文性，主要指思想净化、情操陶冶和德性涵养。

语文教育中的德育，即指语文教育客体和语文教育活动本身对语文教育主体所产生的思想净化、情操陶冶和德性涵养等。这是语文教育的灵魂，其要义在于"向善"，施教者旨在引导受教者"弘扬人文精神"。就思想净化而言，其主要指爱国主义教育，包括"增进亲国之情、激励效国之志、练就建国之才、鞭策兴国之行"；就情操陶冶而言，其主要指理想信念教育，包括"疏通其经络、融化其血液、深入其骨髓、渗透其灵魂"；就德性涵养而言，其主要指道德品质教育，包括"提高道德认识、增强道德情感、锻炼道德意志、树立道德信仰、培养道德行为"。这就顺应了以革命、建设、改革为进程的3种爱国主义情愫，以人体的骨、血、灵、肉为比喻的4种理想信念机体，以主体的知、情、意、信、行为序列的5种道德品质要求，具体地坐实了施教者在语文教育的德育中如何“向善”而推动受教者“道德良知的觉醒”的内涵。

——语文教育中美育的“崇美”，它必须注重语文教育的审美性，主要指审美意识增强、审美因素领略和审美能力提升。

语文教育中的美育即指语文教育客体和语文教育活动本身对语文教育主体所产生的审美意识增强、审美因素领略和审美能力提升等。这是语文教育的归宿，其要义在于“崇美”，施教者旨在引导受教者“追求审美境界”。关于审美意识增强，包括“树立审美观念（审美观点、审美情趣、审美标准、审美理想）和健全审美心理（审美感知、审美想象、审美理解、审美情感）及端正审美态度（审美欲望、审美需求、审美动机、审美意图）”；关于审美因素领略，包括“分辨审美形态（自然美、社会美、艺术美、科学美）和区别审美范畴（优柔美、崇高美、悲剧美、喜剧美）及解析审美形式（整齐一律美、对称均衡美、对比调和美、多样统一美）”；关于审美能力提升，包括“提升审美感受能力（审美观照能力、审美注意能力、审美通感能力）和提升审美鉴赏能力（审美辨别能力、审美领悟能力、审美评判能力）及提升审美创造能力（审美质疑能力、审美替换能力、审美逆思能力）”。这逐层发掘、条分缕析的美质和美感，大大地丰富了施教者在语文教育的美育中怎么“崇美”而催发受教者“自由心灵的建构”的底蕴。

最值得赞许与称道的是，作者所阐发的智育的“求真”、德育的“向善”、美育的“崇美”，彰显了语文教育“应用”的高标定位，落脚到以语文（语言、文章、文学）的“真”“善”“美”来化育“创造性人才”和“健全的人格”。以上无论语文教育中智育的“求真”，还是语文教育中德育的“向善”，抑或语文教育中美育的“崇美”，都做到了理论和实际相结合，课内和课外相融通。细心的读者会看到，作者每传一道、授一术、施一行，都以典型的课文（文章作品、文学作品）实例来作证据，其丰厚程度达几百篇，让受教者领悟到语文（语言、文章、文学）中琳琅满目的真善美；同时又把课内的语文（语言、文章、文学）中的智育、德育、美育延伸到课外、校外去，贴近社会生活，让受教者感受到语文课拥有巨大的“智育地”“德育天”“美育场”。

余论《语文教师的继续教育》，实为全书的结论。语文教师作为语文（语言、文章、文学）施教的主体，应做受教者知识的传导者、能力的训练者、智力的开发者、人格的塑造者，这本是思想品德、学业知识、教学技能、科研智力的总和。语文教师担负着“教书育人”的双重职责，为了适应语文教育本体和客体发展的需要，必须最后探究“语文教师教育学”。作者从语文教师的“道德修为需敬业、知识水平需博学、才能素养需卓异、见识涵养需超群”① 四个方面简明扼要地阐释了应具有的素质，向我们昭示：语文教育的成败关键在于语文教师修养水平的高低。

总览全书的参考文献，作者广罗论文、论著，宏观国内、国外，足见其博采百家、熔铸己学的功力。一名语文教育学专家要想在语文（语言、文章、文学）这个门类里有所作为，不仅需要全新的理念、敏锐的识见、丰厚的学养和充沛的才情，还必须具备统领这一切的良心与真诚，必须拥有作为其生命底色的大爱与大憎。对于不少学者来说，这显然并非轻而易举之事。本书作者既在基础教育的语文学科中摸爬滚打而得到了实践磨炼，又在高等师范院校的语文教育学学科中拼搏奋斗而获得了理论积淀，是语文教育理论界不可多得的“复合型”学者。他不但以语文教育理论界的甘于“坐冷板凳”的有志之士为榜样而激励自己持之以恒地去探寻，而且以语文教育理论界的乐于“吃清贫饭”的有识之士为表率而驱策自己坚持不懈地去探求，更加以语文教育理论界的勇于“啃冷猪肉”的有为之士为典范而催促自己始终不渝地去探究。笔者与作者在语文教育学、实用文章学、汉文阅读学等多学科有 30 余年的学术交往，攻守在同一个战壕，彼此形成了“学术思想共同体”。例如，他接受、声援、阐发我的“一语双文论”，在同仁中是最坚决、最忠诚、最全面、最得力的，这是何等的学者风范！细读《语文教育学新论》的清样，结合我的突出印象，我感到该书具有历史的厚度、现实的宽度、理论的高度、实践的力度，充分彰显了一名学者独特的学术建树、鲜明的学术立场、深厚的学术积淀。可以毫不夸饰地说，作者不愧为当代中国语文教育理论界的第一流学者，赢得了主流学术界的前辈而盛赞之，同辈而膺服之，晚辈而景仰之。正是怀着这种钦敬的心情，读罢书稿后，如沐春风，如啜甘霖，既觉得亲切，又感触良多。稍稍厘清了思绪，并记载下来，权且当作“序言”吧！

---

① 杨道麟：《语文教育学导论》（修订本），湖北人民出版社 2001 年版，第 139~189 页。

解读新时代教师素养的基本要求

毕朝晖①

提升教学质量的根本在课堂，这是因为教学的“根”在课堂。只有打造高效课堂，才可能提高教学质量。那么，构建优质高效的课堂对教师的课堂教学技能方面提出了新的、更高的要求。

一是观念要更新。广大教师要加强学习，深入理解科学的育人观、教学观、质量观和学生观的内涵和本质，培养德智体全面发展的人才。

第一，树立正确的育人观。学校是育人的基地，首要的是明白我们的教育要培养什么样的人？正确的育人观是以人为本，遵循教育教学规律和学生成长的内在规律，一切以学生的成长为本，促进学生健康、全面、和谐发展。在素质教育的理论框架下，以爱为杠杆，严慈相济，精心呵护，关心学生，健康成长；让学生学会知识技能、学会动手动脑、学会生存生活、学会做事做人，培养学生终身发展的能力，为学生的终身幸福生活奠基。抛弃狭隘的人才观，规避短视行为，不搞违背教育规律的事情。

第二，树立正确的教学观。新教学观的核心是培养学生自主、合作、探究的学习能力，改革课堂教学模式，变灌输式教学、填鸭式教学为主动式教学，大力提升课堂教学效率、打造高效课堂，减轻学生课业负担，让学生愉快学习。要积极学习洋思中学教学改革，开展“先学后教”“当堂训练”，让学生主动学习，在实践学习中培养创新精神和能力。

第三，树立正确的质量观。正确的质量观要关注人的全面发展、个性发展、终身发展，而不仅仅是考试成绩和升学率。全面发展就是在德智体等方面兼顾发

---

① 作者简介：毕朝晖，男，英山县南河镇中心学校校长，高级教师。

展，切忌用智育代替一切错误做法。个性发展就是根据不同学生的个性特征，因材施教，因需施教，满足不同个体的发展，让每个学生个体都得到个性化的发展。社会舆论批评教育是育人的工厂，培养的学生都是千人一面、万人一言，都是一个“样子”。这要引起广大教育工作者的思考和反思，要认真考虑教育个性化的问题。提高学生终身发展能力是构建学习型社会的迫切要求，是促进学生持续发展的现实要求。因此，教育教学更应该培养学生的社会责任感、创新精神和实践能力，培养学生的主动精神和自主学习的能力，满足学生不断学习、不断发展、不断进步的需要。现在，很多教师都紧紧盯住学生的考试成绩不放，用学生的考试成绩衡量、评判学生的一切，这对学生是不公平的。关注学生的考试成绩只是一个方面，不能以一当百、以偏概全，更应该关注学生的发展潜能，因材施教，让每一个学生都能得到更好的发展，这才是教师的根本任务。

第四，树立正确的学生观。新的教学观认为，学生是学习的主体，教师是主导，是师生共同学习中的首席。因此教学要以学生为主体，认真研究学生个性特点，分析学情，根据学生实际情况组织教学。要努力克服“本本主义”“经验主义”，以传统思维、固定思维锁定学生，特别是要避免用老眼光看待学生，否则学生的终身学习成长大事就要毁灭在教师惯性思维的桎梏之中。

中国古代教育家孔子的学问据传是他的学生——愚钝的曾子传下来的，曾子好学、上进、刻苦，具有锲而不舍的精神，就是这个并不被人们看好的曾子将他的学问传承至今。曾子的故事再次告诉我们，学生都是有无限潜能的，都是待雕琢的璞玉，关键是我们的教师如何雕琢。树立科学的学生观还有一条十分关键的要求，就是要爱生如人、爱生如生、爱生如友、爱生如子、爱生如己，真正把学生当人，而不是“盛装知识的容器”，不是为某一特定社会作准备，更不是“自己晋职升迁的台阶”。这样就会认真对待学生的学习成长，就会认真研究和解决学生的一切问题。

叶圣陶说：“教是为了不教。”很多教师的教育教学观念落后，还沿袭着几十年的老课堂模式，教学模式陈旧落后，缺乏时代感和新鲜感，传统的满堂灌现象没有多少改观。课堂教学要结合教材内容和学情设计教法。如高尔基的散文诗《海燕》一课应该用朗诵教学法，通过品味语言教授课文。历史、地理等课程应该充分体现学生自主学习的教学思想，采用自学的方法建构课堂。在一节课中，根据教学内容和教学建构，教师的教学方法也要善于变化。

二是知识要丰富。教师是知识的传授者和创造者，要不断地用新知识充实自己。给学生一杯水，教师自己要有一桶水。这句话对于教师来说永远不过时。教师的知识水平和视野，在一定程度上影响和决定着学生的学业水平。教师爱好写作，学生也会热爱写作；教师喜欢数理，学生定然长于逻辑；教师喜欢实践动手，学生一定会勇于探索……教师要热衷于学习新知识、新科学、新技能，不断提高教书育人本领。如某中学教师在上《海燕》一课时，重点讲授“象征”修辞手法。但是教师自身没有充分理解“象征”的意义，也没有传授“象征”与“比喻”“借代”修辞之间的联系和区别，以及与说明方法“打比方”的区别。他的讲解出现知识错误，将乳腺病的标志“黄丝带”和艾滋病的标志“红丝带”等形象标志作为修辞的“象征”向学生举例。我们知道，“象征”在今天主要作为文章的表现手法，一般不作为修辞手法，作为讲课的语文教师没有准确把握这一点。在讲解“反复”修辞时，只讲了单句反复，对于复句反复、句群反复也没有讲到，学生对“反复”只能是一知半解。类似的情况还有发生，如四年级某数学老师在上《三角形内角和》一课中，在问到课后问题“如果我三边相等是什么三角形”时，学生回答：锐角三角形，教师直接武断地说：“错了，正确答案是等边三角形”。学生的回答是从三角形分类中“角”的角度来回答的，而教师的答案强调“边”，遗憾的是教师忽略了一个良好的教育机会。在八年级历史课《国防建设》上，教师固步自封，就教材讲教材，视野不宽，没有知识拓展。其实这堂课应当是学生十分喜爱的课，如果教师知识再宽一点，视野再广一点，把国家国防建设的现实情况连接起来，这堂课就会十分丰富，学生将更乐于学。因此说，读书之于广大教师显得尤为重要。教师要自我加压，不断“充电”，只有多读书、读好书，才能丰富自己的知识储备，提高自身文化素养，上起课来才会游刃有余，张弛有度，从而让课堂激情四射，诗意盎然。

三是学情要关注。在教学设计上要研究教材，在教材的处理上可以进行科学合理的取舍、安排，不可抱残守缺、墨守陈规；要“研究”学生，就要根据学生的实际情况确定教学目标，选择教学内容和教学方法。要讲求因材施教，追求“一课一得”。反思我们的教学现状，为什么在各个班级中会有那么多的差生，不能不说教师的“教”与学生的“学”存在“两张皮”的现象。因此，在教学中要善于观察学生，充分发挥教学智慧，调动一切积极因素，根据学生的知识接受情况和课堂表现随时调整教学方法和教学内容。

四是教艺要精湛。前人早有论断，教师不能是教书匠。教师要追求高超、精湛的教学艺术。要遵循教学规律，打造高效课堂。而学识的精深，技艺的精湛，还需教师在实际教学中慢慢探索和积累。如课的开始如何吸引学生，调动学生的学习积极性，课中根据学生注意力时间较短、易疲倦的心理设计课堂高潮，课尾如何制造“收束有力”“余音绕梁”的效果？还有体态语的运用，课堂教学组织、调控，等等，都值得教师们研讨。小学二年级语文《恐龙的灭绝》一课，某教师在这堂课中就是教学生学习十几个生字，教师从一而终就是教授学生认读生字、注音、组词，课堂没有学生的写字教学、造句训练等，整个课堂显得比较呆板，学生容易产生心理和学习上的疲劳。

五是心理要关照。学生的心理状况对高效课堂的影响不可小窥。只有当学生心理愉悦，认同教师的教学，学生才可能投入全身心的精力，调动智慧认真学习。要提升学生对教师的认同度。“亲其师，信其道”就是这个道理。要提升学生学习的兴趣。要善于进行学习的正面引导，合理确定学习的难度，生动活泼地进行教学，开展多种形式的学科活动，激发学生自主学习的兴趣。要提升学生对学习内容的认可。学生对学习内容认识不足就会消极学习，甚至在心里产生“抗衡”，更不会生成高效课堂。要提升学生对教法的适应度。灌输式教学生硬、单调、呆板，而学生普遍喜欢生动活泼的学习形式。如三年级习作课《吹泡泡》，教师引导学生在音乐声中进行吹泡泡实践，适时指导学生写作，受到学生的欢迎。

六是语言要精炼。教学语言是一门深奥的艺术。教师的教学语言要言简意赅、逻辑条理、生动形象。试问，一个语言琐碎、口语不清、口头禅严重的教师怎会让学生学有所获，又怎么能够成为优秀的教师？我们在听课中发现不少教师普通话不标准、讲解不清楚、声音较小、语音模糊、语调平淡等问题。因此，教师锤炼教学语言应成为当务之急。此外，为了展现教学技能，教师的语调、语速要富于变化，要用魅力丰富的课堂语言抓住学生的心灵和注意力。

七是学法要合理。教育应站在儿童的立场上。著名特级教师李吉林说，“我，一个长大的儿童”。站在学生的立场，教师就会密切关注儿童和引领儿童，就会经常关注学生想什么、要什么……教师在传授知识的过程中要注重学法指导。要多多站在学生学习的角度思考知识的传承问题，打造互动课堂，把学生的学习积极性和主动性调动起来。如前面提到的八年级历史《国防建设》一课，教师让学生用一个词语概括现代战争的特点。好几个学生都答不上来。这与教师没有指导和提示学生如何概括这个“词语”有关。小学三年级习作课《吹泡泡》，尽管进行了吹泡泡实践，但是在写作前和最后的评价中，教师始终没有对如何写作进行有效的指导，结果很多学生仍然写不出好作文。

八是课堂要多元。很多教师无法应对课堂教学复杂的局面，在推门听课中手足无措，学生在课堂中写信、看小说、吃东西、说话、交头接耳等现象还是不少。当然，这里面有深层次的原因。学校和教师要开放课堂，让领导、家长、同事走进自己的课堂，助力教师提高课堂教学技能。同时，开放的课堂教学手段不能传统、守旧、单一，即“一支粉笔一张嘴”，要向现代教学设备借力，切实提高课堂教学效率，这也是打造高效课堂的有效途径。